K-pop, *soft power* et culture globale

Vincenzo Cicchelli et Sylvie Octobre

K-pop, *soft power* et culture globale

puf

Ouvrage publié à l'initiative scientifique de Gérald Bronner

ISBN 978-2-13-083050-4

Dépôt légal – 1re édition : 2022, avril

170 bis, boulevard du Montparnasse, 75014 Paris

Le dragon est sorti du ruisseau.

(Proverbe sud-coréen)

Ce livre est dédié à Hipollène, sans laquelle il n'aurait pu voir le jour.

Préambule

BTS, crête de la *Hallyu*[1]

> Nous venons d'un petit label, dans un petit pays d'Asie, nous sommes la preuve que quelqu'un venu de l'extérieur peut devenir *mainstream*.
>
> (RM, chanteur de BTS*, *in* « The Tonight Show Starring Jimmy Fallon », 25 février 2020[2])

Composé de sept jeunes gens aux allures de personnages de *manhwa*[3], le groupe sud-coréen BTS[4]* est en tête des ventes de disques partout dans le monde, y compris aux États-Unis (phénomène rare pour un groupe non américain et *a fortiori* ne chantant pas en anglais). Le sens du nom du groupe – « Bangtan Sonyeondan » est une combinaison

1. Le mot *Hallyu* signifie en chinois « vague coréenne ». Ce terme a été forgé à la fin des années 1990 par les médias chinois pour indiquer la rapidité et l'intensité de la pénétration des produits coréens. Depuis, la désignation est restée et a connu des adaptations en plusieurs langues : « *Korean wave* », « *hola coreana* », « *vague coréenne* » ou encore « *onda coreana* ».
2. Voir www.youtube.com/watch?v=v_9vgidPJ8g.
3. Nom de la bande dessinée coréenne.
4. Les termes suivis d'un astérisque désignent des produits culturels sud-coréens : ils sont présentés en annexe, accessible sur le site des Puf à l'adresse de la page de l'ouvrage (www.puf.com).

de 방탄, qui signifie *bulletproof* (pare-balles), et 소년단, qui signifie *boy-scouts* – traduit l'idée que ses membres seraient les défenseurs de la jeunesse. Mélangeant divers genres musicaux (le rap, la pop, le R'n'B et le *moombahton*, genre musical issu de la fusion de la house et du reggaeton), adoptant les standards de qualité internationaux, mettant en pratique des recettes éprouvées du marketing (par l'adaptation des chansons aux goûts et aux styles musicaux ayant cours dans les aires géographiques ciblées), et proposant des shows aux chorégraphies et effets visuels sophistiqués, ce groupe est devenu un phénomène musical majeur qui n'est pas sans rappeler le succès obtenu naguère par les Beatles auprès des jeunes. Mais, à la différence des quatre artistes de Liverpool, ces garçons ont été repérés à un très jeune âge, enrôlés comme apprentis et formés à la dure des années durant pour devenir des performeurs, à la fois chanteurs et danseurs, ainsi que des animateurs télé et acteurs.

Le succès du groupe est global. Le clip de leur single *Dynamite*, sorti en août 2020, a compté plus de 100 millions de vues en 24 heures sur YouTube : BTS* devient ainsi le premier groupe entièrement coréen à se hisser à la première place du Billboard Hot 100 états-unien. Le groupe attire des foules venant assister à des shows démesurés, les plus grandes affluences ayant été enregistrées en Asie (notamment au Japon), en Amérique latine (Mexique, Chili, Argentine, Brésil, Pérou, Colombie) et en France (en 2018 à Bercy, et en 2019 au Stade de France). Les récompenses et les reconnaissances critiques s'enchaînent : depuis le début de sa carrière, ce *boys band* a totalisé plus de deux cent vingt prix et trois cents nominations dans le monde ; il a par ailleurs été salué par le magazine *Rolling Stone* qui lui a consacré plusieurs articles et interviews, et il a été invité aux principaux talk-shows des grandes chaînes télévisées états-uniennes

(« The Tonight Show », « Good Morning America », « The Ellen DeGeneres Show », « The Late Show », etc.).

Ce succès global doit sans doute à l'omniprésence de BTS* sur Internet. L'un de leurs comptes Twitter, *@BTS_twt*, permet de suivre leurs photos « personnelles », tandis que l'autre, *@bts_bighit*, est utilisé par leur agence pour les annonces officielles ; il faut également évoquer *@BTS_trans*, géré par les fans anglophones et qui leur assure un rayonnement mondial. Leur chaîne YouTube (BANGTANTV[1]), qui a vu le jour fin 2012, diffuse des clips, des vidéos et comptait près de 63 millions d'abonnés début 2022. Le groupe diffuse par ailleurs de nombreuses vidéos sur V Live, un service de streaming vidéo, y compris des séries qui leur sont dédiées, et certains membres y ont même leur propre show. Sur Twitter (qui leur a offert dès 2016 un émoji sur mesure), sur Facebook (Bangtan.official) et Instagram (*@bts.bighitofficial*), BTS* compte déjà plus de 59 millions de *followers* attirés par les « Bangtan Bombs », courtes vidéos postées régulièrement par les membres du groupe regorgeant de blagues et présentant des aspects de leur vie et leurs aventures. Les sept garçons ont ainsi été les célébrités les plus commentées sur Twitter en 2017.

Les fans de BTS*, qui se désignent par l'acronyme « ARMY » (« *Adorable representative master of ceremony for youth*[2] ») jouent un rôle central aussi bien dans le succès commercial des disques, dans leurs ventes matérielles et plus encore dans la circulation numérique des titres que dans la réussite des concerts – en faisant un très large usage

1. Voir www.youtube.com/user/BANGTANTV.

2. La référence à l'armée dans le nom du *fandom* (ARMY) qui double celle du groupe (« gilet pare-balles ») signifie que les fans seront le bouclier du groupe, et que, par ailleurs, le groupe se donne pour mission de les représenter.

de l'« ARMY Bomb », un bâtonnet lumineux devenu leur signe distinctif, en préparant des chants, le plus souvent en coréen (*fanchants*[1]), des banderoles – et dans l'organisation d'événements médiatiques (*flash mobs* et moult *covers*). Les fans font par ailleurs du lobbying auprès des chaînes de radio pour que les chansons du groupe passent à l'antenne et diffusent des contenus originaux créés grâce à leurs propres sites dédiés au groupe.

Le succès global du groupe n'est pas étranger non plus à la nature des messages de ses chansons qui mettent l'accent sur l'amour de soi et sur une relation pacifiée aux autres et à la société, bien loin des messages critiques associés aux contre-cultures musicales juvéniles occidentales depuis les années 1960. Le contenu de leurs chansons, dans lesquelles les fans se reconnaissent, explore ainsi les amours, les joies, mais aussi les troubles, les angoisses, et diverses formes de vulnérabilité propres à l'adolescence.

Compte tenu de leur immense popularité auprès des jeunes, les BTS* ont été choisis pour prononcer le discours d'ouverture de la 73e session de l'Assemblée générale des Nations unies à New York le 24 septembre 2018, à l'occasion du lancement de *Generation Unlimited*[2], une initiative de l'Unicef pour combattre les violences faites aux enfants et promouvoir l'éducation des jeunes. Comme on pouvait s'y attendre, le discours du groupe a mis l'accent sur l'acceptation de soi : « Peu importe qui vous êtes, d'où vous venez, votre couleur de peau ou votre genre, exprimez-vous. Trouvez votre nom et trouvez votre voix en vous exprimant ».

Le succès planétaire de BTS* est une source de fierté nationale car il a des retombées positives sur la réputation

1. On peut en voir sur la chaîne K-pop Mnet.
2. Voir www.generationunlimited.org.

de la Corée du Sud à l'étranger. En octobre 2018, les BTS* ont reçu des mains du ministre de la Culture la médaille Hwagwan du prestigieux ordre du Mérite culturel. Le groupe a par ailleurs été classé parmi les vingt-cinq personnalités les plus influentes d'Internet par le magazine *Time* qui leur a même consacré, en octobre 2018, la couverture d'un numéro portant sur la « *next generation leaders* » (Bruner, 2018). En France, l'exemple de BTS* a été utilisé par l'éditeur Hatier dans le manuel de première d'histoire et de géopolitique en usage en 2019 pour illustrer la question du *soft power*, tandis qu'en 2020 l'entrée en Bourse de leur société de production, Big Hit Entertainment (devenu HYBE), boostée par leur succès phénoménal, a placé sur le devant de la scène la force des industries culturelles sud-coréennes. Et les ambitions du pays du Matin calme[1] ne semblent pas connaître de limites : en 2021, HYBE a racheté Ithaca Holdings qui gère les droits d'Ariana Grande, Justin Bieber et de Kanye West, stars de la pop et du rap aux États-Unis.

Si le succès de BTS* est exceptionnel, ce n'est néanmoins pas un cas isolé. La K-pop est un raz de marée dont BTS* est la crête et qui met en évidence les mutations de la pop culture globale à l'ère 2.0 : son économie est fondée sur la forte participation des publics, la production intègre les outils technologiques les plus novateurs ; elle fourmille de clins d'œil et de citations à l'égard de la pop culture américaine, de la musique à la bande dessinée, des jeux vidéo aux séries télévisées ; elle devient également encore plus people (l'image des chanteurs compte plus que tout) et a fait le choix du « cool » plutôt que de la subversion. La K-pop, à son tour, n'est elle-même que la partie la plus

1. Dénomination usitée pour désigner la Corée qui provient d'une erreur de traduction de l'expression « pays du Matin frais ».

visible d'un ensemble de produits coréens qui rencontrent un large succès à l'étranger, notamment les K-dramas, dont les acteurs, comme Lee Min-ho, un des protagonistes de la série désormais classique *Boys Over Flowers**, sont devenus mondialement connus. En 2014, celui-ci a en effet été désigné, lors d'un sondage en ligne d'un magazine chinois, comme l'« *Asian male god* », avec plus de 10 millions de votes. La même année, il devenait la première célébrité sud-coréenne à avoir une figure de cire à son effigie au musée Madame Tussauds à Londres.

Ce que l'on désigne comme la *Hallyu* agrège ainsi des produits très variés (K-pop, K-dramas, K-films, *manwhas*, etc.) dont le seul point commun, aux yeux du profane, est d'être produits en Corée du Sud et de connaître un succès global, notamment auprès des jeunes. Ces produits proposent des références culturelles, provenant d'un nouvel acteur de la globalisation culturelle, avec lesquelles des générations cosmopolites retissent leur rapport au monde. Ce sont l'émergence, le fonctionnement et le succès de cette véritable alternative à la pop culture occidentale, ainsi que sa réception par la jeunesse française qui en est *a priori* éloignée, qui feront l'objet de cet ouvrage.

Introduction

La *Hallyu*, une pop culture globale esthétisée

> La *Hallyu* est le changement de paradigme culturel le plus important et le plus rapide de l'histoire moderne.
>
> (Hong, 2014, p. 4)

À l'image de la modernisation rapide et fulgurante de la société sud-coréenne, la vague pop culturelle du pays du Matin calme a conquis le monde en seulement une trentaine d'années. Avant l'essor de la *Hallyu*, l'hégémonie états-unienne sur l'ensemble de la pop culture était (presque) sans partage, même si quelques productions pouvaient lui disputer le magistère dans certains domaines, comme c'était le cas notamment de la chanson pop anglaise, de la BD franco-belge, des mangas et de l'animation japonaise, des *telenovelas* mexicaines et brésiliennes, du cinéma de Bollywood (Inde) et de Nollywood (Nigeria). Pour la première fois depuis les débuts de son histoire, l'industrie culturelle états-unienne est confrontée à un rival redoutable qui propose un ensemble diversifié de produits, et qui, après avoir séduit les marchés asiatiques, est parti à la conquête du monde.

Le défi que la production culturelle sud-coréenne a soudainement représenté pour ses rivaux est l'une des raisons qui expliquent l'attention qu'elle a suscitée dans le milieu académique. La littérature portant sur la *Hallyu* est en effet à l'image de cette vague, foisonnante, diversifiée, internationale, polyglotte, pluridisciplinaire[1]. Depuis leur naissance il y a une vingtaine d'années, les *Hallyu studies*, qui rassemblent dans un cadre commun un grand nombre de chercheurs et de travaux venant d'horizons et de disciplines variés, ont contribué à renouveler les débats contemporains sur la globalisation de la culture, les transformations du capitalisme, les enjeux géopolitiques d'un monde multipolaire, la pervasiveté des technocultures ainsi que la participation culturelle des publics amateurs. Tout en empruntant aux concepts les plus établis, ces études ont su innover et forger des outils propres dans le but de saisir les dynamiques de la diffusion et de la consommation globales des produits culturels.

En nous inspirant de certains éléments de cette vaste littérature, nous défendrons la thèse selon laquelle la *Hallyu* est une variante de la pop culture globale – sans laquelle elle n'aurait probablement jamais pu émerger et qu'elle a sans conteste profondément imprégnée de ses particularités jusqu'à en devenir une alternative –, participant d'une esthétique cosmopolite qui séduit les publics scolarisés, urbains, des classes moyennes, et souvent jeunes (Cicchelli, Octobre et Riegel, 2019), et que nous désignerons par l'expression de *pop culture globale esthétisée*. Pour l'analyser, et plutôt que de nous centrer sur un produit particulier comme le fait déjà un grand nombre de publications, nous considérons ici la *Hallyu* comme un « *cultural package* » (Hong, 2014), dans lequel on peut distinguer plusieurs cercles concentriques,

1. Signalons l'existence d'une association académique internationale entièrement consacrée à la promotion des *Hallyu studies* : World Association for Hallyu Studies (www.iwahs.org).

en fonction de leur succès international : la K-pop et les K-dramas en forment le cœur (« contenus *essentiels* »), un deuxième cercle rassemble les jeux vidéo et les films (« les contenus *semi-essentiels* »), et un troisième, les produits non numériques comme la cuisine et la cosmétique, ou encore la mode, le tourisme et la langue (« services et produits *para-Hallyu* ») (Choi, 2015*a*). Centré sur les produits les plus consommés par les jeunes fans en France, notre propos traitera principalement du premier cercle de la *Hallyu*, et abordera plus marginalement les deux autres.

I. La pop culture globale

Si cet ouvrage est loin d'épouser le ton triomphaliste de la citation d'Euny Hong (2014) placée en exergue de ce chapitre, il souhaite néanmoins prendre au sérieux les dynamiques qui ont fait de la *Hallyu* l'un des phénomènes culturels majeurs du début du XXIe siècle et qui ont permis aux observateurs un renouvellement profond des analyses de la pop culture comme fabrique des communs – principes et idéaux, normes et valeurs, modèles et imaginaires culturels.

a) Le p *de pop culture*

Afin de cerner les apports de la *Hallyu* à la pop culture globale, il convient tout d'abord de rappeler brièvement cinq traits majeurs de la pop culture américaine qui en est le berceau et en fournit la variante la plus intégrée, diversifiée, étendue et hégémonique.

Primo, depuis son baptême en tant que courant artistique vers la fin des années 1950 (Artus, 2017), la pop culture associe deux sphères jusqu'alors opposées : l'art pour l'art (caractérisé par l'absence de toute finalité instrumentale) et le consumérisme (attaché à la reproductibilité marchande hautement rationalisée des œuvres grâce à la force des industries culturelles et des médias qui diffusent leurs contenus). Dès son origine, comme l'exemple de la Factory d'Andy Warhol l'a bien montré, le pop art a tissé des liens étroits avec le capitalisme, tout en se dotant d'une dimension artistique fortement revendiquée, intégrant également le *street art* (le graff) et l'*underground* (avec par exemple la figure emblématique de Jean-Michel Basquiat). Le mouvement pop a également gagné la musique, avec la standardisation de la durée des chansons, calquée sur les contraintes de diffusion radio, et la recherche de nouveautés facilement identifiables et mémorisables (à l'aide de refrains par exemple). Cette extension s'est accompagnée d'une prééminence du visuel dans tous les champs de la production, y compris dans la chanson avec l'avènement des vidéoclips, des chaînes télévisées musicales (MTV en tête) à YouTube. Dans le mouvement pop, l'image de l'artiste est centrale et il y a peu d'écart entre les vies des individus et leur vie d'artiste : tout est art, tout est publicisé.

Secundo, la pop culture revendique le fait d'être populaire depuis la conception de l'œuvre jusqu'à sa réception en passant par sa diffusion. Le terme « pop culture » renvoie à trois éléments distincts : d'abord, à l'adjectif anglais « *popular* » qui met en avant le fait qu'elle se présente comme une alternative à la haute culture snob ; ensuite, au « *pop-up* », c'est-à-dire à ce qui fait irruption et surgit de la rue et des marges (Artus, 2017) ; et, enfin, à la popularité de la réception car elle entend, dès ses origines, séduire le plus grand nombre. Cette conception de la pop culture explique pourquoi elle s'est fortement arrimée aux technologies de reproduction et de diffusion de masse. Cette caractéristique s'est même accentuée depuis que la culture pop contemporaine s'est émancipée, grâce à Internet, des grilles des diffuseurs télé ou radio, et qu'elle a convergé avec la culture *geek*, issue de la diffusion de la culture japonaise du jeu vidéo. Si ce dernier ne faisait pas partie de la matrice originaire de la pop culture, son influence sur la culture de masse n'a en effet cessé de croître depuis une trentaine d'années. On observe ainsi une forte proximité entre produits et langages esthétiques de la pop culture : les jeux vidéo contemporains deviennent de véritables films, ils sont interprétés par des acteurs célèbres, leur esthétique imprime sa marque sur des productions audiovisuelles (c'est le cas célèbre de *Matrix*). Avec la massification des technocultures (Octobre, 2018), la pop culture contemporaine bénéficie de l'engagement des consommateurs-amateurs dans la création de valeurs économiques et culturelles et d'un pouvoir de diffusion démultiplié (ce que Jenkins, Ford et Green (2013) désignent comme le *spreadable media*).

Tertio, la pop culture est esthétiquement inclusive. Elle fait coexister, voire s'hybrider, des produits dérivés des modèles esthétiques dominants et globaux (européens et états-uniens principalement au cours de la seconde moitié du XXe siècle) et des produits marginaux et locaux dont les formes innovantes sont ensuite réintégrées dans les circuits de production *mainstream*. C'est le cas des films de kung-fu cantonais, mélange d'esthétiques, de valeurs et de récits occidentaux et chinois, qui ont revitalisé l'industrie cinématographique déclinante de Hong Kong (Ang, 1990), puis servi d'inspiration à des productions américaines : le cinéaste hongkongais John Woo a été appelé pour diriger

Mission impossible 2 (2000) et Quentin Tarantino a rendu hommage à ce cinéma dans le diptyque *Kill Bill* (2003).

Quarto, cette capacité inclusive est elle-même liée aux choix de la parodie, du clin d'œil et de l'autocitation. Les exemples étant légion, contentons-nous d'évoquer ici la couverture de l'album *Sgt. Pepper's Lonely Hearts Club Band* (1967) des Beatles, ce célèbre collage de cinquante-huit personnages, dont de nombreuses icônes de la pop culture, ou encore le film d'animation *Shrek* (2001) dans lequel on ne dénombre pas moins de vingt-deux citations explicites de films américains. Dans la pop culture, les créateurs pastichent, adaptent, parodient des œuvres (aussi bien de la haute que de la basse culture) qui s'incarnent dans des icônes (des personnages réels ou fictifs, voire des objets).

Quinto, s'inspirant d'anciens récits, contes et légendes ou en les créant de toutes pièces, la pop culture ambitionne de produire des mythes universels (Wolf, 2018). Elle est *ab origine* animée par de grandes questions, telles que le mystère des origines (du monde et de l'homme, comme dans le film *2001 : l'Odyssée de l'espace*), l'exorcisation de la peur de l'apocalypse (on ne compte plus les films catastrophe où des héros salvifiques parviennent à éviter de justesse la fin du monde), le libre arbitre et la responsabilité écrasante du pouvoir tourné vers le salut d'autrui (c'est le cas de la BD *Spiderman*). Elle est hantée par l'exploration d'avenirs possibles, parmi lesquels des utopies galactiques cosmopolites (comme les films qui composent la saga *Star Wars*, ou les romans du *Cycle de Fondation*), la condition posthumaine et la cohabitation avec les machines, les androïdes ou les aliens (que l'on songe aux films *E.T., l'extraterrestre* et *Blade Runner*). La particularité des mythes originels de la pop culture est leur foi dans l'homme et dans le progrès, attitude fortement liée à son contexte historique culturel de développement, c'est-à-dire les États-Unis du milieu du XXe siècle, pays vainqueur des puissances nazi-fascistes et impérialistes qui se présente comme le défenseur du monde libre face à la menace communiste. Même si les développements récents de la pop culture globale l'ont entraînée vers des terrains plus sombres, des films d'animation *Akira* ou *Ghost in the Shell* au film *Joker*, il n'en reste pas moins que son fond populaire continue de préserver un horizon d'optimisme *via* le retour sur scène de héros incarnant une positivité – *Wonder Woman, Black Panther* –, la multiplication des comédies romantiques, le succès des chansons d'amour, le retour en grâce des *musicals*, etc.

b) La fabrique des communs

La pop culture, c'est-à-dire la culture produite par les industries culturelles, diffusée par les mass médias et les réseaux, et consommée par des publics globaux, est l'observatoire privilégié de la dynamique inclusive de la globalisation, qui se réalise par la production et la consommation de produits culturels dont la circulation met les amateurs en contact avec des cultures très éloignées.

Omniprésente dans la vie quotidienne, la pop culture fournit aux individus des quatre coins du globe un très ample éventail de choix, un stock de références nombreuses et souvent liées entre elles (Kidd, 2014). Puissant créateur et vecteur de myriades d'images du monde – par diffusion capillaire et circulant à une vitesse inédite grâce aux médias globaux –, la pop culture est au fondement même de l'avènement de communs dans l'imaginaire quotidien, de fantasmes d'ailleurs désirables (Appadurai, 2005) et de désirs d'affiliation à des communautés imaginées transnationales.

C'est sans doute après les années 1960 que la pop culture a réussi à s'imposer comme la forme culturelle de large diffusion par excellence, avec la généralisation des équipements radio et télé, et l'émergence des cultures jeunes, et après les années 1980 comme un objet sociologique digne d'être investigué (Bennett, 1980). Alors que jusqu'aux années 1970-1980 la pop culture était une affaire occidentale, après cette date, les pays d'Asie se sont progressivement lancés dans la compétition globale, en saisissant les enjeux non seulement économiques, mais aussi symboliques liés à l'exportation des produits culturels, à commencer par le Japon, suivi de la Corée du Sud. Et le mouvement ne s'arrête pas là. Les récents investissements chinois dans les industries culturelles poursuivent explicitement l'objectif de prendre une place majeure dans la compétition pour l'hégémonie culturelle sur les imaginaires (Pedroletti et Vuser, 2016).

II. La *Hallyu* : enfant de la pop culture globale

Dans cette bataille des imaginaires, la *Hallyu* présente un visage particulier : enfant de la pop culture globale, dont elle conserve certains traits, elle propose des caractères originaux, liés notamment à son contexte d'émergence. En l'espace d'une trentaine d'années, les produits culturels sud-coréens sont en effet passés du « fait pour la Corée » (*made for Korea*) des années 1990 au « fait en Corée » (*made in Korea*) des années 2000, puis au « fait par la Corée » (*made by Korea*) à partir des années 2010 (Jin, 2012 ; Prins et Zameczkowski, 2019).

a) Le fabuleux destin de la Hallyu

En raison de la forte emprise du confucianisme (qui promeut une vision du monde où le respect des places concourt nécessairement au maintien de l'ordre social) (Rozman, 1991), le paysage de la pop culture est-asiatique est longtemps resté peu novateur (Hong et Kim, 2013). Jusqu'au milieu des années 1990, les produits sud-coréens étaient considérés comme relativement dépourvus d'intérêt esthétique. L'essor de la *Hallyu* en une vingtaine d'années n'en est que plus remarquable.

Dès les années 1990, le gouvernement sud-coréen se fixe comme objectif pour le nouveau siècle de devenir influent dans l'industrie de la pop culture (Hong, 2014). Ayant amélioré la qualité de ses produits, et dans un contexte de libéralisation des médias dans de nombreux pays asiatiques (Iwabuchi, 2004), la Corée du Sud commence à exporter à partir de la dernière décade du XXe siècle ses K-dramas et ses films dans les pays voisins qui avaient déjà été accoutumés aux productions de qualité venues de Hong Kong et du Japon. Les premiers succès de la *Hallyu* se produisent donc en Asie de l'Est, la Chine devenant le premier pays où l'engouement pour la K-pop est attesté, peu d'années après que les deux pays ont repris leurs relations diplomatiques (1992).

L'objectif premier de la K-pop était de conquérir le marché japonais, alors second marché musical du monde après les États-Unis. Des groupes aux styles diversifiés (pop mais aussi *dance*, R'n'B) et de mieux en mieux produits y sont progressivement introduits dans les années 1990. Pourtant, c'est finalement la série dramatique *Winter Sonata**, diffusée au Japon par la chaîne de télévision NHK, qui remporte l'adhésion du public nippon au début des années 2000. La série devient un succès instantané, faisant de Bae Yong-jun, l'acteur principal, l'idole du public féminin japonais (Lee, 2011). La *Hallyu* gagne également d'autres pays de la région : les K-dramas *Autumn in My Heart** et *A Jewel in the Palace** obtiennent un très grand succès en Thaïlande, à Singapour et à Hong Kong entre 2002 et 2006 (Jin et Yoon, 2016). Durant la même période, des films sud-coréens deviennent des succès de box-office dans toute l'Asie : c'est le cas de *My Sassy Girl**, une comédie romantique réalisée par Kwak Jae-yong qui engrange 1,7 million de dollars de recettes à Hong Kong, 4,3 millions de dollars au Japon et connaît des remakes en Inde, en Chine et même aux États-Unis (Jung-Kim, 2014).

Le succès de cette première vague de la *Hallyu*, principalement régional, à la fin des années 1990 et au début des années 2000, peut être attribué à la capacité des producteurs sud-coréens d'adapter les modes de production à succès des industries culturelles (dont les modèles étaient notamment américains) aux goûts et aux attentes des publics asiatiques, en respectant les valeurs traditionnelles confucéennes (nous y reviendrons). Un autre élément déterminant a été le faible coût de cette production : avant les années 2000, les séries télé sud-coréennes étaient proposées à l'achat en moyenne à un quart du prix de leurs homologues japonais et à un dixième du prix de celles de Hong Kong (Shim, 2006). C'est l'ère des produits *made in Korea* qui s'exportent grâce à leurs bas coûts, en copiant avec habileté des formats existants.

Le succès régional des produits coréens contribue ainsi à une transformation de l'image de la Corée du Sud chez ses voisins. Cette péninsule, qui a subi bien des influences culturelles et des dominations politiques, est désormais considérée, y compris par ses anciens colonisateurs (qui peuvent d'ailleurs y voir une concurrence dangereuse), comme un pays moderne sur le plan sociétal, conquérant sur le plan économique, influant sur le plan culturel, avancé sur le plan technologique, et qui s'abstient de s'aventurer dans des expansions militaires et territoriales.

La décennie 2010 est celle de l'expansion globale propulsée par la K-pop. Cette nouvelle phase est appelée tantôt « *new Korean wave* » (Jin, 2014), tantôt « *Hallyu 2.0* » (Lee et Nornes, 2015) : nous préférons ce dernier terme car il qualifie plus pertinemment cette phase inédite de la globalisation de la pop culture favorisée par le numérique et les réseaux, ainsi que par les communautés d'amateurs fortement participatives. La marque Corée s'exporte (c'est le *made by Korea*) : elle est devenue gage de qualité, d'originalité et de succès, et s'appuie non seulement sur un secteur industriel hautement compétitif, mais également sur une vision alternative de la pop culture (pouvant disputer le magistère aux États-Unis et au Japon), sur des politiques nationales de soutien industriel et culturel, et sur des réseaux globaux de fans fortement engagés dans sa promotion. C'est durant cette seconde phase qu'elle déferle sur les rives de l'Europe et de la France, jusqu'alors restées relativement en marge du phénomène.

b) La Hallyu 2.0

Pour comprendre l'expansion globale de la *Hallyu 2.0*, il nous faut revenir sur ses caractéristiques *sui generis*.

La *Hallyu 2.0* est d'abord un phénomène intégré. Cette intégration est repérable à l'intérieur de chaque produit sur le plan esthétique, ce qui est notamment le cas de la K-pop :

> D'un point de vue stylistique, la K-pop peut être décrite comme une culture populaire intégrée *sui generis* – un divertissement original. Il s'agit d'une mosaïque qui mêle récits, musique, danse en groupe, performances corporelles et défilés de mode. En termes de conventions musicales et de performances, elle s'inspire du hip-hop, de la techno européenne, du grunge, de la pop et du rap, tout en incorporant des chorégraphies contemporaines, des acrobaties et des numéros de show. Sur le plan linguistique, elle fusionne fréquemment le coréen avec des mots anglais, introduit des néologismes et des jargons venus des langages SMS, et introduit occasionnellement des onomatopées japonaises et chinoises (Choi et Maliangkay, 2015, p. 4)

Cette intégration est également liée aux modes de production, comme l'indique l'omniprésence du terme *entertainment* dans les noms des labels sud-coréens. C'est en effet un ensemble de produits intimement liés entre eux que la *Hallyu* promeut, par des stratégies marketing sophistiquées, qui visent l'ensemble des marchés du divertissement. Les sorties de disques ou de films sont accompagnées de vidéos, les acteurs sont aussi chanteurs, les personnages de *manhwas* deviennent des sujets de K-dramas, les émissions de télévision ou de jeux utilisent les chanteurs comme animateurs-participants.

Ensuite, la *Hallyu* est d'emblée un phénomène pop culturel global : elle n'est pas définie *stricto sensu* sur la base d'une esthétique ethno-nationale – comme peut l'être le cinéma chinois, taïwanais ou hongkongais par exemple –, car ce terme renvoie autant à un lieu de production (la Corée du Sud) qu'à sa diffusion à l'étranger. Ainsi, le mot *Hallyu* ne désigne pas la culture populaire coréenne par elle-même, mais bien le succès global de certains produits des industries culturelles sud-coréennes. Quelques chiffres suffisent pour en prendre la mesure : en 2018, il y avait dans le monde 89 millions de fans de la *Hallyu*, avec une augmentation de 22 % en un an. Il y avait à la même date 1 843 fan-clubs (de chanteurs, d'acteurs, etc.) en dehors de la Corée du Sud, dans cent treize pays différents (Yeon-soo, 2019).

Enfin, cette nouvelle pop culture globale est caractérisée par un usage intensif des technologiques de communication. À la différence de la vague 1.0, étroitement dépendante des chaînes de diffusion télévisées ou radiophoniques, dans la vague 2.0, les produits culturels sud-coréens sont le plus souvent diffusés par le numérique et les réseaux sociaux, qui se sont eux-mêmes globalisés. Les films, les K-dramas et la K-pop circulent sur les réseaux et les plateformes comme YouTube, V Life, Netflix, Rakuten TV, Dramapassion, OnDemandKorea, KissAsian ou Amazon Prime. Depuis quelques années, les plateformes investissent massivement dans la production de K-dramas, à même de séduire les publics aussi bien asiatiques qu'occidentaux. En 2021, Netflix a ainsi investi plus de 500 millions de dollars dans les K-dramas et les K-movies afin de satisfaire un appétit devenu global.

On voit même apparaître des formes culturelles nouvelles, comme les *webtoons* qui sont des *manhwas* adaptés à la lecture sur écran et qui sont diffusés sur la Toile. Cet usage de l'Internet et des réseaux sociaux s'accompagne aussi d'un renversement de perspective, puisque ce sont les communautés de fans qui jouent un rôle majeur (Jin, 2012). Ainsi, le modèle de développement de la *Hallyu* s'appuie sur les médias comme diffuseurs *et* coproducteurs de l'expérience de consommation. Cela a été rendu possible par le fait que la Corée du Sud a opéré précocement le basculement vers une société digitale axée sur l'utilisateur

(O'Reilly, 2007) ; elle s'est dotée de l'un des meilleurs débits Internet du monde et de l'un des plus forts taux d'équipement en smartphones connectés, notamment chez les jeunes (Statista, 2016).

III. Une approche monographique de la *Hallyu*

La *Hallyu* est donc aussi bien un produit *sui generis* de la pop culture globale qu'un agent renouvelant les dynamiques de cette dernière. Pour saisir sa double nature, notre investigation monographique se penchera sur les modes de production, les formes de circulation, l'usage géopolitique et la réception des produits auprès des publics juvéniles.

a) Chausser les lunettes de la Hallyu

Dans son analyse de *Hello Kitty*, produit japonais représentatif de ce que l'auteur nomme la « globalisation rose » – c'est-à-dire « la diffusion transnationale de biens et d'images étiquetés *kawaii* (en anglais : "*cute*") du Japon vers d'autres parties du monde industriel » (Yano, 2013, p. 6) –, Christine Yano distingue deux plans d'analyse, macro et micro. Le premier est axé sur une économie politique globale du *kawaii* (mignon) qui s'est mise en place dans les années 2000 et dont *Hello Kitty* a été l'un des vecteurs principaux. Le second plan est celui, individuel, relatif à la vie quotidienne et à la consommation des produits.

Reprenant à notre compte cette articulation du plan macro et micro – mais en la complexifiant quelque peu –, nous réglons la focale tour à tour sur : le système de production industrielle ; l'avènement d'une alternative pop culturelle globale et non hégémonique ; l'imbrication entre les industries culturelles et la stratégie diplomatique entreprise par le pays du Matin calme. Ces trois premiers niveaux d'analyse nous permettront d'appréhender les conditions structurelles d'émergence de la *Hallyu*, qui seront complétées par une exploration des raisons de l'appétence des publics et des logiques plus générales d'usage des produits culturels. En effet, la globalisation de la *Hallyu* est intimement liée à sa double nature de production de contenus culturels *stricto sensu* et de production culturelle *lato sensu*. Ces deux aspects sont partiellement autonomes : le premier désigne la production de biens, tandis que le second se réfère à un phénomène culturel, expression des désirs et des pratiques des usagers dispersés de par le monde et liés par des boucles participatives.

b) Le cas de la France

En juin 2011, cinq idoles de groupes de K-pop de l'agence coréenne SM Entertainment – TVXQ*, Girls' Generation*, Super Junior*, f (x)* et SHINee* – ont tenu leur premier concert au Zénith Paris : 6 000 tickets ont été vendus en moins d'un quart d'heure et plus de 140 000 fans s'y sont pressés, venus de toute l'Europe (Oh, 2011), alors que la K-pop était encore considérée comme un marché de niche sur ce continent. Des centaines de jeunes privés de billets ont protesté en organisant, sur les réseaux sociaux, un *flash mob* devant le Louvre (Cha et Kim, 2011), si bien que SM Entertainment a alors programmé deux concerts supplémentaires : le marché de la pop asiatique n'était plus réservé à quelques *happy few* et les communautés de fans avaient fait la démonstration de leur puissance. C'est en retenant la leçon de cet épisode que les agences d'*entertainment* ont commencé à utiliser pleinement les possibilités offertes par les réseaux sociaux et les plateformes numériques tant pour diffuser les produits que pour inciter les consommateurs à en discuter, ce qui permet de les rendre plus visibles et plus appropriables (Song et Jang, 2013). Le phénomène de la chanson *Gangnam Style* du chanteur Psy*, sortie en juillet 2012, a soudainement fait accéder la K-pop à la notoriété générale, en atteignant un milliard de vues sur YouTube en six mois, engouement global auquel la France n'a pas échappé.

L'ampleur de ce succès peut surprendre, si on le compare aux marchés de niche que sont restées d'autres productions culturelles, comme les films indiens (Bollywood), arrivés en France au tournant des années 2000, qui se sont principalement diffusés auprès des jeunes issus de l'immigration maghrébine, notamment marocaine (Basini, 2012). Elle peut surprendre également si l'on considère la faiblesse des liens historiques, migratoires ou touristiques, entre la France et la Corée du Sud (nous y reviendrons).

c) Pop culture globale et pop cosmopolitisme

Afin d'investiguer ce que David Wright (2015) nomme l'infrastructure des goûts, c'est-à-dire l'écosystème formé par les producteurs, les médiateurs, les institutions, l'État et les technologies, les trois premiers chapitres de cet ouvrage seront consacrés à une approche macro, fondée sur l'analyse de la littérature scientifique internationale, ainsi qu'aux rapports officiels, afin de comprendre comment les produits sud-coréens franchissent les frontières et sont accessibles à des publics globaux, et plus précisément, dans notre cas, aux publics français.

Nous nous pencherons donc sur les spécificités des modes de production capitaliste de la *Hallyu* (chapitre 1). Le capitalisme lié à la production de marchandises esthétiques (capitalisme « artiste » ou « esthétique », Lipovetsky et Serroy, 2013 ; Böhme, 2017) a fait du marketing de la différence (Emontspool et Woodward, 2018) l'un de ses ressorts pour soutenir la demande : le désir de consommation de l'autre – au fondement d'un néo-exotisme dépouillé de sa matrice colonialiste et élitiste – est devenu un moteur de la croissance globale. Ce désir est savamment entretenu à travers des produits devenus des marchandises émotionnelles (Illouz, 2019). Pour ce faire, les industries culturelles sud-coréennes ont élaboré un modèle spécifique de production (un capitalisme de l'*entertainment*) hautement compétitif et transversal aux diverses industries culturelles, fondé sur un partenariat étroit entre l'État et les entreprises privées. S'appuyant sur une production fortement sérialisée et répondant aux standards de qualité internationaux, ce modèle propose une nouvelle figure de l'artiste à laquelle les fans sont fortement attachés (l'*Idol* et non la star). Ce capitalisme utilise les publics numériques pour asseoir le succès et promouvoir, à travers ses produits, une idéologie du bien-être, d'autant plus attractive que les consommateurs en sont les co-constructeurs.

Si la pop culture a été placée dès son origine sous pavillon états-unien, la *Hallyu* se présente comme un prisme de qualité pour saisir les contours d'une globalisation alternative de la pop culture (chapitre 2). Historiquement, les produits culturels des pays subalternes étaient consommés par les pays dominants sur le mode de l'exotisme, alors que les produits culturels des pays dominants étaient consommés par les subalternes sur le mode de la modernité. Or la Corée du Sud moderne et fortement attractive, mais non dominante, échappe à cette dichotomie. Si ce pays n'est pas le premier exemple du miracle asiatique dans le domaine culturel, c'est bien le pays du Matin calme qui est devenu l'alternative la plus crédible au magistère régional du Japon et à celui global des États-Unis, en matière de visions du monde issues des contenus culturels produits, puisque la *Hallyu* a aujourd'hui acquis une forte visibilité bien au-delà de son foyer d'origine asiatique. Presque vingt ans après le diagnostic de Koichi Iwabuchi sur le rôle joué par les flux culturels en provenance du Japon sur une « globalisation recentrée » (Iwabuchi, 2002), on assiste à une inflexion dans la pop culture globale avec ce que l'on pourrait appeler une « multiplicité décentralisée » (Kim, 2007). Cette globalisation alternative redistribue les cartes de l'hégémonie occidentale de la pop culture en termes de normes, valeurs, idéaux.

La *Hallyu* peut être également envisagée comme un outil *sui generis* de promotion de l'image de la Corée du Sud (chapitre 3). La compétition globale, souvent considérée sous les angles militaire et économique (*hard power*), est également symbolique et culturelle, et a donné naissance à la diplomatie culturelle du *soft power* (Nye, 1990). Le *soft power* de la *Hallyu* prend un visage particulier dans la mesure où il ne s'accompagne pas par ailleurs du déploiement d'un *hard power* de type militaire (comme cela a été le cas pour les États-Unis dont les marques globales ont fait irruption sur le marché européen et japonais après la Seconde Guerre mondiale parallèlement à une forte présence militaire) et où il ne réactive pas des souvenirs douloureux d'un passé impérialiste ou colonial (comme cela a pu être le cas des produits culturels japonais en Asie de l'Est). Par ailleurs, ce *soft power* est grandement servi par des contenus véhiculés par la K-pop et les K-dramas qui, à la différence des produits américains mettant souvent en avant de manière très explicite les conflits (de race, de sexe, d'âge, de classe, etc.), font le choix de messages mêlant souci de l'esthétique, modernité heureuse et apparente innocuité sociale. C'est pour cela que nous désignerons sous le terme de *sweet power* cette variante du *soft power* qui fait écho autant aux efforts de reconstruction du pays portés par la *Hallyu* après la crise économique et sociale de 1997 qu'à l'image que la Corée du Sud a souhaité projeter hors de ses frontières : non plus une nation d'industriels besogneux, mais une nation pacifique, créative et moderne, devenue un acteur culturel global.

À cette analyse de l'infrastructure de la *Hallyu*, nous ajouterons une étude plus micro, celle de l'*agency* des jeunes Français en adoptant un angle original qui s'attarde non seulement sur la recherche des apprentissages réalisés à travers la réception des produits culturels qui la composent, mais surtout sur les usages que les jeunes font de ces derniers pour se représenter les ressorts d'une « bonne société », construire une vision d'une globalisation alternative et s'imaginer leur place dans la société dans laquelle ils vivent ainsi que dans le monde. Dans cette exploration de l'usage des produits de la *Hallyu*, il s'agira d'investiguer les idéologies, les imaginaires, les récits qu'élaborent les jeunes, bref de tenter de mieux cerner la contribution de la « consommation de la différence » (Schroeder, 2015) à la formation de soi dans le monde, c'est-à-dire à une *Bildung* cosmopolite (Cicchelli, 2012).

Ce second registre de l'analyse prend appui sur une campagne d'entretiens approfondis réalisés (en mars-avril 2019, en décembre 2019-janvier 2020 et en avril-mai 2020) avec de jeunes amateurs de la *Hallyu* vivant en Île-de-France (soixante-quatorze au total)[1]. Ces entretiens nous permettront de décrire la manière dont des flux culturels transnationaux de pop culture conquièrent de nouveaux publics parmi les jeunes, transforment les consommations culturelles en les faisant évoluer vers des formes participatives, mais surtout forgent un goût, un imaginaire et une vision du monde cosmopolites.

C'est là que notre analyse, intrinsèquement liée à la globalisation de la culture et aux consommations transnationales, se tournera vers un autre terreau intellectuel, celui du cosmopolitisme, appréhendé comme une ouverture à l'altérité culturelle mobilisée par les acteurs sociaux dans une société globalisée (Cicchelli, 2016). Si la pop culture fournit en effet l'*humus* pour l'éclosion de communs globaux partagés, elle autorise à scruter la *cosmopolitisation* du monde. En effet, si l'époque contemporaine est « fondée sur un imaginaire dialogique de l'autre intériorisé » (Beck, 2006, p. 79), la pop culture globale joue sans nul doute un rôle majeur dans le fait de fournir aux individus des ressources pour s'émouvoir, se construire des représentations et habiter le monde. Les actes de consommation des amateurs cosmopolites sont ainsi appréhendés dans ce cadre comme des rencontres médiées, puissamment opérantes en termes de socialisation cosmopolite, notamment chez les jeunes générations, baignées dans des flux culturels de plus

1. Cette recherche a bénéficié d'une subvention du ministère de la Culture (département des études, de la prospective et des statistiques) et du support de l'IdEx Université de Paris « anr-18-idex-000 ». Les entretiens ont été réalisés par des étudiants de la faculté des sciences humaines et sociales (L2 et L3), inscrits dans les cours de sociologie de l'adolescence et jeunesse (2019) et d'observations qualitatives (2019-2020). Qu'ils soient chaleureusement remerciés de leur contribution. Les entretiens sont présentés dans l'annexe dédiée, disponible sur le site des Puf à l'adresse de la page de l'ouvrage.

en plus mutipolaires (Cicchelli et Octobre, 2017*a*). Nous nous intéresserons donc à l'identification des différences, aux réglages des distances et à la fabrication des communs *via* le travail de réception de l'amateur cosmopolite (chapitre 4). À la suite de Henry Jenkins, nous désignerons cette forme d'ouverture à l'altérité esthétique et culturelle des produits de la *Hallyu* qui nourrit de nouveaux imaginaires par le terme de *pop cosmopolitisme* : ce dernier veut saisir « la manière dont les flux transculturels de la culture populaire inspirent de nouvelles formes de conscience globale et de compétence culturelle » (Jenkins, 2004, p. 127). Pour saisir le travail de l'amateur cosmopolite, nous considérerons le K de la *K-wave* comme un signifiant flottant (Lie, 2012) dont les signifiés sont attribués par les jeunes fans. Esthétiquement attractif, ce signifiant permet à ces jeunes de se détourner du *mainstream* et de partir à la découverte de la *Hallyu* (chapitre 5). Les représentations issues de la consommation de la *Hallyu* alimentent chez les jeunes une dialectique d'affiliation et de désaffiliation qui s'appuie sur la comparaison, d'une part, entre ce qu'ils perçoivent de la société sud-coréenne à travers les produits culturels qu'ils consomment et, d'autre part, la société dans laquelle ils vivent, et parfois également la culture dont ils sont originaires dans le cas de jeunes issus de l'immigration (chapitre 6). Si la *Hallyu* naît souvent comme une passion des années collège et lycée qui autorise l'évasion, qui soutient les fans lors des épreuves de l'adolescence, elle conduit également parfois à réorganiser sa vie, notamment quand elle motive des projets de formation scolaire ou des projets professionnels au long cours (chapitre 7).

Ces diverses dimensions font système : le *sweet power* est indissociable d'une vision alternative de la globalisation qui est à son tour favorisée par des consommateurs cultivant l'ouverture, vertu cosmopolite dont les entreprises d'*entertainment* ont appris à tirer le meilleur parti. Ce système nous semble posséder comme originalité le fait d'être fortement esthétisé, non seulement parce que la valeur esthétique des produits est élevée, mais parce que le jugement de qualité le concernant place l'esthétique même au cœur de la construction d'un rapport au monde, registre d'appropriation particulièrement développé chez les jeunes Français (Cicchelli, Octobre, Riegel, Katz-Gerro et Handy, 2018). C'est bien l'esthétisation de cette pop culture qui facilite chez les individus le fait de se saisir de produits en provenance d'un pays dont ils ne connaissent pas les codes culturels et d'utiliser ces ressources culturelles nouvelles afin de nourrir leurs trajectoires biographiques, leurs systèmes de goûts et dégoûts, en un mot de se socialiser à l'altérité.

Enfin et surtout, cette dimension esthétique ne coïncide pas avec un jugement en termes d'authenticité culturelle. De fait, la *Hallyu* illustre l'une des leçons majeures des *global studies* qui renvoie aux dynamiques complexes par lesquelles les processus culturels globaux sont intégrés dans des contextes locaux, appropriés et réinventés, en un mot *glocalisés* (Robertson, 1992). Dans cette perspective, la globalisation permet, après son adaptation à des contextes locaux, l'émergence de nouveaux flux globaux issus de nouveaux centres de production, qui promeuvent une esthétique originale et identifiable à la fois comme spécifique *et* universelle (Jang et Lee, 2016). C'est à l'exploration de cette *pop culture esthétisée* que cet ouvrage est consacré, à la croisée de la sociologie de la culture, de celle de la globalisation de la culture et du cosmopolitisme esthético-culturel.

Chapitre 1

Le capitalisme de l'*entertainment*, stade suprême du capitalisme esthétique ?

Nos chanteurs ne sont pas des musiciens, mais des performeurs qui chantent.

(Lee Soo-man, fondateur de SM Entertainment ; cité par Kang, 2015*a*, p. 59)

D'après l'Unesco (2014)[1], en dix ans, les échanges de biens et services culturels ont doublé en valeur, atteignant près de 213 milliards de dollars américains en 2013, soit deux fois plus qu'en 2004. Et depuis 2010 les marchés des produits culturels dans le monde connaissent un taux de croissance annualisé[2] d'environ 5 % alors que l'économie mondiale est dans une phase de relative stagnation (KOTRA/ Korea Invest, 2017). La part culturelle de la globalisation est donc devenue majeure.

1. L'Unesco définit comme biens et services culturels les six domaines suivants : « *Cultural and natural heritage* », « *Performance and celebration* », « *Visual arts and crafts* », « *Books and press* », « *Audiovisual and interactive media* », « *Design and creative services* ».

2. « *Compound annual growth rate* » (CAGR) en anglais, ou « taux de croissance » en français. Il s'agit d'un indicateur utilisé pour mesurer la croissance de l'économie d'un pays d'une année sur l'autre.

Cette globalisation de la culture est très liée au nouvel esprit du capitalisme fondé sur un consumérisme croissant depuis les années 1960. Des auteurs ont qualifié ce système économique d'« esthétique » (Murphy et de la Fuente, 2014 ; Böhme, 2017) ou d'« artiste » (Lipovetsky et Serroy, 2013) pour souligner l'esthétisation des sphères de la vie quotidienne, processus qui est aussi bien l'aboutissement que le moteur du capitalisme contemporain (Featherstone, 2007). Si nous préférons l'adjectif « esthétique », c'est bien parce qu'il saisit à nos yeux la spécificité du capitalisme contemporain, c'est-à-dire la production de marchandises esthétiques. Tout se passe comme si le vœu premier des avant-gardes artistiques de faire déborder l'art sur la vie avait été exaucé par l'essor d'un système tout entier tourné vers la créativité, en particulier grâce au déploiement d'industries culturelles à la recherche d'une innovation constante, susceptible de séduire de nouveaux segments de la population (ciblés en fonction de leur âge, sexe, classe sociale, appartenance ethnique et religieuse, pays) et de susciter de nouveaux désirs et attachements (Pharo, 2018). Ce capitalisme se caractérise ainsi par le triple passage de la sphère locale à la sphère globale de distribution, de la nature matérielle à celle immatérielle de la marchandise, de l'emprise du marché sur les comportements de l'individu à l'emprise sur l'intimité de ce dernier.

C'est dans ce cadre de transformation du capitalisme global qu'il faut replacer la dimension industrielle de la *Hallyu*. Elle en partage certains traits transnationaux, tout en en proposant une version *sui generis*, liée à son contexte historique d'émergence en Corée du Sud. Pour caractériser cette singularité du capitalisme esthétique en Corée du Sud, nous utiliserons le terme de capitalisme de l'*entertainment* qui fera, dans ce chapitre, l'objet d'une analyse visant à mieux comprendre la part qu'ont jouée les industries culturelles depuis le milieu des années 1990 dans la modernisation fulgurante du pays et dans son entrée sur la scène internationale.

I. Critique du capitalisme esthétique

Sans faire une généalogie du capitalisme contemporain, nous présenterons tout d'abord les caractères idéal-typiques de son nouvel esprit, qui sont généralement avancés comme la raison de son enracinement dans les styles de vie des classes moyennes urbaines éduquées, de son omniprésence au sein de la sphère quotidienne ainsi que dans les modes de sociabilité, notamment des plus jeunes. Les travaux qui s'y consacrent insistent tous d'une part sur le degré élevé de marchandisation des goûts et de la création artistique et culturelle qui en étaient il y a encore peu exclus et censés en être antinomiques, et, d'autre part, sur la stimulation intense, diffuse et personnalisée des désirs d'achat qui en est le moteur.

a) Retour sur les origines du capitalisme esthétique

La période contemporaine se caractérise par la généralisation de stratégies esthétiques à des fins marchandes dans tous les secteurs des industries de grande consommation. On peut ainsi définir le capitalisme esthétique comme la phase historique du système de production, de distribution et de consommation dans lequel la poursuite de la croissance économique se réalise par la production de valeurs esthétiques (Böhme, 2017).

Ce capitalisme doit être alors envisagé comme une stratégie entrepreneuriale accompagnant et stimulant cette esthétisation : il se nourrit d'un rapport à la consommation fondé sur le désir compulsif d'acquisition et sur l'usage des biens culturels comme pivot de la construction de soi dans des sociétés contemporaines où le travail ne suffit plus à définir ce qu'est une vie bonne et où la force régulatrice des grandes institutions s'affaiblit. Pour reprendre une idée chère à Axel Honneth (2013), la « désinstitutionnalisation » des sociétés contemporaines édicte la nouvelle norme de la réalisation personnelle qui engendre à son tour une diversification des modes de vie s'appuyant sur un consumérisme envisagé comme une manière de donner un sens à la vie et de façonner son identité. Dans le capitalisme esthétique, la consommation des produits ne sert pas seulement à reproduire la vie quotidienne, à la préserver : elle sert surtout à l'enrichir et à la mettre en scène, à soutenir des projets d'existence, si bien que tout acte de consommation est tenu d'exprimer et de réaffirmer un choix authentique, conforme à l'image que l'on se fait de soi-même (Böhme, 2017). Les marchandises deviennent dès lors de puissantes ressources permettant à leur acquéreur une mise en récit de soi, pour le meilleur *et* pour le pire. L'intégration d'un nombre croissant de domaines de la vie humaine, tels l'éducation, la santé ou encore la culture dans la logique du marché est la preuve de la transformation profonde du capitalisme.

Ce capitalisme s'est développé à la conjonction de deux mouvements historiques relativement indépendants entre eux : a) la transformation des *besoins* en *désirs* et la création d'une nouvelle valeur des marchandises (la valeur de *mise en scène* qui s'ajoute à la valeur d'usage et à la valeur d'échange) ; b) la neutralisation des éléments subversifs de la production culturelle par son absorption dans la sphère marchande. En nous penchant sur ces deux fondements, nous esquisserons une critique de l'économie esthétique du capitalisme contemporain.

b) Une esthétique addictive et émotionnelle

L'analyse marxiste de la marchandise s'inscrivait dans un univers économique de rareté relative des biens produits ainsi que de consommation restreinte qui restait l'apanage des classes aisées, tandis que les ouvriers, les paysans, les classes moyennes en étaient largement exclus. Elle concernait par ailleurs au premier chef les biens matériels durables.

Or, dans un monde dominé à la fois par l'extension de la marchandisation à tous les domaines possibles et par la dématérialisation des produits au profit de la production de signes et de savoirs, la consommation est soutenue par la transformation des besoins en désirs. Ces derniers, ne pouvant jamais être totalement satisfaits, s'intensifient à mesure qu'ils sont assouvis. C'est sur ce point que le capitalisme esthétique peut devenir profondément addictif (Pharo, 2018). D'ailleurs, l'usage intensif des stratégies de vente hautement individualisées, grâce au déploiement des nouvelles technologies (algorithmes de recommandation notamment), promeut cette addiction consumériste. Désormais, les sphères de la vie assujetties à la logique du marché sont nombreuses, depuis la façon de se nourrir jusqu'à celle de se distraire ou de faire la fête, en passant par les investissements professionnels, les communications personnelles ou les relations érotiques.

Par ailleurs, ce qui rend particulier le capitalisme esthétique est le fait que, lorsqu'une marchandise est vendue, ce qui est acheté n'est pas seulement un objet, mais également un imaginaire activé par l'acquisition de ce bien. Dans la tentative d'affiner la distinction marxiste entre valeur d'usage et valeur d'échange en l'adaptant à la société de consommation, Jean Baudrillard (1970) avait ainsi avancé l'existence d'une troisième valeur – la valeur symbolique – qui permet à l'individu de marquer son statut social, de se différencier des autres acheteurs. Pour aller plus loin que cette logique de la distinction, on peut emprunter à Gernot Böhme (2017) le concept de valeur de « mise en scène » (*staging value*). Pour augmenter leur valeur d'échange, les marchandises sont désormais présentées d'une manière qui a peu à voir avec leur utilité et leur fonctionnalité : elles forment, en un sens, un nouveau type de valeur d'usage dérivé de la valeur d'échange, dans la mesure où l'on utilise désormais leur attrait, leur éclat, leur « atmosphère » (Böhme, 2018). Dans une économie esthétique, l'esthétique de la marchandise devient la principale force qui régit sa conception. Une grande partie de la production sociale devient ainsi une production esthétique, c'est-à-dire une production non plus de valeurs d'usage mais de valeurs de la mise en scène.

Quand les objets s'immiscent de plus en plus dans la vie par la pulsion consumériste, ils deviennent des éléments centraux de la construction de l'identité individuelle. La consommation n'est plus alors une strate superficielle de la vie sociale, mais au contraire un espace où se construisent et se jouent les enjeux relatifs aux rapports sociaux et à leur transformation, l'identité et l'intimité des individus, l'émotion issue de la consommation devenant marchandise elle-même. Pour le dire avec Eva Illouz (2019, p. 30), « le capitalisme consumériste a inexorablement transformé les émotions en marchandises : c'est ce processus historique qui explique l'intensification de la vie émotionnelle depuis la fin du XIXe siècle et, de façon parfaitement évidente, tout au long de la moitié du siècle suivant ».

c) Une esthétique « cool »

Un dernier élément du capitalisme contemporain aide à mieux saisir qu'il ait pu pénétrer profondément la vie des individus grâce à sa capacité à assimiler des traits qui lui étaient initialement hostiles et qui maintenant deviennent sa marque de fabrique même.

Montrant que la logique fortement expressive, contestataire, anticonformiste de la culture juvénile est rapidement devenue très attractive pour les entreprises américaines dès les années 1950, Thomas Frank (1997) a mis au jour la nouvelle sensibilité qui s'est imposée avec la montée d'une jeunesse rejetant le conformisme de la société américaine, visible notamment dans les styles de vie, aspirations et consommations des classes moyennes. En phagocytant la contre-culture, son style de vie joyeux, sa critique corrosive du matérialisme et de la routine, le capitalisme est devenu « cool » (McGuigan, 2009). L'intégration de la contre-culture a ouvert au capitalisme la possibilité de se fonder sur de nouvelles formes de contrôle et de commercialisation, de nouveaux objectifs plus individualisés et considérés comme plus « authentiques » (Boltanski et Chiapello, 1999). On trouve un raisonnement fort proche de cette thèse de la « cooptation » (Frank, 1997) de la contre-culture dans les analyses portant sur la matrice bohème des logiques de l'innovation du capitalisme contemporain. Aujourd'hui, loin d'être un signe de marginalité ou d'une volonté de changement social, les modes de vie bohèmes sont un marqueur de la nouvelle économie créative. Et si la créativité devient fondamentale pour un capitalisme qui se veut novateur – notamment dans le domaine de la haute technologie –, c'est bien la sphère artistique qui devient le modèle inspirateur des nouvelles industries. Ainsi que l'explique David Roberts (2012, p. 92), « l'antagonisme du capitalisme et de la culture, de l'art et de la technologie disparaît dans l'économie créative, tout comme l'antagonisme de la société bourgeoise et de la sous-culture bohème disparaît dans la nouvelle classe culturelle ». Or le tournant de la pop culture est caractéristique de cette manière de résoudre les contradictions classiques du capitalisme par l'essor du nouvel esprit du capitalisme esthétique.

II. Le cadre du capitalisme sud-coréen

Tout comme le toyotisme est la variante japonaise de l'organisation du travail propre au capitalisme industriel, qui l'éloigne considérablement de ses homologues fordiste et tayloriste, le système industriel de la *Hallyu* est l'adaptation sud-coréenne de cette évolution du capitalisme vers un nouvel esprit esthétique. En plus des traits transnationaux décrits dans les pages précédentes, le système économique qui a créé la *Hallyu* en possède des propres sur lesquels il convient de s'arrêter afin de comprendre comment un pays en voie de développement il y a encore cinquante ans est devenu un acteur majeur de l'industrie culturelle globale. Pour ce faire, nous nous pencherons d'abord sur le passage fulgurant d'un capitalisme d'industrie lourde, déjà résolument tourné vers les marchés internationaux, vers un capitalisme esthétique, avant d'explorer les contours spécifiques de ce capitalisme de l'*entertainment*.

a) Une modernisation économique accélérée et tournée vers les exportations

L'essor économique et la modernisation de la Corée du Sud retiennent l'attention par leur rapidité. Presque entièrement détruit par la guerre (1950-1953), ce pays est devenu en l'espace d'une cinquantaine d'années l'une des quinze premières puissances économiques mondiales, notamment dans les industries de l'automobile et des télécommunications, avec l'émergence de conglomérats globaux puissants (les *chaebols*) : Hyundai, Samsung et LG en sont les fers de lance.

Nombre de commentaires ont porté sur ce qu'il a été convenu d'appeler « le miracle asiatique » (Vogel, 1993). Le plus souvent, trois facteurs sont mis en avant pour expliquer spécifiquement la réussite sud-coréenne : a) tout d'abord, l'effet d'entraînement engendré par les liens particuliers avec les États-Unis et le Japon. La présence américaine en Corée du Sud depuis la fin de la Seconde Guerre mondiale, de même que les relations fortes avec le Japon (la Corée a été un protectorat puis une colonie japonaise entre 1905 et 1945), a permis de leur emprunter des manières de faire dans l'organisation industrielle du pays, visibles notamment dans les choix d'une production de qualité et attentive aux demandes des consommateurs (y compris occidentaux), deux principes fondamentaux du toyotisme (Ōno, 1988) ; b) ensuite, la mise en place d'un système économique très particulier dans lequel le gouvernement joue un rôle majeur, tant dans l'impulsion à la compétitivité que dans le soutien à des industries ou à des secteurs financiers ; c) enfin, des facteurs culturels, parmi lesquels le terreau confucéen, fortement implanté en Corée depuis le XIVe siècle. Paradoxalement, alors que les legs du confucianisme ont pu être considérés par le passé comme un frein au développement économique en Asie de l'Est, c'est bien dans l'éthique confucéenne que certains trouvent aujourd'hui l'une des raisons du miracle sud-coréen à travers l'invention d'un « capitalisme confucéen » (Cha, 2003, p. 486), dont l'*ethos* serait caractérisé par l'importance donnée à l'éducation, au travail acharné et à la discipline de soi.

L'une des clés de l'intégration de ce pays dans l'économie mondiale tient par ailleurs au choix d'une stratégie d'exportation (Bidet, 2013). Depuis 2011, l'économie sud-coréenne est fortement dépendante de ses exportations : avec un ratio exportations/PIB supérieur à 50 %, la balance commerciale affiche un solde excédentaire permanent. En 2012, son excédent commercial atteignait un montant record de plus de 43 milliards de dollars et son compte des services était pour la première fois bénéficiaire, ce qui était dû, pour une large part, au secteur de la culture et du divertissement. En 2016, cet excédent avait déjà plus que doublé. Si, jusqu'à la fin des années 1970, les échanges commerciaux étaient restés très concentrés sur un petit nombre de partenaires, très fortement liés à l'histoire des relations internationales de ce pays – en 1973, les États-Unis et le Japon représentaient ainsi à eux deux 70 % des exportations et des importations sud-coréennes –, l'adhésion de la Corée du Sud à l'Organisation mondiale du commerce (OMC) en 1995, puis à l'Organisation de coopération et de développement économiques en 1996 (OCDE), a donné un nouvel élan aux échanges.

b) Le syndrome Jurassic Park

La crise financière de 1997 qu'a connue la Corée du Sud, à l'instar d'autres pays de l'Asie de l'Est et du Sud-Est, a provoqué une restructuration majeure de l'économie de ce pays, dans un contexte où les échanges de produits, biens et services culturels croissaient fortement pour répondre à l'émergence d'une classe moyenne globale avide de consommation. Avant la crise, en Corée du Sud, l'économie culturelle était relativement peu développée et la culture principalement considérée sous l'angle patrimonial.

C'est dans la seconde moitié des années 1990 que les industries culturelles deviennent l'un des nouveaux fers de lance de la politique exportatrice de la Corée du Sud. Le 17 mai 1994, le Conseil consultatif présidentiel sur la science et la technologie, organe de réflexion placé auprès du gouvernement, présente un avis intitulé le « Plan stratégique pour la croissance de l'industrie des arts visuels de haute technologie ». Une affirmation issue de cette réunion est destinée à sceller l'avenir économique du pays : « *Jurassic Park*, dirigé par le réalisateur à succès Steven Spielberg, avec un budget de 65 millions de dollars US a rapporté au total 850 millions en une année. Les revenus du film sont équivalents au montant représenté par l'exportation de 1,5 million de véhicules » (Kang, 2015*a*, p. 51)[1]. Ce que nous désignons comme le syndrome *Jurassic Park* marque donc un tournant : la culture était désormais évaluée comme une *marchandise*, pour sa valeur d'échange plus que pour sa valeur d'usage. Ce syndrome est encore agissant : il suffit

1. À cette époque, la Corée du Sud n'exportait que 700 000 automobiles par an.

pour s'en convaincre de consulter les rapports régulièrement publiés en Corée du Sud au sujet du groupe BTS*, dont le succès est mesuré par comparaison avec la richesse produite par les industries lourdes sud-coréennes, sans aucune référence à leur qualité artistique.

Le secteur des industries culturelles se développe alors avec des fonds venus des géants de l'industrie (Samsung, Daewoo, SKC, Hyundai) qui y voient une occasion de diversifier leurs activités, des possibilités de retours sur investissement importants avec des risques limités. Même si certains de ces acteurs ont connu une courte durée (Samsung Entertainment sera fermé en 1999 après des investissements colossaux), leur participation a permis de structurer les industries culturelles. La transformation la plus marquante a été la rationalisation de l'industrie du cinéma (Pacquet, 2005) : celle-ci est entrée dans l'ère des majors (CJ Entertainment, Lotte Cinema, Mediaplex, Cinema Service), du « star-système » et de l'intégration verticale qui combine production, distribution et projection afin de réduire les risques et de maximiser les profits.

c) Un capitalisme d'État

La *Hallyu* doit également être analysée comme le produit d'une interaction originale entre politiques d'État et mutations industrielles dans un pays qui souhaite prendre une place importante dans les échanges internationaux et conduire la société, traumatisée par la crise de 1997, vers un tournant culturel (Jang et Paik, 2012). Quand la crise touche le pays, la fuite des capitaux s'élève à 20 milliards de dollars durant la seule année 1997, Kia Motors fait faillite et la First Bank of Korea connaît de grandes difficultés. Seule l'aide internationale parvient à enrayer la crise : 57 milliards de dollars sont prêtés par le FMI, la Banque mondiale et la Banque africaine de développement. Le chômage bondit de 2,6 % à 7,6 % entre 1997 et 1999. Les jeunes générations paient le prix fort en cumulant fort taux de chômage ou d'emploi précaire : c'est la « génération 800 000 wons », désignée ainsi par le montant du salaire mensuel moyen[1].

Dans ce contexte, le capitalisme d'État sud-coréen se caractérise par : a) une intrication entre les milieux politiques et les milieux d'affaires ; b) une politique commerciale articulant mesures protectionnistes et soutien aux exportations afin de défendre les marchés intérieurs et pallier leur exiguïté ; c) une politique d'investissement forte, dans le cadre de plans quinquennaux. Ces derniers, qui avaient bénéficié successivement à l'industrie lourde et chimique (années 1960 et 1970), à l'industrie automobile, navale et électronique (années 1980 et 1990), s'orientent désormais vers les nouvelles technologies et l'industrie de l'information (à partir des années 1990).

Il est donc nécessaire d'abandonner la « théorie du sandwich » (Bae, 2016) qui considérait la Corée du Sud comme coincée entre la high-tech japonaise et la main-d'œuvre chinoise à bas prix, tout comme celle qui insistait sur la prépondérance de l'influence américaine, dominante sur le marché des produits culturels, pour comprendre cette nouvelle donne. C'est en effet suite à la crise de la seconde moitié des années 1990 que les grands conglomérats (les *chaebols*) et les autorités publiques sud-coréennes investissent massivement dans des produits culturels par des formes de partenariats privé-public, notamment dans le soutien à des start-up, pour contrecarrer la toute-puissance états-unienne

1. C'est-à-dire un peu plus de 650 dollars américains.

au niveau international de même que la prééminence japonaise au niveau régional, mais aussi pour tenter de rééquilibrer une économie mise à mal par sa dépendance à l'égard de l'industrie lourde (sidérurgie, automobile, construction navale et composants électroniques), ainsi qu'aux grands conglomérats.

Après la crise financière et économique, le gouvernement fait des opportunités offertes par la globalisation son slogan (Kim, 2000), notamment dans le secteur des industries culturelles. La Corée du Sud se tourne alors vers le marché asiatique après l'avoir largement ignoré depuis les années 1960. C'est à cette période que des mesures gouvernementales sont prises pour soutenir ces industries : à la loi promulguée dès 1995 mettant en place une incitation fiscale pour attirer les investissements importants des grands conglomérats vers le secteur du cinéma s'ajoute, en 1999, une loi plus large de déréglementation fiscale pour la promotion des industries culturelles, dotée d'un budget total de 148,5 millions de dollars. Soutenue par l'État afin de mettre en œuvre la stratégie *Global Korea* (Choi, 2013), une coopération entre les entreprises de la *Hallyu* et les grandes entreprises industrielles est rapidement mise en place (notamment dans les télécommunications). Cette stratégie s'accompagne de forts investissements dans les infrastructures de l'Internet, essentielles pour la diffusion des produits culturels : dans les années 2010, le gouvernement sud-coréen investit pour que chaque foyer soit connecté en haut débit (1 gigabit par seconde, soit deux cents fois plus rapide que la connexion moyenne d'alors aux États-Unis).

C'est aussi à cette période que sont mis en place la plupart des acteurs institutionnels soutenant le développement des industries culturelles, notamment par les exportations : un ministère de la Culture voit le jour dès 1990 et, en son sein, un bureau des industries culturelles, en 1994. Ainsi, quand le secteur de l'édition musicale subit une crise à cause des téléchargements illégaux, le gouvernement investit 91 millions de dollars en faveur de la K-pop pour construire un « K-pop center » avec une salle de concert de 3 000 places et mettre en place une régulation des *noraebangs* (salles de karaoké) pour vérifier que ces dernières paient les redevances sur les chansons. De même, la Fondation coréenne pour les échanges culturels internationaux (KOFICE) a conclu un accord avec YouTube fin 2011 pour qu'une catégorie dédiée à la K-pop soit créée sur le site de vidéos en ligne. Les autorités publiques sud-coréennes ont donc accompagné et fortement soutenu le développement des industries culturelles, si bien que la *Hallyu* peut être également considérée comme le résultat de politiques publiques (ou *Hallyu-hwa*[1]) qui ont œuvré pour maximiser les effets croisés des succès des divers produits qui la composent. Le gouvernement est ainsi devenu un promoteur de la « *global Hallyu* » (Lie, 2012) à travers de nombreux organismes gouvernementaux qui développent des politiques de soutien.

La *Hallyu* assume un caractère commercial lié à l'impératif d'exportation et d'excellence techno-industrielle. Les chanteurs et chanteuses de K-pop sont considérés comme des trésors nationaux, au même titre que les téléphones Samsung : en sus d'être le meilleur produit d'export de la nation, leur succès entraîne celui de produits connexes. La présence d'artistes et groupes de K-pop est ainsi sollicitée lors d'événements nationaux et internationaux ; il est devenu habituel que les plus célèbres soient mobilisés pour promouvoir des campagnes publiques et des événements

1. « *Hwa* » est l'équivalent de l'anglais *-ize* et du français *-ion* et signifie « en devenir ».

comme le sommet du G20 en 2010, l'Expo Yeosu en 2012 et les Jeux asiatiques d'Incheon en 2014. Le président Park Geun-hye a ainsi rencontré des membres de deux groupes, Girls' Generation* et Super Junior*, lors du concert de l'amitié Corée-Chine en juin 2013.

Les efforts gouvernementaux en faveur de la « troisième phase » de la *Hallyu* – celle de la nourriture – poursuivent cette logique. En mai 2009, le gouvernement crée le Korean Cuisine Globalization Committee qui engage trente-six experts (dont des ministres et des dirigeants de l'agroalimentaire sud-coréen), dans le but non seulement de développer les exportations, mais aussi d'améliorer la réputation internationale de la cuisine de la Corée du Sud (Na, 2009). Afin de faire de la cuisine sud-coréenne l'une des cinq les plus populaires dans le monde, le gouvernement a dépensé 45 millions de dollars (50 milliards de wons) pour l'ouverture de cours de cuisine dans de prestigieuses écoles à l'étranger. Pour accroître la visibilité de cette troisième vague, les croisements avec les produits relevant des vagues précédentes sont légion : ainsi, lors de l'organisation d'un festival culinaire à Central Park en août 2011, le *hanbok* (vêtement traditionnel coréen) et la K-pop étaient également fortement présents.

III. Les traits distinctifs du capitalisme de l'*entertainment*

Le capitalisme de l'*entertainment* sud-coréen possède également des traits originaux en matière de mode de production. Trois éléments constituent ce modèle : a) une importante sérialisation des modes de production caractérisés par la désindividualisation des artistes et l'hypermarchandisation des productions ; b) une transformation des artistes en *Idols*, marchandises émotionnelles transmédiatiques, fortement esthétisées ; c) la mise en place d'une culture participative par une sollicitation constante des publics qui fournissent des jugements sur la qualité des produits dont les contenus sont ajustés en temps quasiment réel.

a) Un mode de production sérialisé

Les trois principales sociétés d'*entertainment* sud-coréennes – SM Entertainment, YG Entertainment et JYP Entertainment –, auxquelles il faut désormais ajouter Bit Hit Entertainment (devenu HYBE depuis son entrée en Bourse en 2021), ont mis en place un système intégré de production de stars « maison » (Lie et Oh, 2014) hautement sérialisé et aux standards de qualité internationaux. C'est SM Entertainment qui a importé ce modèle, initialement japonais, et qui l'a perfectionné en produisant de multiples groupes féminins et masculins, à tel point qu'il est devenu la marque de fabrique de l'industrie musicale sud-coréenne (Maliangkay, 2015). La K-pop fournit ainsi un observatoire privilégié de ce système sérialisé de production de masse, centré sur l'importance donnée à l'éthique du travail. Les jeunes sélectionnés le sont sur leurs qualités personnelles – leur caractère, leur beauté – plus que sur leurs aptitudes à chanter, à danser ou à jouer la comédie, puisque ces compétences leur seront enseignées au cours de périodes de formation s'étendant sur plusieurs années. Ce qui compte, c'est de pouvoir résister aux processus drastiques de sélection : pour 100 000 adolescents qui sont auditionnés, 1 % suivra un entraînement et 0,1 % fera carrière. Ainsi la Corée du Sud compte-t-elle autant d'artistes de pop que les États-Unis pour une population de seulement 51 millions d'habitants environ (contre près de 330 millions pour le géant américain). Environ 2,1 millions de prétendants ont été auditionnés en 2012 pour « Superstar K* », la plus grande compétition de chanson télévisée (soit 4 % de la population sud-coréenne) ; par comparaison, les candidats à « American Idol » ne sont que 80 000 environ par an (soit 0,03 % de la population des États-Unis).

Dans ce système de sélection drastique, tout conduit à une désindividualisation, depuis les castings jusqu'à la gestion du succès éventuel. En effet, les jeunes choisis, formés et ensuite placés à grand renfort de marketing au sein des groupes sont le produit d'une hypermarchandisation de la production culturelle. Les candidats sélectionnés sont tous jeunes, présentent des mensurations semblables, et sont complémentaires en matière de compétences (l'un sera formé pour devenir plutôt chanteur, l'autre pour devenir plutôt danseur, etc.). En d'autres termes, les membres des groupes sont fabriqués et pas découverts par des « *talent-scouts* », comme c'est le cas dans d'autres pays où prévaut plutôt la rhétorique du talent naturel à révéler. Cela est d'autant plus vrai que, depuis les années 2000, la taille des groupes a tendance à augmenter : on compte huit membres pour After School*, neuf membres pour Girls' Generation*, Nine Muses*, ZE:A* et Speed*, dix membres pour Co-Ed School*, douze membres pour Super Junior* et EXO*, treize pour SEVENTEEN*. Plus la taille du groupe est importante, plus il devient difficile pour les individus qui le composent d'être déterminants.

La désindividualisation s'observe également dans la relation qui lie les membres des groupes aux sociétés de production, ces dernières exerçant un contrôle total non seulement sur l'image des artistes, mais aussi sur leur vie privée, dans le cadre de contrats exorbitants de droit commun (portant sur des durées très longues et incluant des clauses léonines touchant leur vie privée[1]). Les membres des groupes sont ainsi supposés vivre ensemble dans une maison commune fournie par la société de production, chacun jouant un rôle précis dans le collectif sans lequel il n'est rien. La société de production a l'intégrale maîtrise de leur existence, dont chaque moment entretient une vie médiatique permanente, par des *posts* réguliers sur les réseaux.

La même sérialisation s'observe dans la production de K-dramas, compte tenu de leur mode de diffusion télévisuel : la plupart des séries ne comptent qu'une saison (à la différence des séries occidentales qui les multiplient), avec un rythme soutenu de diffusion des épisodes (parfois plusieurs par semaine), ce qui formate les séries pour quelques mois de diffusion et fixe le nombre d'épisodes autour d'une vingtaine en moyenne, même si certaines séries peuvent en compter jusqu'à une cinquantaine (comme *L'Impératrice Ki** ou *Six Flying Dragons** par exemple). Mais même dans ce cas, les durées de diffusion n'excèdent généralement pas une saison télévisée. Le nombre de diffuseurs télévisuels sur le marché sud-coréen étant faible[2], la concurrence est rude pour savoir quelles séries vont dépasser le premier épisode et, dans l'incertitude, les producteurs ne peuvent pas prendre le risque de produire plus de deux ou trois épisodes d'avance. Cette

1. Par exemple : interdiction de fumer, de boire, d'utiliser un téléphone personnel, de voyager, de prendre des congés, et même d'avoir une histoire d'amour.

2. Il y a plus d'une centaine de sociétés de production de dramas en Corée, et seulement trois diffuseurs potentiels : KBS, MBC et SBS. Le quatrième diffuseur est EBS (Educational Broadcasting System) : il a une vocation exclusivement éducative, et n'achète pas de K-dramas.

situation provoque un niveau de compétition élevé entre les producteurs et favorise la mise en place d'un système de production en flux tendu. Les choses sont en train de changer avec l'entrée en lice récente des grandes plateformes de streaming (Netflix, Amazon Prime, Apple TV notamment) qui investissent massivement dans la production de séries sud-coréennes diffusées uniquement sur l'Internet : des séries de deux saisons apparaissent progressivement.

*b) De l'artiste à l'*Idol *transmédiatique*

Ce capitalisme du divertissement à destination des masses de consommateurs place en son centre la figure des *Idols*, distincte de celle des stars (Dator et Seo, 2004). Alors que Hollywood avait innové dans l'invention du star-système, ce modèle est plutôt d'inspiration japonaise, puisque c'est au Japon que les *Idols* sont apparues (Aoyagi, 2005) : la Corée du Sud en propose une version améliorée.

L'*Idol* sud-coréenne revendique l'importance de son travail[1] et son insertion dans la chaîne de production, tandis que la star, même lorsqu'elle est formée, exalte son individualité, son originalité et son exceptionnalité comme fondement de son adoration. Par ailleurs, l'*Idol*, à la différence de la star, n'est pas un spécialiste, mais un artiste polyvalent : il doit maîtriser les divers champs médiatiques et pouvoir circuler de l'un à l'autre, en sachant chanter, danser, jouer, animer une émission de télévision, faire du mannequinat. Bref, l'*Idol* est un produit transmédiatique intégré, issu d'une sélection en principe « ouverte », et qui

1. Ce trait du travail artistique est nettement plus marqué en Corée du Sud que dans les pays occidentaux, où il existe néanmoins (Menger, 2003).

incarne la promesse que « tout le monde peut y arriver », promesse en phase avec la démocratisation de l'accès à l'espace public, à la réputation et à la célébrité permises en puissance par les médias et les réseaux sociaux. C'est la raison pour laquelle les artistes des groupes de K-pop postent régulièrement sur les réseaux sociaux des vidéos qu'ils tournent avec leur téléphone portable durant leurs répétitions, leurs entraînements, sans costume ni maquillage, afin d'accentuer les effets de proximité avec leurs publics en dévoilant les coulisses de leur vie. De même, les acteurs des K-dramas sont chanteurs des titres des bandes son et différents chanteurs de K-pop tournent dans des séries télévisées. Tous beaux (on y reviendra), ils prolongent leur activité artistique et médiatique par le mannequinat, la mode et/ou la cosmétique. Tout cela augmente leur visibilité médiatique et les rend omniprésents : ils apparaissent à un rythme frénétique sur les couvertures des magazines, dans des émissions de télévision, dans des concerts, dans des publicités. C'est le registre « privé » de leur exposition médiatique qui les distingue des stars : alors que ces dernières restent plus inaccessibles, lointaines et cachent leurs coulisses, les *Idols* sont les produits consommables (Galbraith et Karlin, 2012), largement interchangeables, des sociétés d'*entertainment*, construits à grand renfort d'opérations commerciales de distribution et de promotion, et placés quasi en continu sous le regard du public par un usage intensif des réseaux sociaux (Shin, 2009).

Cette surexposition transmédiatique soumet les artistes à des rythmes effrénés. Le groupe BTS* a ainsi sorti pas moins d'une vingtaine d'albums (albums, mini-albums, rééditions, compilations) en coréen ou en japonais entre 2013 et 2020, réalisé huit tournées (en Corée, au Japon et ailleurs) auxquelles il faut ajouter la participation à cinq *musters* (ou

« rassemblement BTS », des assemblées de fans organisées par leur société de production). Ils sont apparus dans une soixantaine d'émissions de télévision, ont donné lieu à un documentaire (*BTS: Burn the Stage*) et leur histoire inspire un K-drama. Par ailleurs, ils sont également acteurs et, parfois, réalisateurs. En outre, ils participent à des opérations commerciales en collaboration avec des sociétés à l'implantation internationale, notamment Mattel, Coca-Cola, Hyundai, Puma, etc., et à des événements politiques, au niveau national et au niveau international, comme celui sous l'égide de l'ONU évoqué en préambule.

c) Les fans comme coproducteurs

Le dernier trait caractéristique du mode de production de la *Hallyu* est la place conférée aux publics d'amateurs, notamment dans les marchés hautement concurrentiels de la musique et des séries télévisées.

Pour réduire l'incertitude de la rentabilité des investissements, les réactions immédiates des publics (recueillies principalement par les réseaux sociaux) sont particulièrement scrutées au fil du processus de production des K-dramas : elles alimentent ce que Younjeong Oh (2005) appelle la « consommation discursive ». Les pratiques interprétatives, les suggestions, les revues et critiques, les analyses des intrigues et des nœuds narratifs, les descriptions des scènes importantes, les hypothèses de développement narratif, et même les parodies et détournements que les publics produisent sont utilisés soit pour vérifier la justesse des choix, soit pour réévaluer certaines options, soit encore pour réorienter les narrations. Cela est rendu possible par le système du « tournage de dernière minute », système de production en flux tendu, et assure un succès d'audience qui permet des prix de vente unitaire des épisodes plus élevés, notamment sur les marchés étrangers.

Cette place donnée aux communautés de fans est également très nette dans le cas de la K-pop (Kang, 2015*a*). L'*Idol* comme marchandise dépend intrinsèquement de l'existence de consommateurs fidèles, loyaux, dévoués, ce qui explique que les entreprises d'*entertainment* créent des fan-clubs dédiés dès l'apparition d'une *Idol*. Ces communautés sont systématiquement mobilisées à chaque événement pour des animations, autour des sorties de disque, pour la communication : les fans sont des agents de diffusion des contenus ou des événements à travers des *covers*, des *flash mobs*, etc. ARMY, la communauté des fans de BTS*, a été créée le 9 juillet 2013, soit quelques semaines seulement après la formation du groupe et a désormais une ampleur mondiale : la chaîne YouTube du groupe, BANGTANTV, a diffusé près de 800 vidéos et compte plus de 63 millions d'abonnés, tandis que le compte de son label de divertissement, ibighit.com, grâce auquel des vidéos sont partagées, rassemble près de 7 millions d'individus ; enfin, on compte plus de 6,5 millions d'abonnés au canal de streaming de BTS sur l'application V Live de Naver. Il suffit de quelques chiffres pour se convaincre de l'efficacité économique de ce système : le Hyundai Research Institute estime ainsi que le groupe BTS* a un impact économique supérieur à celui des Jeux olympiques d'hiver de 2018, chiffrant le premier à 52 600 milliards de wons (soit 44 milliards de dollars) sur la période 2014-2023 contre 41 600 milliards de wons (34 milliards de dollars) pour les Jeux (Ego_Centrick, 2018).

d) L'exaltation de l'idéologie du bien-être

Si c'est une constante du grand récit américain que d'avoir réservé une place importante à la poursuite du bonheur, c'est peut-être le capitalisme de l'*entertainment* de la *Hallyu* qui a optimisé et industrialisé de la façon la plus intégrée la contribution du marché culturel à l'idéologie du bien-être de matrice néolibérale.

Les *Idols* sont les produits par excellence d'une industrie du bonheur, belle et satisfaisante, valorisant l'individu au travers de sa participation, le partage des sentiments, bref la proximité. Les principales émotions mobilisées sont positives (l'amour, la passion, le désir, l'attitude cool, l'optimisme, la gaieté, la confiance en soi). Les groupes de K-pop ou les épisodes des K-dramas peuvent ainsi être considérés comme des « *emodities* », des marchandises émotionnelles (Illouz, 2019) consommées dans le cadre d'une idéologie du bonheur, par ailleurs promue tout à fait officiellement par de grands organismes internationaux, *via* des initiatives telles le *World Happiness Report* des Nations unies, l'invention de la Journée internationale du bonheur fixée par l'ONU au 20 mars, ou encore les initiatives de l'OCDE, telles que le *Your Better Life Index* et la *Better Life Initiative*.

Cette valorisation du bonheur procède d'une conception qui rend à l'individu la responsabilité de la quête (et de la réussite) de son bien-être et en fait la mesure essentielle de sa qualité d'être humain, conception qui justifie une consommation émotionnelle et esthétique. Ici, le sentiment d'authenticité (Pine et Gilmore, 1999) provient moins de caractéristiques intrinsèques des produits que du fait que ces derniers suscitent effectivement chez les consommateurs les émotions qu'ils promettent et participent de l'adhésion à des répertoires d'objets, dont la finalité est d'aider les individus à atteindre une forme de vérité par rapport à eux-mêmes[1]. C'est cet argument idéologique qui est au fondement du capitalisme de l'*entertainment*. Les produits relevant de la *Hallyu* semblent donc avoir réussi le pari de faire du champ de la consommation culturelle le lieu où se déplacent certains rapports de force du capitalisme. Ainsi que l'écrivent Edgar Cabanas et Eva Illouz (2018, p. 70), « les valeurs méritocratiques et individualistes qui sous-tendent l'idéologie du bonheur occultent totalement les différences de classe, pourtant fondamentales, les prosélytes de cette idéologie préfèrent l'égalité des chances psychiques à l'égalité des conditions ». Paradoxalement, ce sont bien les produits en provenance d'un monde non occidental qui semblent promouvoir et relayer des valeurs qui sont en phase avec le néolibéralisme né en Occident.

Dans un capitalisme devenu esthétique, addictif et émotionnel qui a favorisé l'extension des domaines de la marchandise ainsi que l'esthétisation de la vie quotidienne, la *Hallyu* propose donc un modèle original de production qui s'appuie sur la collaboration étroite entre l'État et les entreprises privées (notamment dans le secteur des télécommunications), caractéristique du tissu industriel sud-coréen, de même que sur le recentrage de l'économie sur les exportations, fondamentales dans un pays au marché intérieur relativement étroit. Ce capitalisme de l'*entertainment* participe de la propagation d'une idéologie du bonheur étroitement arrimée à une idéologie consumériste.

1. C'est ce qu'évoque le concept de marchandise-expérience chez Ann Friedberg (1993), ainsi que Joseph Pine et James Gilmore quand ils parlent d'économie de l'expérience (1999).

Chapitre 2

Une globalisation alternative de la pop culture

Portée par l'Internet et les médias sociaux, la vague coréenne est devenue un phénomène global – personne n'est à l'abri. Alors qu'auparavant elle ciblait principalement les jeunes, elle est désormais de plus en plus populaire auprès des adultes !!!

(« Watch out for the Korean wave! » ;
posté le 4 octobre 2018
à 9 h 11 par Fabian[1])

Ce capitalisme de l'*entertainment* ne peut se comprendre que dans le cadre d'une pop culture dont la caractéristique est d'être *populaire*, c'est-à-dire créée en opposition aux élites, et unissant l'art et l'esthétique consumériste, le glamour et le business (Artus, 2017). Dans cette perspective, l'essor de cet acteur majeur de la pop culture qu'est désormais la Corée du Sud rebat les cartes de la compétition globale pour l'hégémonie culturelle. Loin de n'être qu'une variation d'un modèle inventé par les États-Unis, la *Hallyu* représente une globalisation *alternative* au modèle occidental de la pop culture. Ses contours et ses spécificités,

1. Voir https://asiaexchange.org/blogs/what-is-the-korean-wave/

par rapport aux modèles états-unien, japonais ou européen, seront décrits dans ce chapitre.

I. Dans l'arène de la pop culture globale

Née aux États-Unis durant les premières décennies du XXe siècle, arrivée en Europe après la Seconde Guerre mondiale, la pop culture est restée longtemps occidentale avant de connaître un premier élargissement en Asie avec le Japon et l'Inde. Sans procéder ici à une histoire de la compétition des industries culturelles et de leur domination sur les marchés globaux, nous en rappellerons certains traits majeurs, utiles pour la compréhension de l'essor de la *Hallyu*.

a) La domination de la Big Three League

Les industries culturelles et la pop culture ont longtemps été dominées par un duopole constitué par les États-Unis et l'Europe de l'Ouest, acteurs culturels phares du XXe siècle. L'entrée en lice du Japon dans les décennies 1970 et 1980 – dont l'acmé a été atteinte en 1989 avec le rachat par Sony de Columbia Pictures, l'un des studios historiques américains – a formé la *Big Three League* qui domine depuis les échanges culturels globaux.

Ce triopole s'observe dans l'importance et la direction des flux, dans l'asymétrie des rapports de force entre pays producteurs et pays consommateurs, et dans les parts de marché : les États-Unis restent les maîtres incontestés sur le marché des films commerciaux, des séries télévisées, de la musique populaire et les initiateurs de la « *character industry* » (avec des franchises de personnages de *comics* ou de films) ; l'Europe de l'Ouest a maintenu sa prééminence sur la production et la critique littéraires, les films d'art et d'essai (c'est-à-dire sur des secteurs plus légitimes) ; le Japon s'est taillé la part du lion dans le marché des produits des industries culturelles à destination des adolescents avec les mangas, les *anime*, les jeux vidéo, mais aussi dans la *character industry* (notamment avec des franchises de personnages de mangas ou de jeux vidéo).

Ce sont les États-Unis qui occupent la première place des échanges culturels mondiaux en volume économique, notamment dans le secteur de l'audiovisuel. « L'industrie américaine des médias et du divertissement (Media and Entertainment, M&E) est la plus importante au monde. Avec 717 milliards de dollars, elle représente un tiers de l'industrie mondiale des M&E. L'industrie américaine devrait atteindre plus de 825 milliards de dollars d'ici 2023 » (SelectUSA, 2020). Cette domination dans le domaine de l'audiovisuel s'est étendue au numérique, puisque les principales plateformes de distribution et de création de contenus audiovisuels en ligne sont américaines : en 2021, Netflix comptait 221 millions d'abonnés dans le monde, Amazon Prime 200 millions et Disney+ 118 millions.

À côté du géant américain, le Japon maintient sa domination sur le secteur des jeux vidéo. La plupart des treize premiers jeux vidéo les plus rémunérateurs depuis leur création sont japonais : *Mario Bros*, *Pokémon*, *Wii* (Nintendo), *Pac-Man* (Bandai Namco Entertainment), *Space Invaders* (Taito), *Street Fighter* (Capcom). Dans ce classement, seuls trois jeux sont américains : *Call of Duty* (Activision), *FIFA* (Electronic Arts), et *World of Warcraft* (Blizzard Entertainment) ; un seul est chinois, *League of Legends* (Tencent *via* Riot Games dont il est actionnaire), et deux sont sino-coréens, *CrossFire* (Tencent et Smilegate) et *Dungeon Fighter Online* (Nexon et Tencent)[1].

La place prépondérante des *Big Three* s'illustre également dans le domaine de l'animation. Dans ce marché de 75 milliards de dollars d'exportations, les entreprises américaines se taillent la part du lion, avec des producteurs importants et anciens comme Walt Disney Studios, DreamWorks Animation, Warner Bros Animation, Pixar Animation Studios, Universal Pictures, Fox Animation Studios. Les entreprises japonaises tiennent la deuxième place avec le Studio Ghibli. L'Europe complète cet oligopole, avec un grand nombre de studios français[2]. Au total, sur 260 sociétés productrices, seulement un bon tiers ne sont ni états-uniennes, ni japonaises, ni européennes[3]. Néanmoins, les films d'animation qui attirent le plus grand nombre de spectateurs sont très majoritairement américains : parmi les cent premiers films du box-office mondial, établi depuis 1989, le premier non américain est vingt-cinquième (il est chinois), le deuxième est soixante-treizième (et est japonais)[4].

Ces exemples attestent de la profonde asymétrie qui marque l'histoire de la pop culture : tandis que les *Big Three* – et surtout les États-Unis – sont des leaders de tendances culturelles globales, les autres aires géoculturelles sont restées dans le rôle d'acheteur. Dans une telle configuration, il

1. https://www.titlemax.com/discovery-center/lifestyle/the-top-50-highest-grossing-video-game-franchises/.

2. La France représente à elle seule 40 % de la production européenne. Voir www.lesmetiersdudessin.fr/cinema-danimation.

3. https://en.wikipedia.org/wiki/List_of_animation_studios#Active_studios.

4. Voir https://fr.wikipedia.org/wiki/Box-office_des_films_d%27animation_dans_le_monde.

restait peu d'opportunités aux autres pays : les séries télévisées turques (la Turquie étant le deuxième producteur mondial après les États-Unis) ainsi que les *telenovelas* d'Amérique latine, le cinéma de Hong Kong sur la niche des films d'arts martiaux. Bollywood et Nollywood sont aussi entrés dans la compétition, en devenant les deux plus grands producteurs de films au monde devant les États-Unis, la Chine, le Japon et la France en nombre de films, mais leurs audiences restent limitées comparativement à celles du cinéma américain[1].

b) Vers un nouvel ordre culturel multipolaire

Si la distinction entre pays consommateurs et grands pays producteurs a pu soutenir des analyses en matière d'impérialisme culturel durant les années 1970 et 1980, elle est bien moins pertinente dans le contexte actuel marqué par une transformation des flux culturels entre le Nord et le Sud. Depuis 2013, c'est la Chine qui est devenue le premier exportateur de biens et services culturels – pour un montant de plus de 60 milliards de dollars, soit plus du double des exportations américaines (Unesco, 2014). Avec un taux de croissance annualisé de plus de 10 %, ce pays est en passe de devenir le deuxième acteur du marché en valeur, certes encore loin derrière les États-Unis, dont le marché des industries culturelles pèse près de trois fois plus en valeur et qui domine pour le moment toutes les industries culturelles. On observe une reconfiguration des flux culturels : deux régions du monde se partagent les exportations – l'Asie de l'Est (45,5 % des exportations en 2013) et l'Amérique du Nord et l'Europe de l'Ouest (49 % des

1. Voir http://data.uis.unesco.org.

exportations) – tandis que les importations sont plus concentrées géographiquement – 62 % vont en Amérique du Nord ou en Europe et 5 % au maximum dans chacune des autres régions du monde. Ainsi, si les pays occidentaux restent les principaux consommateurs, ce qu'ils consomment provient désormais de diverses régions du monde. Avec l'essor de nouvelles puissances culturelles, à la fois distantes des pays occidentaux sur le plan de leur histoire, de leurs valeurs et de leurs cultures nationales, *et* très modernes en matière d'économie et de technologie, c'est une logique multipolaire qui s'installe donc.

Dans ce contexte, la *Hallyu* gagne à être considérée comme caractéristique d'une nouvelle phase de la globalisation de la pop culture qui voit l'émergence d'un acteur dont le rayonnement est aussi bien régional que global, qui n'a jamais été une puissance et qui offre au monde de nouveaux modèles de modernité par l'attractivité de ses produits culturels. La croissance des exportations culturelles sud-coréennes ne peut qu'impressionner avec une progression, inégalée chez ses concurrents, de 250 % entre 2004 et 2013 (Unesco, 2014). Et le montant total des exportations provenant de la *Hallyu* a encore augmenté de 9,1 % depuis 2017 pour atteindre 9,5 milliards de dollars. Les contenus audiovisuels sud-coréens ont été distribués mondialement par Netflix et Rakuten TV, vendus *via* DramaFever (fermé depuis), Viki, Amazon et Hulu aux États-Unis et Iflix, Viu et HOOQ en Asie du Sud-Est. La Corée du Sud exporte également des formats qui sont ensuite déclinés partout dans le monde : c'est le cas des séries télévisées (comme *Good Doctor**, adaptée au Japon et aux États-Unis), des jeux concours (comme *King of Mask Singer**, vendu, entre autres, aux États-Unis et à la France). En 2017, les exportations dans le secteur des jeux vidéo s'élevaient pour leur part à 6 milliards de dollars, avec une augmentation de près de 81 % en valeur entre 2017 et 2018 (*Battlegrounds** domine la liste des jeux les plus vendus dans le monde). Ces derniers sont principalement exportés vers la Chine (60,5 %), mais aussi vers le Japon (12,5 %) et l'Asie de l'Est (12,5 %), l'Amérique du Nord (6,5 %) et l'Europe (6 %). Quant à la K-pop, on observe que les ventes ont également augmenté de façon très significative entre 2017 et 2018 non seulement en Asie de l'Est (+ 38 %), mais également en Amérique du Nord (+ 94 %), en Europe de l'Ouest (+ 25,4 %) et dans les autres régions du monde (+ 18 %), grâce à l'effet accélérateur du succès de BTS* (KOFICE, 2018). Dans le secteur des films, les exportations sont principalement dirigées vers les pays asiatiques (67 %), mais c'est leur croissance vers l'Europe qui est la plus forte (+ 7 %). De même, les exportations de *manhwas* ont progressé de 11 % entre 2016 et 2017 (et en moyenne de + 14 % par an depuis 2014), notamment sous l'effet du succès des *webtoons*. Au total, dans la compétition globale, la Corée du Sud représente désormais plus de 10 % du marché des jeux vidéo (4e rang mondial), plus de 3 % du marché des films (9e), près de 3 % du marché de l'édition (8e) et 1,5 % du marché télévisuel (13e) (KOTRA/Korea Invest, 2017), tirant profit de la montée en puissance de la diffusion des contenus culturels sur les réseaux.

II. Le magistère états-unien

Analyser la manière dont la Corée du Sud est en passe de devenir une alternative crédible aux *Big Three* dans la globalisation de la culture suppose de revenir sur la manière dont un magistère culturel s'établit, sur les éléments qui le composent et qui confèrent à son détenteur une position hégémonique. Henry Jenkins (2004) rappelle qu'il existe quatre formes d'impérialisme qui sont étroitement corrélées chez les pays dominants : économique (la capacité de produire et de distribuer des produits culturels), politique (l'aptitude à imposer une idéologie), culturel (l'aptitude à produire et à faire circuler des significations) et psychologique (l'aptitude à façonner les désirs, les imaginaires et les identités). Au cours de la seconde moitié du XXe siècle, les États-Unis ont construit leur hégémonie en s'appuyant sur ces quatre formes qui se renforcent mutuellement, en sus de leur puissance militaire, de la taille de leur territoire, de leurs ressources naturelles et de leur poids démographique.

a) Les piliers de la pop culture états-unienne

Consacrés puissance militaire et thalassocratie remplaçant l'Empire britannique, les États-Unis se sont retrouvés, après la Seconde Guerre mondiale, en position de force aussi bien en Europe occidentale qu'en Asie de l'Est et dans le Pacifique. Leur magistère s'exerce par ailleurs sur la fabrication des imaginaires : Hollywood domine le monde de l'*entertainment mainstream* si bien que les endroits vus dans les films américains existent désormais « dans nos imaginaires, nos répertoires de "lieux textuels" constitués sur la base des millions d'images de films, de programmes télé, de livres, de magazines que nous avons rencontrés sur notre chemin » (Tomlinson, 1999, p. 119). Ce modèle d'hégémonie par la pop culture, qui a toujours bénéficié de l'appui de lobbys et d'aides du gouvernement, prompt à brandir la menace de sanctions si des obstacles s'opposent à son expansion, repose sur quatre éléments.

Primo, une capacité à diffuser et à rentabiliser la production, grâce à un mélange inédit de créativité, d'agressivité commerciale et de prise de risque relativement limitée, les produits étant d'abord amortis sur le marché intérieur, particulièrement vaste et intégré (Hesmondhalgh, 2019). Associée à la quête permanente de standards de haute qualité, cette conception de la production a conduit à la constitution d'un canon de la pop culture dans des registres extrêmement variés, canon reconnu aussi bien par la critique professionnelle que par les publics internationaux. Tout en se voulant une production de masse, la création culturelle américaine est progressivement parvenue à produire, dans sa diversité, une vision complexe et nuancée du monde. Que l'on songe aux westerns qui ont aussi bien relaté l'aventure de la conquête de l'Ouest que le massacre des Indiens. Que l'on songe également aux films qui ont montré l'héroïsme des grandes guerres de libération de l'Europe et de l'Asie du joug nazi-fasciste et impérialiste sans taire les horreurs produites par certains conflits, notamment au Vietnam. Cette capacité à raconter l'Amérique dans toute son ambiguïté, par des scénaristes, réalisateurs et acteurs rompus aux techniques cinématographiques et actoriales les plus sophistiquées fait que la fiction américaine ne saurait se réduire au *storytelling* de l'affrontement entre le bien et le mal, de la quête de la vérité et de la justice, de la persévérance et de la réussite. On trouve dans les contenus culturels des produits aussi bien l'individualisme, l'héroïsme, le consumérisme, l'hédonisme, le féminisme que le goût immodéré du pouvoir et de la richesse, ou encore le pessimisme, le cynisme, voire le nihilisme.

Secundo, ce canon est issu de la grande capacité de la pop culture américaine à importer des œuvres et des contenus culturels, en les adaptant (en les américanisant) et en s'y adaptant (en les imitant), d'une part, et à attirer un public national large du fait de sa composition multiculturelle, d'autre part. Cette capacité inclusive se manifeste par une propension des créateurs à pasticher, parodier, adapter, citer, détourner, transposer en utilisant des références culturelles en dehors de tout souci de respect de l'authenticité de l'œuvre, de son cadre historique, des sources d'inspiration de ses créateurs. On sait que la culture européenne a fortement influencé l'œuvre de Walt Disney, des *Contes* de Perrault (*Cendrillon*) à ceux des frères Grimm (*Blanche-Neige*), de *Pinocchio* à *Alice au pays des merveilles* ou *Peter Pan* (Mary, 2006). Les sources d'inspiration ne s'arrêtent pas aux frontières de la vieille Europe : *Matrix* (1999), grand succès au box-office et applaudi par la critique, a été, de l'aveu même des réalisateurs, très fortement influencé par l'animation japonaise, et des productions plus récentes de Disney recyclent des contes venus du monde entier (*Mulan*, *Vaiana* en sont des exemples). L'importation des contenus culturels n'est qu'un préalable à leur appropriation et à leur exportation sous un nouveau jour, une fois imprégnés des valeurs américaines (Pells, 2002). Ainsi, dans le conte traditionnel chinois *Mulan*, la protagoniste meurt sans obtenir la reconnaissance de son droit à s'individualiser, tandis que dans le film Disney elle parvient à s'émanciper, épousant ainsi le modèle de libération des femmes occidentales. Les récits produits par l'industrie culturelle américaine peuvent avoir des origines diverses et être alimentés par un ailleurs, ils sont retravaillés aux États-Unis à partir d'un substrat ancien – c'est le cas des super-héros de Marvel ou de DC Comics dont les créateurs sont souvent des Juifs ashkénazes fuyant l'Europe (Kaplan, 2008) – ou même plus

« authentiquement américain » – comme le mythe de la frontière (Turner, 1920). Malgré leur grande diversité, ces récits peuvent être intégrés dans un *storytelling* national qui revêt les caractères de l'universalité d'*une* modernité américaine longtemps confondue avec *la* modernité tout court. En promouvant des produits dont l'esthétique, les contenus, les conventions de genre peuvent se prétendre universels – ou qui le deviennent *de facto* grâce à leur succès global –, les producteurs américains ont donc été à même de créer un socle commun dans l'imaginaire contemporain.

Tertio, une capacité à dépasser la division fortement ancrée en Europe entre haute culture (culture légitime) et basse culture (culture populaire). Les valeurs, normes et visions du monde de la société états-unienne ont été d'autant plus facilement diffusées *et* appropriables que la consommation des produits qui les transmettent ne demande pas au préalable de fortes compétences scolaires. Ainsi, qu'elles soient créées de toutes pièces ou qu'elles s'inspirent plutôt de récits bien plus anciens (Campbell, 2010), les mythologies produites par Marvel ou DC Comics, Lucasfilm ou Disney – y compris dans le cas d'univers complexes comme ceux des sagas *Star Wars* ou *Avengers* – ne requièrent pas des consommateurs un coût d'entrée aussi important que celui, par exemple, de l'*Edda de Snorri* (saga scandinave), des romans arthuriens du cycle de la Table ronde, des livres de l'Ancien Testament ou des récits des héros gréco-romains dont, pourtant, elles s'inspirent souvent. Par ailleurs, ces récits constituent des univers parfois autoréférentiels (comme dans le cas des sagas susmentionnées) qui fidélisent les publics et stabilisent les références.

Enfin, on ne saurait assez insister sur la capacité du modèle américain à incarner une modernité marquée au sceau des valeurs d'émancipation hédoniste et de liberté d'expression (Berger, 2000). Ce culte de la liberté d'expression se retrouve également dans la capacité de la culture états-unienne à fournir des armes à la critique, voire à la subversion. En effet, cette dernière a nourri l'attitude juvénile rebelle à l'origine des conflits de génération durant les années 1950-1970 dans l'ensemble des pays occidentaux, attitude portée par des icônes tels Marlon Brando (dans *L'Équipée sauvage*, réalisé par László Benedek, 1953), James Dean (dans *La Fureur de vivre*, réalisé par Nicholas Ray, 1955), ou encore Sal Paradise (protagoniste du roman *Sur la route* de Jack Kerouac, manifeste de la *beat generation*, 1957). Quelques années plus tard, la culture états-unienne sera utilisée en Europe par les jeunes pour dire leur contestation de la guerre au Vietnam et critiquer la génération de leurs parents (Wagnleitner, 1994). Aujourd'hui encore, certaines références américaines nourrissent la contestation de l'ordre établi partout dans le monde. Du signe de ralliement des protagonistes de *Hunger Games* dans le cas des opposants au régime thaïlandais au maquillage de *Joker* utilisé par les contestataires des inégalités sociales, ou encore au costume de la *Servante écarlate*, popularisé par la série éponyme, les mêmes signes sont utilisés de New York à Hong Kong, de Beyrouth à Santiago du Chili.

Bref, l'*American dream* et son modèle de modernité sont composés d'un mélange de style de vie consumériste, de valeurs d'émancipation par le travail et le mérite personnel, de recherche effrénée du bonheur par la réussite d'un amour électif, de primauté des droits individuels sur les contraintes du collectif, mais également d'un attachement farouche à la liberté d'expression, à la liberté de critique, pouvant donner corps à la contestation, à la rébellion et à la culture *underground*.

b) Un relatif essoufflement ?

Pourtant, on peut déceler des signes d'un essoufflement de ce magistère états-unien sur la pop culture et c'est bien sa capacité inclusive qui semble s'affaiblir. Bien entendu, cette dernière n'a pas toujours été exempte d'un certain cynisme. Le procédé de *whitewashing*, qui affecte au premier chef les communautés afro-américaine et asiatique marque ainsi durablement la pop culture états-unienne. Ce n'est qu'en 1966 que Stan Lee et Jack Kirby, deux poids lourds de l'univers Marvel, créent le premier super-héros noir, Black Panther, d'ailleurs au départ sans lien apparent avec les mouvements civiques qui secouent alors les États-Unis[1]. Deux ans plus tard, le 22 novembre 1968, des dizaines de millions d'Américains voient un baiser interracial pour la première fois à l'écran entre l'actrice noire Nichelle Nichols (le lieutenant Uhura) et l'acteur blanc William Shatner (le capitaine Kirk) lors du deuxième épisode de la saison 3 de *Star Trek* (Mahoux, 2020). De même, il a fallu attendre la dernière trilogie *Star Wars* (2015-2019) pour voir apparaître parmi les personnages principaux un Afro-Américain (Finn, joué par l'acteur et producteur britanno-nigérian John Boyega), un Latino-Américain (Poe Dameron, joué par l'acteur et chanteur d'origine guatémaltèque Oscar Isaac) et une Asiatique (Rose Tico, jouée par Kelly Marie Tran, actrice d'origine vietnamienne). Si Marvel-Disney fait bien plus d'efforts qu'auparavant pour inclure des représentations des minorités, cela ne semble pas toujours suffisant aux yeux d'une partie de l'opinion

1. Ce n'est qu'en 2018 que ce personnage sera tête d'affiche dans un film qui lui a été consacré (dirigé par Ryan Cloogler).

publique et du star-système américains. Preuve en est la polémique récurrente depuis bien des années sur l'incapacité du cinéma américain à reconnaître et récompenser les acteurs noirs à l'occasion des cérémonies annuelles de remise des prix, ce qui a donné naissance au mouvement *#OscarsSoWhite*.

Cet affaiblissement de la capacité inclusive de la pop culture états-unienne ne se laisse pas appréhender seulement à travers ces polémiques nationales qui portent principalement sur des questions d'égalité. Il se donne à voir également dans des effets d'accoutumance, voire de saturation des publics internationaux : après plus de quatre-vingts ans de domination, les produits culturels états-uniens, malgré leurs indéniables évolutions esthétiques, ne semblent plus susciter le même désir. Ainsi, la plupart des consommateurs semblent considérer Disney comme typiquement américain ou occidental compte tenu de ses valeurs et orientations culturelles (Wasko, 2001). Certains publics, notamment en Asie, au Moyen-Orient ou en Amérique latine, se détournent de ces produits au motif qu'ils seraient saturés de sexe, violence, drogue et autres addictions, qu'il s'agisse de séries télévisées, de films, de vidéoclips et de jeux vidéo de guerre, ce qui suscite une demande d'alternatives fondées sur des valeurs telles que la pudeur, la discrétion, la retenue et le respect – éléments présents, comme on le verra longuement, dans les produits culturels sud-coréens.

Par ailleurs, les valeurs promues par les produits américains ont fortement évolué, comme une comparaison entre *Gilligan's Island*, *Star Trek*, *The Simpsons* et *The X-Files* en témoigne (Cantor, 2003). Les deux premiers, nés dans les années 1960, incarnent une période au cours de laquelle la foi dans la démocratie libérale américaine était non seulement dominante, mais allait de pair avec un projet universaliste. Par contraste, *The Simpsons* et *The X-Files*, programmes des années 1990, sont à l'image d'une Amérique plus autocritique. On voit bien d'ailleurs toute la distance qui sépare une création états-unienne contemporaine, dominée par la figure du méchant (Jost, 2015) de celle des années d'après-guerre, dominée par l'*American dream*. Cette fuite en avant de la production culturelle vers une vision désabusée, voire nihiliste, de la modernité américaine se retrouve dans différentes œuvres récentes, notamment dans la trilogie *The Dark Night* (de Christopher Nolan, 2005, 2008 et 2012), dans la série télévisée *House of Cards* (2013-2018) ou dans le film *Joker* (de Todd Phillips, 2019). Cette production s'éloigne radicalement de l'image classique de l'Amérique, et de son *storytelling* où le super-héros, même le plus tourmenté et ambivalent, parvient, après bien des péripéties, à rester bienfaisant, même si certains auteurs ont détecté dans le mélange entre nationalisme zélé et incitation à la croisade solitaire les fondements d'un pop fascisme américain (Lawrence et Jewett, 2002).

Tout se passe comme si les publics se tournaient vers des alternatives plus à même de leur offrir du rêve, en fuyant la production américaine coupable de s'enchanter de son propre désenchantement. À l'inverse, il se pourrait également que cette saturation soit due à la lente mais inexorable dilution des traits culturels états-uniens dans la globalisation, ce qui pousserait les consommateurs vers de nouveaux produits culturellement plus localisés. Ainsi, peut-on se demander avec Koichi Iwabuchi « si cette transformation de la nature de l'influence culturelle globale de l'Amérique est le point culminant de l'américanisation ou la fin de l'américanisation » (2002, p. 39).

III. La construction d'une alternative

Si le succès de la *Hallyu* s'explique dans le contexte de cet épuisement du magistère états-unien, ce dernier ne suffirait pas à rendre compte de l'attraction suscitée par ses produits et leur capacité à happer et stimuler le désir de nouveauté des publics internationaux.

a) La leçon états-unienne

Le succès des industries culturelles sud-coréennes ne peut être analysé sans considérer ses interactions anciennes et complexes avec les États-Unis. Leur forte présence militaire en Corée du Sud – aujourd'hui encore 30 000 soldats y sont basés –, mais aussi le fait qu'une partie des jeunes vont y faire des études avant de revenir au pays, a induit une forte familiarité des habitants de ce pays avec la pop culture américaine, qui a favorisé la réplication de modes de production et de standards de qualité dont le mantra a été : « Apprendre de Hollywood ».

Depuis les années 1990, les grandes entreprises cinématographiques sud-coréennes ont importé des techniques commerciales sophistiquées, imitées de celles des majors états-uniennes, et chaque étape du processus de réalisation des films est devenue plus rigoureuse et itérative. C'est ainsi qu'en 1999, à la surprise générale, le thriller d'action coréen *Shiri** a attiré 5,8 millions de spectateurs (dont 2,44 millions à Séoul), dépassant le record de fréquentation des cinémas locaux établi par le film hollywoodien *Titanic* à sa sortie en 1998. De même, le scénario de *Friend**, une superproduction sud-coréenne de 2001, a été révisé vingt et une fois pour être mieux adapté aux goûts du public. Comme l'a fait remarquer un producteur de films : « Comme Hollywood, nous dépensons beaucoup en marketing et en recherche, donc nos données sur le public sont très précises » (cité dans Chon, 2001, p. 49). Le secteur musical a également repris des recettes états-uniennes : le manuel de SM Entertainment explique ainsi par le menu les recettes à appliquer pour créer un groupe à succès (Seabrook, 2012).

b) Les trois leçons japonaises

Le Japon a représenté une seconde source d'inspiration pour l'invention du modèle sud-coréen, étant la première puissance non occidentale à s'imposer dans la pop culture globale et un concurrent sérieux à la domination états-unienne, notamment dans l'aire asiatique et auprès des jeunes. De fait, les Sud-Coréens, qui avaient une grande familiarité avec les produits japonais très présents sur le marché national, en ont tiré trois leçons majeures.

Une communauté asiatique imaginée

La production japonaise a pu tirer parti de la demande d'une modernité non occidentale issue de la jonction de plusieurs évolutions en Asie : le développement économique, les attentes de classes moyennes éduquées et urbaines en plein essor démographique et de plus en plus accoutumées à des produits culturels de qualité, le développement des technologies de l'information et de la communication qui ont été l'un des supports de la modernisation accélérée du Japon (comme de la Corée du Sud). Le Japon a également misé sur les industries culturelles mettant le savoir-faire industriel japonais au service de la croissance de leaders des télécommunications et des équipements culturels (Murphy, Tucker et Touryala, 2020) pour favoriser le développement des contenus culturels, notamment dans le secteur du jeu vidéo et de l'animation.

Dans ce cadre, le Japon a cherché à proposer des produits incarnant une communauté asiatique imaginée. En faisant un usage aphoristique de l'expression « communautés imaginées » (Anderson, 1996) – et sans l'arrimer au contexte national pour lequel elle a été conçue –, on peut en effet estimer qu'il existe des « communautés transnationales imaginées » qui se constituent par affiliation grâce aux consommations et qui réactivent des mémoires historiques communes. L'exemple de la célèbre série télévisée japonaise *Oshin* (1983) le montre bien : cette dernière narre la vie semée d'embûches de Tanimura Shin (dite « Oshin ») née en 1907 dans une famille japonaise pauvre et qui, affrontant de nombreuses épreuves liées à sa condition sociale et aux malheurs qu'elle a dû traverser, finit par connaître le succès et devenir très riche grâce à sa persévérance. Comme dans cet exemple dans lequel nombre de spectateurs asiatiques ont pu se reconnaître, la circulation régionale des produits culturels japonais a ainsi produit « un sentiment de vivre dans un temps partagé et de traverser une même expérience d'une certaine (post)modernité qui ne peut être bien représentée par la culture populaire américaine » (Iwabuchi, 2002, p. 56).

Déspécifier pour mieux exporter

La deuxième leçon du Japon tient justement à ce souhait de façonner des communs alors même que le pays est un ancien colonisateur de la région, âprement critiqué pour sa conduite durant la Seconde Guerre mondiale. La montée d'un sentiment antijaponais au début des années 1970 en Asie de l'Est a poussé le gouvernement nippon à redonner de l'importance à ses liens culturels avec ses voisins en développant une politique de diplomatie culturelle, la « doctrine Fukuda », qui a permis au pays de promouvoir ses intérêts économiques grâce à l'expansion de ses entreprises dans la région asiatique, notamment par l'exportation de produits industriels marketés de façon à faire oublier leur « japonitude ». L'ambition initiale de la stratégie japonaise étant régionale, il fallait que les produits, qu'il s'agisse d'équipements et supports (magnétoscopes, Walkman, CD ou DVD) ou de contenus (animé, mangas et jeux vidéo notamment), édulcorent leurs caractères culturels afin d'apaiser les souvenirs douloureux des conflits armés avec les plus proches voisins asiatiques. On doit à Koichi Iwabuchi (2002) la formulation la plus célèbre de cette stratégie qui donne aux produits japonais une absence d'odeur (« *odorlessness* »). Effacer le caractère phénotypique et culturel japonais de ces produits, c'est faire du *mukokuseki*, mot qui indique « une chose ou une personne dépourvue de toute nationalité, mais impliquant également l'effacement de caractéristiques raciales ou ethniques ou d'un contexte, qui n'associe pas ces caractéristiques à une culture ou à un pays particulier » (Iwabuchi, 2002, p. 28). Si cette stratégie a été particulièrement opérante dans les jeux vidéo (l'excellence japonaise pouvant même devenir un facteur d'attractivité), elle ne l'a pas été dans la musique. Chantée en japonais, la J-pop s'exporte peu, notamment parce que l'usage de l'anglais comme celui d'autres langues asiatiques ont été limités par la faible maîtrise des langues étrangères des artistes japonais (Kim, 2015).

La stratégie japonaise de globalisation culturelle est donc bien différente de celle de son homologue américaine car les exportations culturelles du pays du Soleil Levant ne cherchent nullement à promouvoir un « *Japanese way of life* ». Cette stratégie de déspécification s'accompagne d'une prise en compte des contextes locaux d'exportation et d'une hybridation, ou *glocalisation* (Robertson, 1992), nommée « *dochakuka* » en japonais : il s'agit de l'adaptation du produit ou du service au lieu où il est vendu et à la culture à laquelle il s'adresse.

Une modernité *kawaii*

La troisième leçon vient du *kawaii* japonais. Depuis *Astro Boy*, *Candy Candy*, *Totoro*, *Pokémon*, *Sailor Moon*, *Lady Oscar*, *Kiki la petite sorcière*, les personnages fictifs *kawaii* sont innombrables. Le meilleur exemple est sans doute celui de *Hello Kitty* qui répond à – et amplifie à son tour – une demande croissante des publics globaux (notamment féminins) pour des objets, des personnages fictifs, des contenus culturels fortement esthétisés et positivement chargés émotionnellement. Ce chat, qui n'en est pas un, dont l'expression faciale très stylisée est réduite à quelques traits essentiels – il lui manque la bouche par exemple – et dont les couleurs se déploient sur une palette de rose vif, est représentatif d'une marchandise qui a été déclinée en différents objets – du porte-monnaie au parc d'attraction, des dessins animés aux sacs, des crayons aux vêtements, des jeux vidéo aux grille-pains, des cartes de crédit à la lingerie et aux *sex toys* – à mesure que le personnage, initialement destiné aux petites filles, a conquis les publics féminins plus âgés, en suscitant des émotions fortes de retour à l'enfance et un attachement émotionnel pouvant prendre les traits du maternage (Yano, 2013).

Avec le *kawaii*, il s'agit de proposer un contenu qui plaise indépendamment du pays producteur ou récepteur : bref, il s'agit d'atteindre un « mignon » le plus transculturel possible (ce qui explique que *Hello Kitty* soit un animal et non un personnage humain), tout en conservant des traits qui seront considérés comme exotiques et attractifs (dans ce cas, par le recours aux couleurs acidulées notamment), car ce caractère mignon rejaillit en retour sur la perception du pays producteur. Une telle stratégie indique que dans le cas japonais, et à la différence des États-Unis, il n'existe pas d'association entre les produits culturels consommés et une modernité hégémonique revendiquée car cette ambition serait contradictoire avec le *kawaii*.

c) La pop culture à la manière sud-coréenne

Tirant parti des leçons américaine et japonaise, c'est-à-dire des formats dominants globalement et régionalement, la Corée du Sud a proposé sa version originale de la pop culture qui combine cinq aspects.

Modernité et produits culturels innovants

Si Sony avait inventé le Walkman, le CD et le DVD, la Corée du Sud a perfectionné les appareils pour diffuser des contenus numériques (Samsung), s'est dotée de l'une des meilleures infrastructures matérielles de diffusion (4G, puis 5G) et a adapté la production pour qu'elle puisse être consommée sur tous les écrans. L'exemple des *webtoons* est édifiant. Né en Corée du Sud comme une nouvelle forme de *manhwa*, adapté au support Internet des portails Web et des téléphones portables, un *webtoon* n'est pas la version scannée d'une page imprimée de *manhwa*, mais bien un objet culturel original qui a créé un sous-marché spécifique, apparu au gré de la diffusion de l'équipement en smartphones, devenu premier terminal culturel pour les jeunes dans de nombreux pays du monde. La Corée du Sud a produit une grande variété de *webtoons* depuis 2003 qui continuent à modifier la manière dont on produit et dont on lit des *manhwas*, notamment par une très forte valorisation des images par rapport aux textes et avec l'intégration du son (Jang et Song, 2017). Les *webtoons* ont connu un tel succès qu'ils ont obligé les producteurs de deux pays leaders dans la consommation de la BD (le Japon et la France) à s'en inspirer pour rester attractifs (Oh et Koo, 2018).

C'est peut-être dans le domaine de l'*e-sport* que l'innovation incarnée par la *Hallyu* est la plus significative. En Corée du Sud, la culture du jeu en ligne est très répandue, les « PC cafés », cybercafés dédiés aux jeux vidéo et aux jeux en ligne, sont fortement présents dans les villes. Avec 17 millions de joueurs en 2013 (Rousse-Marquet, 2013), l'*e-sport* est considéré comme un sport national[1] et la Corée du Sud jouit en la matière d'une réputation mondiale, que ce soit au travers le succès de ses jeux ou, plus encore, de ses joueurs. Les meilleurs, tel Lee « Faker » Sang-hyeok, deviennent professionnels, signent des contrats publicitaires et possèdent des fan-clubs, sont financés par des sponsors, affrontent d'autres joueurs nationaux ou étrangers lors de compétitions retransmises à la télévision, comme « StarCraft II World Championship Series » ou « Global StarCraft II League ».

1. Quatre chaînes de télévision lui sont consacrées, les résultats des compétitions d'*e-sport* sont rapportés par les journaux télévisés des chaînes généralistes comme ceux du football ou du basket-ball.

Le choix de la qualité

Par ailleurs, les industries culturelles sud-coréennes ont connu une montée en gamme très rapide de leurs productions, notamment dans le cinéma. Ainsi, de plus en plus de films sud-coréens sont invités à concourir chaque année dans des festivals de cinéma dans le monde entier et ont été primés depuis le tournant des années 2000. En 2002, le réalisateur Im Kwon-taek a remporté le Prix du meilleur réalisateur au Festival de Cannes pour son film *Chihwaseon**, et Lee Chang-dong a remporté le Prix de la meilleure réalisation à la Mostra de Venise pour *Oasis**. En 2004, le réalisateur Park Chan-wook a remporté le Grand Prix (deuxième prix) à Cannes pour son film *Old Boy** dont le jury était présidé par un Quentin Tarentino dithyrambique, et Kim Ki-duk a remporté le Prix du meilleur réalisateur au Festival international du film de Berlin (pour *Samaritan Girl**) et à Venise (pour *3-Iron**). Le Festival international du film de Guanajuato (au Mexique) a désigné la Corée du Sud comme invitée d'honneur en juillet 2011 et a projeté soixante-seize films coréens, dont *Whispering Corridors** et *Bedevilled**, dans le cadre d'une programmation consacrée aux films d'horreur sud-coréens et à deux réalisateurs, Bong Joon-ho et Kim Dong-won. Lors du Festival international du film indien de Goa de 2016, la Corée du Sud a été choisie pour la première fois comme invitée d'honneur et le réalisateur Im Kwon-taek a reçu un prix pour l'ensemble de sa carrière. *The Throne**, réalisé par Lee Joon-ik, a également été projeté dans la catégorie « compétition internationale », tandis que *The Age of Shadows**, du réalisateur Kim Jee-woon, a été sélectionné comme film de clôture (Korean Cultural Center, 2020). Le succès en 2019 du film *Parasite** du réalisateur sud-coréen Bong Joon-ho parachève cette consécration globale fulgurante : il a reçu la Palme d'or[1] et l'Oscar du meilleur film, une première pour un film en langue étrangère. Il a également reçu l'Oscar du meilleur réalisateur et celui du meilleur film étranger, ainsi que le British Academy Film Awards 2020, et Bong Joon-ho a été invité à présider le jury de la Mostra de Venise en 2021.

Le même phénomène est visible en matière de K-pop si l'on en juge par les succès internationaux des principaux groupes en termes de récompenses et de prix de la critique professionnelle (il suffit de rappeler le cas exemplaire de BTS*), mais aussi de K-dramas, notamment depuis que les investissements massifs des plateformes, Netflix en tête, sont venus augmenter l'offre de produits de qualité internationale.

L'art de la *glocalisation* et de l'hybridation

Du fait de son histoire faite d'occupations successives, la Corée du Sud a développé une aptitude au recyclage et à la réinvention, et ce n'est pas étonnant qu'elle soit passée maîtresse dans l'art de l'adaptation aux marchés étrangers (Jang et Song, 2017).

Par ailleurs, la K-pop fourmille de clins d'œil à la musique occidentale : il n'est pas rare de voir des chanteuses de Girls' Generation* se produire dans des uniformes de la Republic of Korea Air Force (ce qui établit une connexion nationale) ou de *cheerleaders* (ce qui établit une connexion internationale, d'obédience américaine). La K-pop reprend également à son compte l'érotisation des groupes féminins (trait international), mais en l'adoucissant, notamment pour

1. En France, il a attiré plus de 1,67 million de spectateurs en à peine trois mois d'exploitation, devenant la Palme d'or la plus vue depuis quinze ans.

accéder au marché japonais, où la mémoire des « femmes de confort » coréennes est encore vive[1]. En outre, les groupes de K-pop des grandes maisons de production sont (re)composés en fonction des segments de marché visés : ils incluent des performeurs vietnamiens ou thaïlandais pour satisfaire les consommateurs de ces pays, chantent dans d'autres langues, avec des titres en anglais, japonais, thaïlandais... Ainsi, le groupe Girls' Generation* compte deux membres Américano-Coréennes, ce qui constitue un double atout : elles s'expriment dans un anglais irréprochable lors des interviews à l'étranger et leur multiculturalisme fait écho aux diasporas présentes dans les pays où elles font leurs tournées. Cette stratégie d'adaptation est également poursuivie avec des collaborations fortement médiatisées : une version rap de la chanson *Idol* de BTS*, avec Nicki Minaj, célèbre rappeuse et considérée en 2013 par le *New York Times* comme une des femmes noires les plus influentes (avec Beyoncé et Michelle Obama), est sortie en 2018.

Déspécifier sans appauvrir

Pour Sun Jung, le concept qui exprime le mieux la production sud-coréenne est le *mugukjeok*, qui « implique l'hybridité transculturelle de la culture populaire, qui est non seulement influencée par des éléments globaux inodores, mais aussi par des éléments traditionnels (nationaux) » (2011, p. 3). À la différence de son équivalent japonais *mukokuseki* dont il s'est inspiré, ce processus d'hybridation

1. Durant la domination japonaise, des femmes coréennes ont été enlevées et utilisées comme femmes de confort pour l'armée japonaise (Epstein et Joo, 2012). Ce colonialisme sexuel a marqué durablement les mémoires, comme en atteste le fait que des références y soient couramment faites dans certains K-dramas.

met l'accent sur l'harmonie : le mélange d'éléments culturels déspécifiés (*bibim*) ne doit pas mettre en défaut l'équilibre d'ensemble, valeur traditionnelle importante en Corée du Sud. Ce pays a une longue tradition de mélange harmonieux. Le *samulnori* (quatuor de percussions traditionnelles coréennes), dans lequel les quatre instruments de percussion populaires que sont le tambour, le *janggu* (tambour à deux mains), le *jing* (gong) et le *kkwaenggwari* (petit gong) sont joués en harmonie, en est un exemple significatif. Dans cette culture du mixage, tous les éléments agissent de concert, tout en préservant leur individualité (Kim et Bae, 2017).

Plus largement dans la production culturelle sud-coréenne, les auteurs ont recours à un élément considéré à la fois comme typique de leur culture, le *han*, et compatible avec la modernité. « Pour les Coréens, le *han* évoque un sentiment de destin et de souffrance partagés, considéré comme vital pour la construction d'une identité nationale. Le *han* a été l'un des thèmes les plus importants du cinéma national coréen au cours des dernières décennies » (Jung, 2011, p. 7). Ce *han* se retrouve dans les *webtoons*, les blockbusters, les séries télévisées, les romans, mais aussi dans certaines chansons. C'est précisément sur la mise en avant de cet élément que se joue toute la capacité des créateurs sud-coréens à marcher sur la ligne de crête du *mugukjeok*. Les chercheurs, les artistes, les écrivains et les critiques d'art qualifient souvent le *han* d'*ethos* coréen, en le considérant comme l'âme de l'art, de la littérature et du cinéma du pays.

Promouvoir le beau

Dans les produits sud-coréens, l'esthétique du *kawaii* cède le pas au beau. Cette beauté est à la fois physique et morale : la figure du *bad boy* (ou de la *bad girl*) n'existe ni parmi les chanteurs ou chanteuses, ni parmi les acteurs ou actrices sud-coréens. C'est la figure du « *chak han kid* », mélange de bonté et d'innocence qui est en revanche valorisée.

Dans une société très concurrentielle, obsédée par l'apparence physique qui influe nettement sur la place des individus dans l'échelle sociale, nombre d'offres d'emploi exigent des candidats qu'ils aient une apparence soignée et qu'ils joignent une photo à leur *curriculum vitae*. On ne sera donc pas surpris du développement de la chirurgie esthétique dans un pays devenu très sensible à l'importance de la beauté physique dans la réussite sentimentale, scolaire, professionnelle. La Corée du Sud arrive ainsi en troisième position, derrière les États-Unis et le Brésil, pour le nombre d'actes de chirurgie esthétique pratiqués chaque année et compte plus de 1 300 cliniques spécialisées, dont plus de la moitié à Séoul, qui attirent des patients étrangers de plus en plus nombreux (Mesmer, 2017). Le ministère de la Santé révélait qu'en 2016 100 000 étrangers, dont 35 % de Chinois, 13,4 % d'Américains et 7,3 % de Japonais, s'étaient rendus en Corée pour des actes de chirurgie esthétique, y dépensant 221 milliards de wons (185 millions de dollars), contre 5,7 milliards de wons (4,8 millions de dollars) en 2009. Le principe du *cultural package* est encore une fois agissant : la prégnance de la beauté et la diffusion de la chirurgie esthétique ont inspiré moult séries télévisées traitant ce sujet (*Birth of a Beauty**, *My ID Is Gangnam Beauty**). Cette mise en avant de la beauté touche au premier chef les groupes de K-pop. Les quatre membres féminins du groupe Six Bomb* ont ainsi subi des opérations esthétiques, avant la sortie de leur titre *Becoming Prettier After*, opérations programmées et payées par leur société de production pour un total de 100 millions de wons (un peu plus de 84 000 dollars). Les membres ont posté les vidéos de leurs opérations, de leurs répétitions avec pansements et lunettes noires jusqu'à leur apparition postopératoire, ce qui a coïncidé avec la sortie de leur chanson qui disait : « Tout le monde me suit, ils savent que je suis jolie ».

Cette promotion de la beauté ne concerne pas que les individus (acteurs et chanteurs qui sont très souvent également mannequins), mais aussi l'esthétique filmique, scénique, chorégraphique, musicale, où aucune place n'est laissée au dissonant, à l'agressif visuel ou sonore, au négligé vestimentaire ou comportemental. Au contraire, de nombreux K-dramas sont recolorisés pour obtenir des images qui ressemblent parfois à des tableaux, les vidéoclips sont conçus comme des expériences visuelles filmiques qui empruntent aux techniques les plus avancées (films 3D, multiplication des effets visuels, surimpression, incrustation, colorisation), les shows de K-pop mixent les genres (aucun d'entre eux ne se déroule sans insertion de vidéos tournées comme des films, avec des chorégraphies complexes et effets visuels impressionnants).

Tirant parti des leçons états-uniennes et japonaises en matière de pop culture, et d'un certain essoufflement du magistère des États-Unis, tout comme des limites de son homologue japonais, la *Hallyu* apparie avec bonheur des traits occidentaux et asiatiques et n'est pas réductible à une imitation ou à un rattrapage de l'Occident. De fait, la *Hallyu* peut être considérée comme une globalisation alternative de la pop culture (Ryoo, 2008) qui incorpore dans ses produits culturels des éléments venus et de l'Est et de l'Ouest. Reprenant les standards de qualité élevés des acteurs dominants des marchés culturels et valorisant l'innovation, la *Hallyu* est passée maîtresse dans l'art de l'hybridation, ainsi que de la *glocalisation*, afin de convaincre et fidéliser des publics d'abord régionaux puis globaux. La déspécification culturelle, nécessaire à les exporter auprès de publics éloignés culturellement et géographiquement, se fait ici sans appauvrissement et avec une signature esthétique particulière que l'on peut résumer en une recherche permanente du beau qui est également le résultat d'un « travail du corps » (chirurgie esthétique, cosmétique, musculation) et qui mobilise toutes les techniques de l'image.

Chapitre 3

Du *soft power* au *sweet power*

> Hollywood est une industrie, le *Hallyu*, un plaidoyer.
>
> (Dayez-Burgeon, 2011)

Derrière la concurrence économique des industries culturelles que nous avons décrite se cache une compétition symbolique qui consiste à exporter, voire à imposer une vision du monde, afin de promouvoir ses propres intérêts géopolitiques : celle-ci a été désignée tour à tour par les termes de diplomatie culturelle, *soft power* (Nye, 1990), diplomatie pop culturelle (Iwabuchi, 2015). Dans cette perspective, la *Hallyu* doit être analysée non seulement comme un succès d'export pour la Corée du Sud, mais surtout comme un accumulateur de capital symbolique, grâce auquel cette nation entre dans la compétition globale pour l'hégémonie culturelle. Certains analystes ont même avancé que la *Hallyu* pouvait être un exemple de pouvoir subversif porté par une périphérie à l'égard des formes culturelles dominantes de l'Occident (Ryoo, 2009).

Ce chapitre sera donc consacré à l'analyse de la façon dont la Corée du Sud a pu se présenter comme une alternative à l'hégémonie pop culturelle américaine par un processus de « *nation branding* » (Dinnie, 2010) qui lui a permis de devenir une « *global brand* » et d'acquérir un pouvoir d'attraction que nous proposons de désigner, compte tenu de ses caractéristiques originales, par l'expression « *sweet power* ». Fondé sur l'esthétique et favorisé par l'absence de tout souvenir historique impérialiste, cet outil diplomatique exploite pleinement les possibilités offertes par Internet.

I. Diplomatie culturelle et industries culturelles

On peut distinguer deux approches dans l'analyse classique de la diplomatie culturelle. La première, « l'approche culturelle », est fondée sur un rythme lent et des publics lettrés ; elle se fait au gré des échanges interindividuels, de la circulation des livres et des idées, par exemple au moyen d'invitation d'artistes et d'organisation d'événements, d'échanges universitaires, de séjours de formation, de stages linguistiques, etc. La seconde, « l'approche informationnelle », prend pour supports privilégiés les médias au rythme rapide (radio, presse, diffusion cinématographique, télévision, Internet) et à destination d'un public de masse (Chaubet et Martin, 2011). Cette distinction recouvre une réalité historique, le glissement d'une approche à l'autre s'étant opéré dans l'entre-deux-guerres, avec le transfert des centres intellectuels de l'Europe aux États-Unis. Aujourd'hui, « la centralité des problématiques de la culture dans les débats sur le projet de nouvel ordre mondial témoigne [...] de la place dévolue aux réseaux et industries de la culture dans la reconfiguration des stratégies de puissance » (Mattelart, 2017, p. 4).

La place prise par les médias et la consommation de fictions (surtout audiovisuelles) dans les répertoires culturels des populations partout dans le monde a accru l'internationalisation de l'offre et donc la dépendance à l'égard de pays fortement producteurs, notamment les *Big Three* dont il a été question au chapitre précédent. Dans ce flux d'images, devenu encore plus rapide, dense et multidirectionnel depuis l'avènement de l'ère numérique et des réseaux, les visions du monde véhiculées par les produits culturels de grande circulation constituent plus que jamais des ressources symboliques pour les États dans la compétition globale. Nous reviendrons rapidement sur la genèse de la diplomatie culturelle contemporaine pour mettre en évidence ses grands acteurs ainsi que les exemples qui ont inspiré le modèle sud-coréen du *sweet power*.

a) Trois modèles de diplomatie culturelle

Pour François Chaubet (2013), seuls trois États ont traduit en actes une politique d'influence culturelle globale et constitué des modèles de diplomatie culturelle : la France dès les années 1870-1880, l'URSS dans les années 1920, les États-Unis après 1945.

Alors même que sa puissance est en déclin relatif et qu'elle essaie de contrer l'essor industriel et militaire de l'Allemagne et l'hégémonie impériale, aussi bien territoriale que thalassocratique de la Grande-Bretagne, la France invente l'action culturelle extérieure de type moderne à la fin du XIXe siècle, en articulant une série d'initiatives intégrées dans l'objectif de promouvoir le commerce. Le modèle français, « caractérisé par la multiplicité des moyens d'action (l'envoi de livres et de conférenciers, de compagnies théâtrales et de films), d'une part, et la consolidation progressive d'un réseau matériel d'écoles puis de lycées et d'instituts culturels (le premier à Florence en 1908), d'autre part » (Chaubet, 2013, p. 95), connaît son apogée dans les années 1970. Il est solidement arrimé à une conception qui lie étroitement la culture, au sens des œuvres d'art et de l'esprit et des produits culturels, et la culture au sens anthropologique (comme manières de faire et de penser d'une société donnée), et procède d'une logique diffusionniste élitiste dont les publics lettrés sont la cible privilégiée.

En dépit des critiques dont elle a pu faire l'objet (Spykman, 1942), cette diplomatie a été efficace comme en témoigne l'installation de l'Unesco à Paris dès sa création après la fin de la Seconde Guerre mondiale, succès lié sans doute au pouvoir symbolique de la France plutôt qu'à sa puissance économique ou à sa force militaire. Ses effets sont durables, car si le français n'arrive qu'en onzième position des langues parlées dans le monde, son poids est bien plus important que cela : le nombre de pays qui l'utilisent comme langue officielle, son statut de langue de travail dans les organismes internationaux et son usage dans la diplomatie en font une langue majeure des échanges internationaux. Enfin, elle est une langue centrale dans l'excellence culturelle, si l'on en juge par le nombre de Prix Nobel francophones de littérature, puisque le français est la deuxième langue primée après l'anglais et avant l'allemand (Chaubet, 2006). C'est dire l'importance du pouvoir symbolique lié à l'exportation d'une certaine image de la France qui a volontiers puisé dans les legs des Lumières, de la Révolution française et des droits de l'homme (Chaubet, 2010), ce qui a assuré au pays pendant longtemps un rayonnement culturel aussi bien que politique.

Dans l'entre-deux-guerres, l'essor des industries culturelles change la donne et « l'universalisme de la culture de masse prend le pas sur le projet cosmopolite de la culture classique, légué par les Lumières » (Mattelart, 2017, p. 21). Dans le glissement d'un universalisme à l'autre, les relations culturelles deviennent un outil privilégié de la géopolitique. Une acception plus circonscrite de la notion de culture devient dominante : reproductible, elle est intimement liée à la temporalité informationnelle des médias de masse (dont l'industrie du cinéma devient emblématique) et opère un basculement du texte vers l'image qui voit les États-Unis ravir la première place à ses concurrents. Au sortir de la Seconde Guerre mondiale, ils « sont le premier peuple dans l'histoire à avoir disposé d'une culture populaire organisée centralement et produite massivement » (Boorstin, 1974, p. 64) et à développer une politique extérieure qui fait la part belle aux industries culturelles et médiatiques, lesquelles, s'appuyant sur la doctrine Truman, mettent en place une stratégie active de diffusion de l'imaginaire américain, moderne et consumériste, messianique et universaliste. On prendra pour exemple les accords Blum-Byrnes signés en 1946, à l'occasion de la renégociation de la dette extérieure de la France à l'égard des États-Unis, qui porte sur les quotas d'importation de films américains : l'effacement d'une partie de la dette de guerre de la France se fait au prix d'une ouverture des écrans de cinéma aux films états-uniens et à leur modèle de société (le temps écran consacré aux films nationaux passe alors de 50 % à 31 % au profit des films américains).

Les industries culturelles sont donc très précocement pour les États-Unis une manière d'exporter leur modèle culturel, social et politique. La force des États-Unis est d'avoir su créer une synergie entre une multitude d'acteurs privés (regroupés sous la bannière de Hollywood) ou semi-publics (les musées, les fondations philanthropiques), et d'avoir agi sur la « haute » culture (la peinture américaine de l'école de New York par exemple à la fin des années 1950), mais plus encore sur la « basse » culture (le jazz puis le rock diffusés par leurs radios Voice of America ou Radio Free Europe), afin de concevoir et diffuser un message progressiste et libéral à l'adresse des peuples européens. Il s'agit, en pleine guerre froide, de conjurer le risque que l'Europe bascule dans le communisme après les expériences totalitaires ayant conduit à la Seconde Guerre mondiale. Atteignant son apogée à la fin des années 1960, cette politique d'exportation des représentations d'une vie moderne désirable (Berger, 2002) est fondée sur la domination de l'anglais dans la science, la haute technologie, l'éducation et la culture, d'une part, la formation d'un réseau d'entreprises innovantes et aux ramifications planétaires, d'autre part. L'originalité du modèle a été d'emprunter « les voies essentiellement pacifiques de l'exportation de ses produits culturels et médiatiques » (Chaubet et Martin, 2011, p. 203).

L'URSS a également fait de la culture une arme diplomatique majeure, notamment par : a) la création du titre honorifique « artistes du peuple », décerné aux personnalités dont l'apport au développement du théâtre, du cinéma ou de la musique est considéré comme remarquable ; b) l'établissement d'une censure très forte, abolie seulement en 1988, et exercée par un grand nombre d'offices d'État, tels le Comité d'État pour la protection du secret d'État dans les publications, les conseils pour les arts et autres comités des arts et de la culture. La diplomatie culturelle soviétique est le symétrique de son homologue américaine, ce qui apparaît très nettement dans la doctrine Jdanov, du nom du troisième secrétaire du Parti communiste soviétique. Pour faire face à la doctrine Truman, ce dernier déclare en 1947 : « Au fur et à mesure que nous nous éloignons de la guerre, deux camps s'affirment. Les

États-Unis sont la principale force dirigeante du camp impérialiste. Ce camp est soutenu par l'Angleterre, la France mais aussi par des États possesseurs de colonies. Les forces anti-impérialistes et antifascistes forment l'autre camp. L'URSS et les pays de la démocratie nouvelle en sont le fondement. Le camp anti-impérialiste s'appuie dans tous les pays sur le mouvement ouvrier et démocratique, les partis communistes frères » (United States of America, 1948, p. A1288).

Ces deux superpuissances se livrent une lutte sans merci pour asseoir leur hégémonie culturelle dans leurs camps respectifs : l'un communiste, étatique et planificateur, centré sur les œuvres artistiques, l'autre capitaliste, reposant sur le secteur privé et centré sur les cultures de masse. Pour attirer les peuples européens, dont certains se sont fraîchement convertis à la démocratie, les industries culturelles de masse et la pop culture états-unienne s'avèrent finalement plus efficaces en termes de promotion idéologique que les outils mis au point par la diplomatie culturelle soviétique. Qui saurait nier l'apport au succès du modèle américain d'icônes de la culture populaire telles que Louis Armstrong, Marilyn Monroe, Elvis Presley ou Bob Dylan ?

b) Le « cool Japan »

L'entrée en lice du Japon marque un troisième temps de la diffusion des imaginaires culturels dans la compétition globale. Son rayonnement se développe à compter des années 1970-1980, mais il se distingue des puissances précédentes par la volonté de transformer la perception d'une nation, au passé impérialiste et défaite militairement par les pays qui dominent l'ordre mondial au sortir de la Seconde Guerre mondiale, en allié fiable et en voisin aimable. Forcé à la démilitarisation, adoptant une Constitution très pacifiste et démocratique (même si le système impérial est maintenu comme symbole de l'État et de l'unité de la nation), le Japon concentre toute son énergie, entre 1950 et le milieu des années 1980, sur son développement économique, en s'appuyant sur un État centralisateur et sur une stratégie de développement rapide fondé sur l'importation et l'appropriation de connaissances et de technologies, car l'interdiction imposée au pays de toute recherche militaire (qui alimente en général bien d'autres secteurs) réduit ses capacités pour la recherche fondamentale.

Pour changer son image à l'étranger, l'État japonais mobilise sa culture populaire de masse. Sa capacité à séduire par les mangas, les dessins animés et les jeux vidéo s'inscrit dans ce qui a été appelé une diplomatie pop culturelle (Iwabuchi, 2015), centrée sur l'esthétique du *kawaii*. Cette politique est soutenue par de multiples initiatives d'État : en 2006, le Japon lance le J-LOP (*Japan Localization and Promotion*), programme qui a pour but d'encourager les initiatives de promotion de contenus japonais dans le reste du monde, et plus particulièrement les *anime* avec une aide à l'adaptation locale des produits à hauteur de 50 % des frais engagés.

Pour l'essentiel, c'est le manga qui est à la base du succès des biens culturels japonais en matière de ventes à l'exportation (le manga *One Piece* publié à partir de 1997 en 100 volumes à la date de septembre 2021 a été vendu à 490 millions d'exemplaires dans le monde, contre les 250 millions des 24 albums des *Aventures de Tintin* dont le premier volume sort en 1930). Les séries télévisées (*J-dramas*), le cinéma d'animation et des jeux vidéo y puisent leur inspiration : les mangas fournissent des univers imaginaires, des systèmes de valeurs, une grande partie des scénarios, ainsi que la main-d'œuvre des graphistes dont ils ont besoin. D'ailleurs, le ministère des Affaires étrangères crée, en 2007, le Prix international du manga au Japon dans le but de récompenser les créateurs qui contribuent à la diffusion de la culture nippone à l'étranger. Le *cosplay* jouissant également d'une forte popularité internationale, le ministère des Affaires étrangères décerne depuis 2007 un prix au meilleur *cosplayer* lors du sommet mondial du *cosplay* (World Cosplay Summit). Et en mars 2008, le ministre des Affaires étrangères nomme le chat Doraemon, le chat-robot du manga éponyme créé par Fujiko Fujio, une des bandes dessinées les plus vendues dans le monde, ambassadeur mondial du dessin animé japonais.

Grâce à un modèle de diplomatie culturelle à mi-chemin entre son homologue français plutôt étatique et l'exemple américain plutôt privé, l'image du Japon se modifie profondément en passant de militariste à « cool ». Depuis 2013, le conseil pour la promotion du « *cool Japan* » poursuit ainsi l'objectif d'améliorer la compréhension et la confiance entre les peuples par la pop culture, en sus des arts traditionnels (Iwabuchi, 2008*a*). Un fonds public-privé, le Cool Japan Fund, est créé la même année[1]. Douglas McGray (2009) a même inventé le terme « *Gross National Cool* » pour saluer l'essor du Japon comme superpuissance dans la pop culture globale.

c) Impérialisme et résistances culturelles

Au moment où certains analystes s'interrogeaient sur la capacité des États-Unis à conserver leur leadership global (Kennedy, 1989), Joseph S. Nye (1990) conceptualise le

1. Voir www.cj-fund.co.jp/en.

soft power comme un « pouvoir d'attraction » : il le définit comme la capacité à façonner les préférences des autres, par la culture, les valeurs et les idées plutôt que par l'action militaire, et à agir sur les agendas idéologiques, politiques et sociaux. Mettant lui-même en garde contre un usage réducteur de ce concept, Joseph S. Nye attire l'attention sur le fait que les industries culturelles d'une nation ne possèdent un tel pouvoir que si elles se font la caisse de résonance de visées universalistes cohérentes avec les valeurs politiques portées à l'intérieur et à l'extérieur de ses frontières par sa politique nationale et étrangère (Ang, Isar et Mar, 2015). Cette visée universaliste ne peut être crédible si elle se réduit à une propagande idéologique et si elle exclut la capacité fondamentale, souvent passée sous silence, de produire une autocritique, de considérer la contre-culture et la subversion comme légitimes – ensemble de traits que l'auteur désignera quelques années après sous le terme de « *meta-soft power* » (Nye, 2002).

L'universalisme états-unien a souvent été accusé de masquer un impérialisme culturel (Mattelart, 2017). De ce fait, la diplomatie culturelle états-unienne a rencontré de nombreuses résistances (Dulphy, Franck, Matard-Binucci et Ory, 2010). Dès l'après-guerre (Alexander, 2006), la France se fait le chantre de l'opposition à l'hégémonie états-unienne. Le 28 février 1950, à l'Assemblée nationale, un député communiste interpelle le ministre de la Santé publique en lui demandant d'interdire la vente du Coca-Cola. Derrière la question économique, il voit une question politique : « Il faut donc savoir si, pour une question politique, vous allez permettre qu'on empoisonne les Français et les Françaises », s'écrie-t-il. Le jour même, l'Assemblée nationale vote afin de donner au gouvernement autorité pour interdire le Coca-Cola s'il s'avère que cette boisson est nocive (Kuisel, 1991).

Vers la fin des années 1960, le rejet du programme culturel états-unien se répand jusqu'en Amérique latine, où le terme « américanisation » devient synonyme de « projet hégémonique d'un nouveau modèle de civilisation, d'une nouvelle culture à projection universelle, un nouveau "magistère romain" » (Mattelart, 2017, p. 17). La lutte contre cette américanisation de la culture passe par une défense du statut d'exception de certains produits. Au cours des années 1990, dans le cadre des négociations du GATT, la France défend ainsi la notion d'exception culturelle, concernant au premier chef les produits audiovisuels, notion qui autorise les États à soutenir ces secteurs, notamment par des mesures protectionnistes. Cette notion l'emporte de justesse en 1993, et sera transformée en 1999 en défense de la diversité culturelle, concept juridiquement plus flou.

La critique de l'impérialisme a été ensuite étendue au Japon. Aussi « cool » qu'il ait souhaité apparaître, et malgré ses succès, le Japon peine à asseoir son hégémonie sur la région asiatique ou dans le monde. Une insuffisante coordination des actions entre des ministères dont les objectifs ne sont pas toujours convergents dans la promotion d'un nationalisme culturel « soft » ou « pop », d'une part, une forte persistance d'une mémoire douloureuse chez les pays voisins, d'autre part, concourent à freiner son expansion. Malgré ces limites, son succès peut néanmoins être considéré comme la preuve du déclin relatif de l'hégémonie culturelle de l'Occident « et surtout de celle des États-Unis, et doit inciter ceux qui analysent la globalisation culturelle à se déprendre de toute vision occidentalo-centrée » (Iwabuchi, 2008*b*, p. 38).

II. La Corée du Sud, une marque globale

La Corée du Sud arrive sur la scène de la diplomatie culturelle internationale dans un contexte où l'impérialisme américain est remis en question et où le *cool Japan* dans la région asiatique connaît des limites. En s'inspirant du concept de *nation branding*, qui applique des techniques de marketing à la promotion de l'image et de la réputation d'une nation (Fan, 2008), la Corée du Sud cherche tout à la fois à attirer les touristes et les investissements, à stimuler les exportations, à restaurer sa crédibilité et à étendre sa notoriété internationale, à accroître son influence politique, à instaurer des partenariats internationaux plus forts, à combattre les stéréotypes nationaux négatifs et à alimenter la confiance, la fierté, l'harmonie et la détermination de la nation.

Dans cette perspective, le *sweet power* est au *soft power* ce que le capitalisme de l'*entertainment* est au capitalisme esthétique : une variante spécifique. Comme dans le cas de la diplomatie culturelle japonaise, le *sweet power* de la Corée du Sud est bien le fruit d'une collaboration, bien que plus étroite encore, entre dirigisme d'État et initiative des industries culturelles. Comme pour le Japon également, le recours massif à la pop culture a abouti à une culturalisation et à une esthétisation de l'image de la nation. Cependant, à la différence du Japon, comme nous le verrons, ces dernières ne se sont pas faites aux dépens d'une affirmation assumée de son propre passé, de ses propres racines culturelles et spirituelles, de sa propre modernité, ce qui concourt à créer un *storytelling* positif – car réconcilié avec lui-même – qui semble manquer au pays du Soleil Levant.

a) Un enjeu : exister sur la scène internationale

Pour comprendre le succès de la Corée du Sud, il convient de revenir à ses sources et d'en examiner la dynamique historique récente. En 1988, les XXIVe Jeux olympiques se tiennent à Séoul. L'événement marque un tournant dans l'histoire contemporaine de la Corée du Sud. Cette manifestation propulse, à grand renfort de retransmissions télévisées, le pays du Matin calme sur la scène internationale et lui confère le statut d'une nation moderne à même d'organiser la plus importante manifestation sportive mondiale. De même, en 2002, la Coupe du Monde de football (coorganisée avec le Japon) offre au pays l'opportunité d'améliorer son image sur la scène internationale. Enfin, la désignation de l'ancien ministre des Affaires étrangères, Ban Ki-moon, au poste de secrétaire général des Nations unies en 2007, constitue un succès diplomatique sans précédent pour le pays. L'ouverture au monde de la Corée du Sud va de pair avec la consolidation du processus démocratique : en 1987, pour la première fois, un président de la République est élu au suffrage universel direct.

L'objectif de l'État sud-coréen a d'abord été de restaurer l'estime de soi de la nation, bafouée par la longue occupation japonaise (1905-1945), et éprouvée par la guerre fratricide contre la Corée du Nord, en encourageant un nationalisme culturel intérieur. La politique culturelle de Park Chung-hee (1962-1979) poursuit ainsi une double stratégie d'alignement de la culture nationale sur la culture traditionnelle et de promotion du nationalisme ethnique pour renforcer la cohésion et l'unité du pays (Kang, 2015*b*). L'un des meilleurs exemples est sans doute la liste des dix principaux symboles de la culture coréenne, établie en 1997 par le ministère de la Culture et des Sports, sur la base d'un rapport commandé en 1996 et intitulé « Stratégie de sélection et d'utilisation de l'identité culturelle coréenne ». Parmi ces symboles, on retrouve le *hanbok* (la tenue traditionnelle coréenne), le *hangeul* (l'alphabet coréen), le *kimchi* et le *bulgogi* (de la nourriture traditionnelle), le *bulguksa* et le *sukgulam* (des temples bouddhistes), le *taekwondo* (un art martial). Ces symboles ont ensuite fait l'objet d'une large promotion par le biais d'activités de relations publiques et par les canaux gouvernementaux à l'étranger. Toutefois, les Sud-Coréens se rendent vite compte que cette liste étriquée donne une image immuable, voire passéiste, de la culture du pays.

La politique sud-coréenne se tourne donc ensuite vers des produits plus contemporains et issus plutôt des industries culturelles que de la haute culture. Encore faut-il que le pays se déprenne du joug culturel américain : jusqu'à la fin des années 1990, les États-Unis maintiennent en effet un contrôle des systèmes de production et de distribution des produits culturels, ce qui est notamment illustré par le cas du cinéma. Jusqu'en 1987, seules les sociétés cinématographiques nationales sont autorisées à importer et à distribuer des films étrangers sur le marché. Sous la pression des États-Unis, en 1988, le gouvernement sud-coréen permet aux studios de Hollywood de distribuer des films directement dans les salles locales de cinéma. En 1994, plus de dix importateurs de films sud-coréens ferment leurs portes. Cette ouverture du marché aux majors hollywoodiennes affecte la vitalité de l'industrie cinématographique locale, et le nombre de films produits annuellement passe de cent vingt et un en 1991 à soixante-trois en 1994. En 1994, la part de marché de Hollywood sur le marché local atteint 80 %, contre 53 % en 1987. Ignoré du public local qui le juge de piètre qualité, ennuyeux et souvent larmoyant, le cinéma sud-coréen semble rendre son dernier souffle. La renaissance ultérieure n'en est que plus notable.

b) Un moyen : le segyehwa

Après la crise de 1997, et plus encore après le tournant des années 2000, les autorités mettent en place une stratégie pour améliorer la compétitivité globale de la Corée du Sud, en misant sur la promotion des monuments, des paysages, des villes, de la nourriture traditionnelle, mais aussi des produits des industries culturelles (Kang, 2015*b*). L'objectif du *segyehwa* – c'est le terme coréen qui est utilisé pour désigner cette stratégie de conquête des marchés internationaux – est d'accumuler un capital symbolique dans l'arène globale. La Corée du Sud entend abandonner l'image de nation arriérée (*hujinguk*) pour adopter celle d'une nation avancée (*seonjinguk*) grâce à la globalisation. Cet objectif, atteint entre autres par le succès obtenu dans l'exportation des produits culturels, est devenu un élément du *nation branding*. La mise en place d'une politique résolument tournée vers l'essor d'une « *global Korea* » n'est donc pas incompatible avec une dose de fierté nationale, voire de nationalisme, qui prend la forme d'un « pop nationalisme » (Joo, 2011).

Ainsi, le gouvernement du président Roh Moo-hyun (2003-2008) crée en 2003 une agence pour la promotion de la *Hallyu*, la Fondation coréenne pour les échanges culturels internationaux (KOFICE), et définit l'année suivante un plan de politique culturelle intitulé *Creative Korea* pour encourager la capacité créative du pays. Par ailleurs, en 2005, le ministère de la Culture et du Tourisme publie un rapport intitulé *Culture Strong Nation* qui se propose de faire de la Corée du Sud l'une des cinq premières nations productrices de contenus culturels pour 2010, aux côtés des États-Unis, du Japon, du Royaume-Uni et de la France : les prévisions sont ambitieuses, puisque le rapport évoque un marché culturel intérieur de 90 000 milliards de wons (environ 85 milliards de dollars) et un marché d'export de 6 milliards de dollars (Kang, 2015*a*). La même année, une branche du ministère consacrée au développement de l'enseignement du coréen à l'étranger est créée, qui finance des classes dans les universités et instituts de par le monde, ainsi que des centres culturels coréens (comme celui de Paris qui, fondé en 1980, a réouvert en 2019 dans un bâtiment prestigieux, spacieux et plus à même d'offrir des événements et activités à un public parisien très demandeur).

Pourtant, à la fin de la décennie 2000, la population sud-coréenne a toujours une mauvaise image du pays et, à l'étranger, la notoriété de la Corée du Sud est faible, comparativement à ses capacités industrielles, phénomène que les autorités ont désigné sous le terme de « *Korea discount* » (Lee, 2010). C'est pour orienter de nouvelles politiques de promotion de l'image du pays que le gouvernement et les grands groupes industriels mettent en place un indicateur, le *Nation Brand Dual Octagon*, censé mesurer les écarts entre performance objective de la *nation brand*, à partir d'une synthèse de cent vingt-cinq données statistiques, et performance subjective de cette dernière, approchée par des enquêtes réalisées auprès de 13 500 leaders d'opinion dans vingt-six pays (Lee, 2010). Le Conseil présidentiel sur l'image de marque de la nation, créé en 2009, a la mission de promouvoir la *nation brand* coréenne sur la scène internationale, afin de pallier ce *Korea discount*. Depuis 2013, le ministère de la Science, des Technologies de l'information et de la communication et de la Planification du futur (renommé quelques années après ministère des Sciences et des TIC) est le fer de lance de la puissante synergie entre l'État et les grands conglomérats capitalistes, qui voit une nouvelle rhétorique emprunter aux slogans suivants : « Le futur pays avancé », « La citoyenneté globale ». Sous la présidence Lee, le gouvernement sud-coréen met d'ailleurs en avant la « diplomatie complexe » et la « diplomatie des valeurs » comme principaux objectifs de la diplomatie culturelle (Leveau, 2002).

c) Un storytelling *: le tripode résilience, modernité et harmonie*

Pour nourrir cette diplomatie des valeurs, les industries culturelles élaborent un *storytelling* fondé sur trois *topos* qui dépeignent une identité sud-coréenne attractive pour les publics nationaux comme pour les publics internationaux : la résilience du peuple coréen, sa vision d'une modernité technologique non menaçante et sa conception alternative de l'individu harmonieusement enraciné dans son héritage historique et son environnement naturel. Si ces schémas narratifs composent une représentation partagée construite par additions partielles, ils le font bien entendu en l'absence d'un programme commun préétabli.

Une longue histoire de résilience

Le genre *sageuk*, mot qui désigne des films ou des séries à caractère historique, constitue sans conteste l'un des versants les plus connus de la *Hallyu*. D'une part, les effets de réalité y sont particulièrement soignés, par l'emploi systématique de locutions vieillies et de proverbes anciens, par la beauté des costumes, l'usage de décors extrêmement précis, de villages ou palais préservés. D'autre part, ils prennent souvent la période Joseon comme contexte historique de prédilection, cette dynastie qui s'étend de 1392 à 1910, dont la longévité exceptionnelle est une fierté nationale. Au fil de l'exploration de l'histoire de la Corée, le centre de la narration reste bien la noblesse et la grandeur d'un peuple longtemps opprimé.

Il en va ainsi dans la série *Mr. Sunshine**, K-drama de vingt-six épisodes, et qui a été la quatrième série la plus suivie à la télévision en Corée du Sud, primée à de multiples reprises par la critique et diffusée dans de nombreux pays. L'intrigue se situe au tournant du XXe siècle à Séoul, à la fin de la période Joseon, au tout début de l'occupation japonaise, et suit la trajectoire de résistants qui se battent pour l'indépendance de la Corée. Cette série participe de la reconstruction d'une fierté nationale : face au Japon considéré comme l'envahisseur et à un allié états-unien cynique et instrumental, ce sont bien la résistance et le courage du personnage central féminin – qui incarne les vertus de la nation tout entière – qui en sortent grandis.

Le même procédé de valorisation de la résilience est à l'œuvre dans *Bridal Mask**, une série se déroulant dans les années 1930, alors que le pays est occupé depuis une vingtaine d'années par le Japon. Ce K-drama ne verse pas dans une simplification facile de la violence infligée par le colonialisme et met en évidence – comme dans *Mr. Sunshine** – la réalité de la collaboration tant au quotidien qu'à plus grande échelle lorsqu'elle est organisée avec la complicité du gouvernement coréen dans le recrutement de jeunes filles comme « femmes de confort » pour l'armée japonaise. D'ailleurs, le titre renvoie bien au déguisement que prend le protagoniste, véritable héros masqué, qui, dans des actions de sabotage et de lutte contre l'envahisseur, arbore le masque traditionnel que portent les jeunes femmes le jour du mariage lorsqu'elles font acte d'allégeance à leur mari – allusion à la soumission de la Corée au Japon. Le message fort d'un peuple qui se rebelle est incarné par la figure de Lee Kang-to qui, de méprisable agent de la police coréenne à la solde du colonisateur, se transforme en justicier au prix d'un parcours douloureux. N'entend-on pas dans l'épisode 24 cette phrase hautement significative : « Notre pays a été vaincu, mais pas nos cœurs » ?

Ces K-dramas historiques, dont on pourrait croire que l'enjeu est purement national, s'exportent très bien. *Mr. Sunshine** a aussi séduit des nations voisines qui partagent avec la Corée du Sud une histoire conflictuelle avec les puissances régionales que sont le Japon, la Chine et la Russie : la série a ainsi été achetée par des chaînes de télévisions aux Philippines, en Malaisie, en Thaïlande et au Vietnam, avant d'entamer une carrière mondiale sur les plateformes de streaming et de téléchargement. Et l'on pourrait multiplier les exemples de cette séduction opérée par la mise en fiction de la revanche symbolique d'un ancien vaincu.

Une modernité technologique non menaçante

Le deuxième trait caractéristique des K-dramas est la mise en scène d'une modernité technologique que l'homme maîtrise, là où l'Occident ou le Japon ne se privent pas, dans leurs productions culturelles, d'en fournir une vision inquiétante : l'assujettissement des humains à la technologie (y compris les biotechnologies) et les catastrophes naturelles ou humanitaires que celle-ci engendre sont des sujets classiques du cinéma états-unien, de *Terminator* au *Jour d'après* en passant par *Jurassic Park*, *World War Z*, mais aussi *Matrix*, ainsi que des séries comme *24 heures chrono*,

Black Mirror, etc. Et que dire de ces classiques que sont le manga futuriste cyberpunk *Ghost in the Shell* (qui a fortement inspiré *Matrix*) ou le manga de science-fiction *Akira*, tous les deux adaptés en films d'animation ?

Une telle vision dystopique, parfois même apocalyptique, est minoritaire dans les K-dramas à succès : sauf rares exceptions (ce qui est notamment le cas de la série *Rugal**), la technologie est au service des humains, l'IA est sans danger et aide les utilisateurs à accéder à une meilleure connaissance d'eux-mêmes (comme dans *My Holo Love** ou *I'm Not a Robot**), les connaissances médicales avancées accompagnent le protagoniste dans la transformation de soi (comme dans *Birth of a Beauty**). Par ailleurs, la plupart des K-dramas non historiques se passant à Séoul, ils mettent en scène sa modernité et le style de vie hypermoderne de ses habitants : la Namsan Tower, tour de 236 mètres de haut, avec son accès téléphérique et son étage tournant sur lui-même, ou encore le quartier de Gangnam, un des plus riches et des plus branchés de la capitale et qui abrite le *hub* de l'industrie informatique sud-coréenne, le Teheran-ro, avec ses avenues tapissées d'écrans géants, servent de point de repères autant que d'emblèmes. Le spectateur découvre, ou se voit confirmer, que Séoul est l'une des villes les plus connectées du monde : les K-dramas regorgent de scènes d'utilisateurs compulsifs dont le quotidien est saturé de smartphones et d'applications *made in Korea*. C'est même le sujet de certains K-dramas, comme *Love Alarm**.

La K-pop n'est pas en reste : si la plupart des compositions sont réalisées en MAO (musique assistée par ordinateur), elles sont parfois mâtinées de musiques traditionnelles (*gugak*), comme c'est le cas dans certaines compositions de BTS*, Topp Dogg* ou Crayon Pop*, clin d'œil qui a pour effet de moderniser l'héritage musical sud-coréen. La Corée du Sud est également un terrain d'élection pour les shows de K-pop en 3D : rien moins que quatre salles de concert y sont dédiées et les projections ont également gagné les shows réels permettant une vision à 270 degrés en ScreenX, comme cela a été le cas d'un concert des BTS* retransmis dans deux salles à Paris en janvier 2019. Les concerts font en outre grand usage de la pyrotechnie et des projections vidéo. Cette modernité technologique est également mise en avant dans l'ensemble des activités commerciales dans lesquelles les chanteurs et chanteuses sont engagés, notamment auprès des grandes industries de l'audiovisuel, des télécommunications ou des cosmétiques, trois secteurs de pointe pour l'économie de la Corée du Sud : Girls' Generation* fait la publicité des produits LG, Blackpink* celle du Galaxy A de Samsung, tandis que TXT* fait celle de la marque sud-coréenne de cosmétiques It's Skin, se présentant comme issue de la recherche dermatologique avancée.

Un individu en harmonie avec le monde

Résilience et modernité technologique positive sont les mots-clés de la promotion d'un individu inséré dans un consumérisme compulsif, mais également à la recherche de son développement personnel. Cette vision de l'individu articule deux valeurs principales.

D'abord, l'individu n'est pas premier, comme dans les cultures occidentales, mais subordonné aux liens avec la communauté avec laquelle des relations de courtoisie et de déférence doivent être maintenues. Avoir des liens familiaux étroits, faire preuve de piété filiale et croire en une sorte d'affectivité universelle sont des éléments très souvent mentionnés dans les séries sud-coréennes. Ainsi, la plupart d'entre elles suivent les évolutions personnelles complexes et douloureuses des personnages qui se font sans heurter leur entourage, c'est-à-dire dans le respect d'un collectif qui reste central dans les scénarios. La vision de l'individu ainsi promue est une alternative au *self-made man* génial mais indiscipliné du cinéma américain.

Ensuite, l'intuition et l'harmonie sont centrales et étroitement imbriquées, ce qui renoue avec des formes de chamanisme fréquentes dans le monde asiatique, le terme harmonie ne désignant pas tant une bonne entente avec les autres qu'un état d'équilibre entre des forces éventuellement contraires. C'est le cas par exemple pour les trois protagonistes masculins de *Mr. Sunshine** que tout oppose : l'Américain transfuge, le yakuza passé à l'ennemi et l'aristocrate en rupture avec sa filiation sont tous les trois nés coréens : au terme d'un parcours biographique tumultueux, ils finissent par œuvrer dans la même direction – le salut de la Corée – sans pour autant jamais le faire de conserve.

De ces deux traits découle une valorisation d'un modèle d'individu qui rejette la violence et la sexualisation des relations entre les femmes et les hommes (Oh, 2014 ; Kim, 2014), et qui est particulièrement sensible aux inscriptions et dynamiques familiales – alors que dans les séries occidentales priment des relations hautement sexualisées entre les sexes et un modèle d'individu s'arrachant de ses attaches pour se construire par lui-même.

Les mêmes considérations valent pour la K-pop. La plupart des groupes et de leurs fans ont des noms qui évoquent une communauté d'amour et d'harmonie : l'acronyme du groupe masculin de cinq membres TXT* signifie par exemple « *tomorrow by together* » et son *fandom* s'appelle les MOA, pour « *moments of alwaysness* » ; le fan-club du groupe féminin Girls' Generation* est nommé S♡NE (« *so one* ») ; le groupe masculin EXO* tire son nom d'une variation de l'expression « *xoxo* » qui signifie « bisous, bisous » ; enfin, les groupes qui portent un nom comportant une référence à l'amour sont légion (Boyfriend*, GFriend*, Glam*, Hello Venus*, Kiss*, Lovelyz*, Oh My Girl*, U-Kiss*, etc.). Girls' Generation* incarne de façon édifiante cette image harmonieuse, puisque tout son plan marketing met l'accent sur une relation aimante entre les générations (les jeunes filles parlent beaucoup de leurs familles en interview) et au sein du groupe (leur lien sororal est systématiquement mis en avant) (Epstein, 2015).

Bien qu'esthétiquement hybrides, les produits culturels sud-coréens véhiculent donc des visions du monde fortement associées à leur foyer d'origine (Lee, 2009). Les éléments diffusés par les industries culturelles concourent ainsi à donner une image particulière du pays qui est passée du tripode développement, risque et souffrance au tripode résilience, modernité technologique non menaçante et individu en harmonie avec le monde. De ce point de vue, la *Hallyu* se distingue du *cool Japan*, moins focalisé sur la diffusion de valeurs, ce qui a pu freiner son efficacité symbolique (Nye, 1990 ; Iwabuchi, 2002).

III. Le *sweet power* sud-coréen

Dans la lutte pour l'hégémonie symbolique, la Corée du Sud a pris le chemin original du *sweet power* : celui-ci prolonge la leçon états-unienne de l'usage privilégié des médias de diffusion rapide ainsi que la leçon esthétique du *kawaii* japonais, mais les portant à un niveau jamais atteint auparavant. Cela doit d'autant plus retenir l'attention que ce *sweet power* émane d'une nation nouvelle parmi les acteurs principaux de la lutte pour la domination des imaginaires.

a) L'image douce d'une nation médiatrice

La *Hallyu* s'est attachée à dépeindre une nation « douce » dont la culture est placée à la confluence des influences régionales et globales et qui tire sa réussite aussi bien de la synthèse originale de ces dernières que de la mémoire savamment entretenue d'un passé non entaché d'ambitions impérialistes. C'est bien cet aspect *sweet* qui différencie la Corée du Sud du Japon, son concurrent principal en Asie de l'Est en matière de pop culture. Pourtant, le chemin du *sweet power* n'est pas exempt d'embûches, car en l'empruntant la Corée du Sud a relancé la compétition symbolique dans l'espace est-asiatique (Chua, 2012) et, plus largement, dans le monde.

Certes adossé à une réalité historique de pays malmené par ses puissants voisins, ce choix d'une image douce tire également parti d'une capacité de persuasion largement construite. La perception de la Corée du Sud comme un pays non menaçant a pu dans un premier temps favoriser l'exportation des produits dans toute la région de l'Asie du Sud et de l'Est, ainsi que dans l'ensemble des pays dits « en voie de développement » qui cherchaient des modèles alternatifs à ceux des anciens empires coloniaux. Efficace, cette perception cache une facette mal connue de la Corée du Sud : ce pays est la sixième puissance militaire au monde (loin devant la Corée du Nord, vingt-cinquième, qui apparaît pourtant bien plus dangereuse aux yeux de l'opinion publique internationale) (Global FirePower, 2021).

Dans une interview, Kim Jae-won, directeur du Service d'information sur la culture coréenne, agence gouvernementale du ministère de la Culture, des Sports et du Tourisme, soulignait que le programme de *nation branding* s'appuie sur deux principes indissociables. Le premier est la nécessaire cohérence entre la politique étrangère et le *storytelling* offert par le pays : « Nous devons faire correspondre notre vie à notre slogan afin d'éviter la méfiance qui découle de l'écart » (Kwon, 2015). On mesure ici toute la différence entre la Corée du Sud et son grand voisin chinois. Pour Joseph S. Nye (2012), si la Chine ne possède pas de *soft power* à la hauteur de ses ambitions, c'est bien du fait de l'incohérence du message envoyé à l'opinion publique internationale : le succès des Jeux olympiques de 2008 a été suivi de la répression au Tibet et au Xinjiang, et celui de l'Exposition universelle de Shanghai en 2010 de l'incarcération du Prix Nobel de la paix Liu Xiaobo et de l'artiste Ai Weiwei. Le *soft power* est efficace à condition de ne pas être assimilé à de la propagande ; il ne saurait paraître trop déconnecté des actions menées en politique intérieure et étrangère, et des valeurs qui font consensus sur le plan international – les droits humains en l'occurrence pour les Occidentaux. D'ailleurs, les États-Unis eux-mêmes pâtissent des déboires de l'incohérence de leur politique étrangère de plus en plus perçue comme éloignée de leur *storytelling* de grande démocratie respectueuse des libertés individuelles et des droits humains, et en réalité au service de leurs propres intérêts – et cela alors même que leur exportation culturelle n'a jamais été aussi massive (Wike, Stokes, Poushter, Silvert, Fetterolf et Devlin, 2018).

Le second principe mentionné par Kim Jae-won consiste à trouver un équilibre subtil entre universalisme et particularisme, en misant sur la réciprocité des échanges culturels.

Il déclare à ce propos : « La promotion de la marque nationale coréenne ne consiste pas à imposer sa culture, mais peut être complétée par la compréhension et l'acceptation d'autres pays. Il s'agit davantage de partage et d'échanges que de promotion ou de marketing » (Kwon, 2015). On est loin du modèle diffusionniste états-unien (qui cherche la maximisation des ventes par adaptation des goûts des marchés locaux aux produits américains) comme de la *glocalisation* à la japonaise (qui cherche, à l'inverse, la maximisation des ventes par adaptation des produits aux marchés locaux). Ainsi que le note Koichi Iwabuchi pour évoquer le cas japonais (2015, p. 420) : « La diplomatie pop culturelle du Japon ne va pas plus loin qu'une projection à sens unique de la culture japonaise ».

En confiant à son *sweet power* la tâche d'exporter des valeurs positives, en insistant sur la cohérence entre cette image de la Corée du Sud et une politique étrangère respectueuse de ses voisins, le pays joue un rôle de médiateur culturel (Ryoo, 2009) entre l'Occident et l'Asie, rôle dans lequel le Japon a échoué, du fait de son interprétation nippo-centrée de la culture pop occidentale et du souvenir de son passé impérialiste (Iwabuchi, 2002). La Corée du Sud n'ayant pas été une puissance militaire ou culturelle historique, elle peut être considérée par certains de ses voisins asiatiques, tels que Taïwan, le Vietnam et Singapour, comme un potentiel « sous-arbitre » à même de contrer la domination culturelle américaine ou japonaise, notamment dans la production culturelle de masse, en œuvrant pour des échanges mutuels qui favorisent la coexistence des cultures asiatiques (Ching, 2000). Placés sous le sceau de la qualité et de la modernité, les produits culturels sud-coréens paraissent donc moins animés par une tentation hégémonique, d'une part, plus acceptables sur le plan des valeurs confucéennes et plus soutenables sur celui des émotions que leurs homologues américains ou japonais, d'autre part (Leung, 2008).

b) Sweet power *et retombées touristiques*

Le succès de ce *sweet power* trouve sa traduction la plus frappante dans le formidable essor du tourisme au pays du Matin calme. Les spécialistes distinguent deux dynamiques à l'œuvre dans ce tourisme : d'une part, celui étroitement lié aux produits culturels, et qui concerne principalement la visite de sites de tournage de films et de K-dramas, la participation à des réunions avec des fans et à des spectacles de K-pop et, d'autre part, celui qui concerne les touristes étrangers dont la curiosité envers la Corée du Sud a été éveillée par la consommation de produits de la *Hallyu*, mais qui ne se rendent pas sur ces sites ou à ces événements lors de leur visite. Yukie Hirata (2008) attribue ainsi l'augmentation de 35,5 % du tourisme japonais vers la Corée du Sud entre 2003 et 2004 au succès de la *Hallyu* et notamment de la série *Winter Sonata**. Quand le K-drama *Autumn in My Heart** a été diffusé, la province de Gangwon, où l'histoire était censée se dérouler, a connu une augmentation de 15 % du nombre de visiteurs. La K-pop n'est pas en reste : la contribution du groupe BTS* à l'industrie du tourisme est à elle seule très significative, puisque le groupe a attiré en moyenne depuis ses débuts en 2013 800 000 touristes chaque année pour ses concerts, ce qui représente 7,6 % du total des 10,4 millions de touristes étrangers qui se sont rendus en Corée du Sud en 2017 (YONHAP, 2018).

Grâce à un fort soutien de l'État, la Corée du Sud a rationalisé ce tourisme, en l'organisant rapidement dès qu'un succès en matière de films, de K-dramas ou de K-pop se profilait. Elle l'a par ailleurs rendu plus transversal qu'aucun autre pays : ainsi, le tourisme lié à la chirurgie esthétique, et plus largement à l'industrie de la beauté et de la mode, est directement lié au succès des produits culturels de la *Hallyu*, parce que ces produits sont portés, utilisés, vantés par les stars des films, des K-dramas et de la K-pop, partout en Asie, notamment en Chine et en Asie du Sud-Est (Witt, 2017). Ainsi, la popularité internationale des membres de BTS* a eu un impact significatif sur les exportations de produits de consommation, tels que les vêtements, les produits cosmétiques et les produits alimentaires, puisque, en 2017, 1,7 % des 65,2 milliards de dollars d'exportation de produits de consommation était lié à ce seul groupe (YONHAP, 2018).

c) Les limites du sweet power *en matière de leadership régional*

Avec le développement et la diffusion globale de produits technologiques et culturels *made in Asia*, un sentiment régional a éclos à l'échelle de l'Asie de l'Est et du Sud-Est, dans lequel la Corée du Sud a pris une place de choix, les produits de la culture populaire pouvant influer sur les relations dans cet espace géographique et civilisationnel par la création d'imaginaires partagés. Si la *Hallyu* a souvent été analysée sous l'angle du nationalisme, tout comme les *anime* japonais (Iwabuchi, 1998) et les films d'arts martiaux chinois (Wu et Chan, 2007), elle constitue aussi un pilier du tournant panasiatique (Cho, 2005). De ce point de vue, la Corée du Sud a ravi au Japon la place motrice que celui-ci a occupée pendant deux décennies dans l'émergence d'une conscience panasiatique (Ching, 2000).

Certaines tensions semblent ainsi s'apaiser. On mesure par exemple le chemin parcouru entre le Japon et la Corée du Sud depuis la période coloniale : nation longtemps dominée, la Corée du Sud a cherché à échapper à l'influence du Japon et de sa culture – le gouvernement sud-coréen avait interdit l'échange de produits culturels jusque dans les années 1990 –, pour parvenir à un rapprochement marqué par le succès exceptionnel de la série *Winter Sonata** (Ryoo, 2009) et l'ouverture du marché japonais à la K-pop. Les stars sud-coréennes ont également contribué à améliorer les relations extérieures de la Corée du Sud en créant des ponts avec certains de ses voisins : l'acteur Jang Dong-gun et l'actrice Kim Nam-joo par exemple, jouissent d'une telle popularité au Vietnam que les Vietnamiens les ont même qualifiés de stars nationales.

Pourtant, ces imaginaires communs créés par les produits culturels ne peuvent éluder les forts antagonismes politiques intrarégionaux, en particulier les griefs de la Corée du Sud à l'égard du Japon à propos de la mémoire collective de la période coloniale et le différend territorial concernant l'« île indépendante » (*dokdo* en coréen, *takeshima* en japonais), ou la volonté de la Chine de mettre définitivement fin au régime spécial dont jouissait Hong Kong depuis sa rétrocession en 1997, ou encore les tensions entre la Chine et Taïwan sur le détroit de Taïwan et le différend entre la Russie et le Japon sur les quatre îles Kouriles les plus méridionales (que le Japon considère comme ses territoires du Nord). Les Vietnamiens n'ont pas oublié que les soldats sud-coréens ont combattu contre leur armée de libération pendant la guerre du Vietnam et les Taïwanais de leur côté se sont sentis trahis quand Séoul a rompu ses relations diplomatiques avec Taipei afin d'établir de nouveaux liens avec Pékin en 1992. L'opinion publique sud-coréenne se montre toujours plutôt défavorable à l'égard de la Chine considérée comme une menace et différents sondages décrivent la perception négative réciproque des Coréens du Sud et des Japonais (Kudo, 2019).

Par ailleurs, à mesure que la *Hallyu* prenait de l'ampleur, les réactions négatives se sont développées dans les pays asiatiques, notamment ceux de l'aire économique chinoise, au motif que cette « invasion » de produits sud-coréens menaçait les marchés domestiques. Ainsi, la Chine refuse régulièrement des autorisations de diffusions à certains films, séries télévisées ou jeux vidéo. C'est le seul pays qui n'a pas été touché par le succès du box-office de *Along with the Gods** qui a frappé l'Asie entière en 2017 : en raison de l'adoption par la Corée du Sud du système de missiles antibalistiques américain Terminal High Altitude Area Defense (THAAD) afin de contrer la menace nord-coréenne, les films sud-coréens ne sont en effet plus sortis officiellement dans les salles chinoises entre 2015 et 2018. De même, au Japon, un très fort mouvement anti-*Hallyu* a vu le jour, qu'illustre le succès impressionnant du manga intitulé *Hyom-Hallyu* (qui signifie « anti-vague coréenne »), publié en 2005, écoulé à plus de 300 000 copies et devenu un best-seller d'Amazon Japon (Liscutin, 2009) : celui-ci raconte l'histoire d'un étudiant japonais prenant conscience de la véritable et affreuse nature de la Corée du Sud.

Les puissances culturelles extrarégionales, et notamment les États-Unis, voient également d'un œil circonspect la montée en puissance de la Corée du Sud. Preuve en est, la réaction du président Trump qui a vilipendé la consécration du film *Parasite** par les Oscars, au motif que, dans un contexte de tensions économiques entre les États-Unis et la Corée du Sud, il aurait fallu appliquer le principe de l'« *America first* » à la critique cinématographique. Lors d'un meeting de campagne, le jeudi 20 février 2020, dans le Colorado, le président a ainsi rappelé « à quel point la cérémonie des Oscars avait été mauvaise cette année », allant jusqu'à affirmer : « On a assez de problèmes avec la Corée du Sud, avec le commerce. Et par-dessus le marché, ils leur donnent le prix du meilleur film de l'année ? [...] Est-ce qu'il était bon ? je ne sais pas [...] Donnez-nous *Autant en emporte le vent*. Est-ce qu'on peut avoir de nouveau *Autant en emporte le vent*, s'il vous plaît ? Ou *Boulevard du crépuscule*[1] ? » Ce pays *hégémon* s'agace lui aussi des réussites commerciales et artistiques de son ancien subalterne.

La *Hallyu* peut ainsi être analysée comme un *sweet power*, forme spécifique de *soft power* qui s'exerce au moyen d'une diplomatie des valeurs prônant l'échange et l'hybridation, diffusée grâce au *cultural package* que constituent les produits issus des industries culturelles audiovisuelles. Ce *sweet power* a pu bénéficier de l'essor du capitalisme esthétique et de l'émergence d'un monde multipolaire dans le domaine des échanges culturels. Le « pop nationalisme » sur lequel cette diplomatie culturelle s'appuie apparaît comme peu agressif et est d'autant plus facilement acceptable qu'il provient d'une nation sans ambition hégémonique affirmée.

1. Voir www.youtube.com/watch?v=lVd2vzDPhT4.

Chapitre 4

Théorie des affinités électives cosmopolites

> Le cosmopolite pop se situe à la frontière entre le dilettantisme et l'amateurisme, entre les fantasmes orientalistes et le désir de se connecter honnêtement et de comprendre une culture étrangère, entre l'affirmation de la maîtrise et l'abandon de la différence culturelle.
>
> (Jenkins, 2004, p. 127)

Pour heuristique qu'il soit, le recours aux trois plans d'analyse développés dans les chapitres précédents ne suffit pas à expliquer pourquoi les produits culturels sud-coréens séduisent des publics jeunes nombreux, et diversifiés, aussi bien en Asie, où le Japon et la Chine sont économiquement et politiquement plus puissants que la Corée du Sud, ou en Occident, où la culture populaire états-unienne se taille depuis des lustres la part du lion. Il convient donc de compléter l'analyse de l'offre culturelle de la *Hallyu* par celle de la culture *Hallyu*, créée par les fans, dans leurs divers cadres locaux de réception, en fonction de leurs capitaux, de leurs attentes, de leurs trajectoires d'amateurs cosmopolites. Nous étudierons ici les fondements des affinités électives entre le public français et les produits culturels sud-coréens, et, à travers elles, ceux de la construction d'une relation cosmopolite à autrui (Cicchelli et Octobre, 2017*a*).

I. L'appétence pour la *Hallyu*

Deux explications opposées ont été avancées pour comprendre l'intérêt des jeunes fans de par le monde pour les produits sud-coréens. Certains auteurs postulent que l'appétence est fonction d'une proximité culturelle préexistante entre les caractéristiques de l'environnement culturel du consommateur et celles de l'environnement culturel dont le produit est originaire et qu'il est censé évoquer. D'autres estiment, *a contrario*, que l'attraction exercée par les produits culturels est inséparable de la valorisation d'une distance, de nature esthétique et/ou culturelle, et qui sera dite « exotique », entre les publics de réception et le pays d'origine des produits. Souvent opposés et présentés de manière exclusive, ces deux registres explicatifs gagnent à être amendés et articulés afin de saisir les contours de l'appétence pop cosmopolite des jeunes Français dont nous entendons mener l'analyse ici.

a) La séduction du proche et du lointain

Le concept de « proximité culturelle » a été le plus mobilisé pour expliquer le succès de la *Hallyu* en Asie de l'Est ou auprès des diasporas asiatiques dans le monde. C'est souvent pour contrer la thèse de l'impérialisme culturel qu'il a été introduit dans la littérature sur la circulation internationale des biens culturels : il met en avant la résistance supposée des publics à l'égard de produits qui leur seraient imposés par les grandes industries culturelles américaines. Joseph Straubhaar définit la proximité culturelle comme « la tendance à préférer les produits médiatiques issus de sa propre culture ou de la culture la plus proche possible » (2003, p. 85). À l'image du concept extensif de culture duquel il hérite le flottement sémantique, cette proximité peut être considérée de manière variable dans la construction d'une communauté transnationale imaginée.

L'acception plus immédiate de ce concept renvoie au partage linguistique : en estimant que les échanges culturels suivent la logique des « régions géolinguistiques », John Sinclair (1996) a ainsi pu expliquer le succès des produits états-uniens dans toute l'aire anglophone, ce qui a été confirmé par une enquête britannique (Bennett, Savage, Silva, Ward, Gayo-Cal et Wright, 2009). Pour séduisant qu'il soit lorsqu'on l'applique aux produits issus de pays dont la langue est devenue dominante à l'échelle internationale, cet argument achoppe pourtant sur le cas des langues minoritaires. Le coréen est une langue rarement parlée en dehors de la péninsule coréenne (on dénombre seulement 80 millions de locuteurs dans le monde), la popularité des produits coréens, comme celle de la série télévisée *A Jewel in the Palace**, a été largement due au doublage (par exemple en mandarin pour Taïwan et en cantonais pour Hong Kong), voire aux adaptations : la chaîne de télévision TVB (Television Broadcasts Limited) basée à Hong Kong, plus grand diffuseur de programmes en langue chinoise, a même ajouté des explications supplémentaires en cantonais (en voix off) aux séries coréennes pour favoriser leur appropriation.

Pour pallier ces limites heuristiques, la proximité culturelle a été plus souvent considérée de manière plus large, sous l'angle de l'appartenance civilisationnelle (l'Asie de l'Est aurait en commun le confucianisme et notamment certaines valeurs comme la pudeur, la piété familiale, l'harmonie, le respect de la hiérarchie, la valorisation de la communauté), en vertu du partage d'expériences historiques (la Corée a été longtemps sous l'emprise politique et militaire de la Chine et du Japon), ou bien encore en fonction de l'intensité des échanges humains et économiques intrarégionaux (mobilités choisies ou subies, mariages mixtes, colonisations) (Yoo et Chung, 2000 ; Yoo et Lee, 2001). Selon cette perspective, les publics privilégient les contenus qui activent une familiarité à l'égard de certains schémas ou modèles culturels car ils partagent, avant même l'acte de consommation, un cadre commun de référence. Antonio C. La Pastina et Joseph Straubhaar (2005, p. 274) listent un certain nombre d'éléments qui peuvent faire du commun : « vêtements, types ethniques, gestes, langage corporel, définitions de l'humour, idées sur le rythme des histoires, traditions musicales, éléments religieux, etc. ». Cet usage de la proximité (notamment au niveau de la pudeur dans les relations entre hommes et femmes et du respect des aînés) a pu être étendu à des régions géographiques plus éloignées d'un prétendu espace civilisationnel, par exemple pour expliquer le succès des K-dramas dans les pays arabo-musulmans (Noh, 2011).

D'autres explications de l'attraction renvoient en revanche à la distance culturelle entre le consommateur et le produit, et au désir que cette distance « exotique » fait naître. Henry Jenkins (2004) expliquait ainsi le goût des jeunes Américains pour les mangas et les *anime* par la « japonité » de ces derniers, c'est-à-dire leur étrangeté à l'égard des canons esthétiques américains et leur identification à certains traits considérés comme typiquement japonais (sens de lecture, graphisme, références culturelles au *bushido* ou à l'animisme). Il soulignait que cette attraction pour l'ailleurs pouvait rendre les jeunes Américains plus familiers des contenus culturels d'un pays lointain, sans lien culturel préexistant étroit avec les États-Unis, que de leurs homologues européens, pourtant placés au fondement de la culture américaine. Ce registre a plus souvent été mobilisé pour expliquer la réception des fans dans des pays *a priori* éloignés de la Corée du Sud (notamment géographiquement), et dans des régions du monde où les traditions culturelles et les valeurs, de même que les langues, sont fort différentes, comme par exemple les États-Unis (Jung, 2018) ou l'Amérique latine (Han, 2017).

b) Misère du culturalisme

On pourrait penser que le succès de la *Hallyu 1.0*, principalement cantonné à l'Asie de l'Est et du Sud-Est, s'explique par l'argument de la proximité culturelle, alors que l'argument de l'exotisme conviendrait pour saisir la déferlante globale de la vague 2.0. Or associer une explication à un moment historique et faire de la distance géographique et culturelle la variable prédictive du succès nous paraissent fallacieux pour plusieurs raisons.

Tout d'abord, la thèse de la proximité culturelle fait l'impasse sur les mémoires douloureuses, déjà évoquées, liées aux guerres et aux colonisations intrarégionales, qui sont pourtant encore fortement agissantes en Asie de l'Est et du Sud-Est. Le succès commercial de la *Hallyu* dans les pays voisins (Thaïlande, Singapour, Taïwan, Malaisie) peut ainsi être compris comme une résistance régionale à la domination économique japonaise des années 1980-1990. Par ailleurs, cette thèse n'explique pas les fortes variations des profils sociodémographiques des publics dans les pays appartenant à une sphère géographique et culturelle proche. L'*East Asian Social Survey* de 2008 met ainsi en évidence une certaine similarité sociale des publics de la *Hallyu* dans la région (classes moyennes ayant bénéficié du boom économique du « miracle asiatique »), mais souligne également des variations significatives. Les femmes sont plus attirées par les séries télévisées sud-coréennes que les hommes, les fans sont particulièrement jeunes en Chine, suivis par Taïwan, et plus âgés au Japon (Yang, 2012) ; les publics chinois font montre d'une appétence générale pour les programmes télévisés culturellement proches et politiquement neutres, mais évitent les programmes occidentaux et japonais qu'ils considèrent comme idéologiquement menaçants et émotionnellement inacceptables (Leung, 2008).

D'autres ont insisté sur le phénomène de modernisation des pays de la région. Par leur qualité, et au moyen de puissants outils technologiques de création et distribution, les produits japonais puis sud-coréens incarneraient le grand bond en avant accompli par ces sociétés sur le plan économique et culturel. De fait, les produits sud-coréens sont perçus par les publics régionaux comme plus occidentalisés que les produits chinois ou du Sud-Est asiatique (Uhn, 2005), plus sophistiqués et modernes, mais ils sont aussi considérés comme moins impérialistes que les produits japonais ou américains. Pourtant, toujours d'après les résultats de l'*East Asian Social Survey* de 2008, l'argument de la modernité est tout aussi discutable, ce terme étant sujet à des interprétations locales diverses. Si la vision de la modernité incarnée par la Corée du Sud joue un grand rôle dans l'acceptation de la *Hallyu* dans la région, elle peut aussi être considérée avec suspicion par les pays voisins, par exemple au Vietnam, où « les dramas télévisés sud-coréens donnent au pays communiste étroitement contrôlé un aperçu aguichant du monde extérieur » (Visser, 2002) ou bien en Chine, notamment dans le domaine des jeux vidéo.

Quant à la thèse inverse de la séduction par la distance culturelle, elle partage avec la précédente la même faiblesse culturaliste dont le soubassement est la notion d'authenticité, d'après laquelle tout produit devrait être le miroir de la culture dont il est issu et représenter le génie propre d'une nation. Cette myopie est isolationniste car elle ne saisit pas combien les produits culturels sont l'aboutissement d'un processus d'hybridation, d'autant que, comme on l'a vu en introduction, l'un des traits caractéristiques de la pop culture est bien sa propension à produire un « *global mélange* » (Pieterse, 2009). Dans ce cadre, les affiliations peuvent se faire à partir de foyers culturels très éloignés et non liés par une histoire commune. C'est le cas à première vue énigmatique du « Japon grec » (Lucken, 2019) : depuis l'ère Meiji (1868-1912), les intellectuels japonais ont fortement revendiqué une filiation grecque, jusqu'à faire de leur philhellénisme un moyen pour trouver un antécédent à leur grandeur culturelle à même d'écarter leur grand rival chinois. La force de cette quête est telle qu'elle a imprégné les imaginaires des artistes, y compris des créateurs de la *japanimation*, qui ont puisé à larges mains dans la mythologie grecque, en l'adaptant, la détournant, la réinventant, si bien que les produits de ce syncrétisme deviennent la voie d'accès de leurs jeunes consommateurs européens à des thèmes, récits et personnages qui leur resteraient probablement sinon inconnus. Le succès du dessin animé japonais *Ulysse 31*, qui revisite *L'Odyssée* d'Homère en la plaçant au XXXIe siècle, suffit pour se convaincre de la force de cette hybridation, présente dans tout le courant des dessins animés de type *space opera* : la série a eu un grand succès en France (où elle a été diffusée la première fois entre 1981 et 1983 sur FR3, rediffusée ensuite par France 3, France 5, Télétoon et Mangas, et éditée en coffret vidéo/DVD), mais également en Espagne, au Royaume-Uni et en Italie.

Si la myopie isolationniste est commune aux deux thèses, le mirage de l'authenticité s'applique quant à lui plus particulièrement à la seconde, l'attrait de l'exotisme étant l'un des plus puissants moteurs du capitalisme esthétique pour stimuler les désirs de consommation dans le contexte de la globalisation de la culture (Nava, 2007). Cette « consommation de la différence » (Schroeder, 2015) se fait le plus souvent sans considération de la nature de cette différence, quand bien même elle emprunterait des formes édulcorées et constamment retravaillées par le marketing global, l'essentiel étant qu'elles puissent être identifiées par les publics comme « venant d'ailleurs ». Ce mirage de l'authenticité exotique oublie donc la force du capitalisme esthétique et la propension des publics, notamment juvéniles, à faire de la recherche de la nouveauté un trait caractéristique des modes de consommation contemporain.

Or ces deux illusions optiques de l'argument de l'authenticité sont particulièrement néfastes à la compréhension de la nature hybride de la *Hallyu* : dans le vaste océan de la pop culture, toute vague culturelle qui émerge, enfle et finit par imposer ses standards, participe d'une dynamique complexe par laquelle les processus culturels globaux sont intégrés dans des contextes locaux, appropriés et réinventés, ce qui permet à la fois la familiarité (qui évite le rejet immédiat) et le renouvellement de l'attraction (par l'attrait de la nouveauté). Les produits sud-coréens mêlent ainsi des traits communs aux industries culturelles transnationales et des traits considérés comme typiquement locaux. Leur aptitude au mixage est devenue une forme d'originalité ainsi qu'un gage de qualité plébiscités par les publics internationaux (Shim, 2006). Plus que le reflet d'une identité nationale bien définie, la « coréanité » de la *Hallyu* (autrement dit, le K de la K-pop ou des K-dramas) est fondée sur un recyclage kaléidoscopique de tout ce qui forme la consommation juvénile globale : punk, gothique, *emo*, *street style*, *gangsta*, science-fiction hollywoodienne, mangas et *anime* japonais, esthétique des jeux vidéo, et bien d'autres (Lie, 2012).

II. Le travail de l'amateur cosmopolite

Les thèses de la proximité culturelle et de l'exotisme négligent toutes deux le travail de réception cosmopolite accompli par l'amateur pour créer une distance ou une proximité avec les produits culturels. La critique de cette lacune commune aux deux thèses invite à se pencher moins sur ce que les produits coréens sont que sur ce que les consommateurs se représentent de leur « coréanité » sur la base de leur consommation – ces représentations pouvant être par ailleurs variables dans l'espace géographique et social. Par ailleurs, les mêmes éléments culturels peuvent être alternativement interprétés comme distants ou proches par les publics qui les consomment, les deux registres n'étant pas exclusifs : les consommateurs peuvent être attirés par la nouveauté de la *Hallyu* et en même temps rassurés par sa continuité avec les canons de la pop culture globale. C'est sur la base de ces considérations qu'il importe de se pencher sur les registres mobilisés par les amateurs cosmopolites dans des réceptions situées.

a) Comprendre la réception cosmopolite

L'approche de la réception cosmopolite doit se construire en articulant perception de la différence et motif de la consommation. Bien souvent dans la littérature, les liens entre ces deux termes sont plus supposés que démontrés, quand, par exemple, la consommation d'un produit venant d'un pays étranger est censée s'effectuer en vertu de cette différence perçue comme telle, alors que parfois elle peut être la simple conséquence des flux de circulation *mainstream* et se réaliser sans conscience de son caractère diacritique.

L'approche de la réception cosmopolite doit donc en premier lieu s'interroger sur les mécanismes de catégorisation des produits comme venant d'ailleurs. Cette catégorisation dépend de la signature esthétique ou culturelle du produit (pouvant cacher ou mettre en avant son caractère exotique), mais également de l'aptitude du consommateur à décoder les traits esthétiques et culturels étrangers. Ainsi, pour reprendre l'exemple japonais, la lecture des mangas associe immédiatement leur réception à une étrangeté, du fait du sens de lecture inverse du sens habituel en France, tandis que les premiers dessins animés nippons à grand succès dans l'Hexagone (comme *Candy Candy* ou *Goldorak*) ne misaient pas sur cette identification immédiate, bien au contraire.

Cette aptitude au repérage de l'altérité dépend également de l'ancienneté de l'exposition des consommateurs aux flux globaux (Tobin, 2002). Un œil averti repérera les signaux faibles (couleurs, graphismes, éléments culturels secondaires) qui font référence, même de manière ténue, à un contexte culturel éloigné. Une certaine expertise peut également engendrer une familiarité avec ce qui était initialement perçu comme étrange. Bref, à force de consommer, on peut finir tout aussi bien par ne plus rien distinguer, en ne voyant que des ressemblances, ou par tout mieux discerner, en accentuant les singularités.

Ces observations sont propédeutiques à la discussion des deux modèles explicatifs fréquemment mobilisés dans l'analyse des réceptions des produits des pop cultures globales. Le premier porte sur l'opposition entre *odorlessness* (absence d'odeur) et *fragrance* (odeur) (Iwabuchi, 2002), tandis que le second porte sur la réception supposée « faible » sur le plan culturel des produits exotiques.

La première opposition est souvent mobilisée pour critiquer certains produits culturels et leur réception : elle postule que ces derniers seraient dénués de goût, parce que non authentiques, tandis que d'autres tireraient de leur fidélité à une inscription culturelle donnée des propriétés qui leur assureraient le succès. Elle est en réalité inapte à rendre compte des appropriations par les publics : d'abord parce que ce qui circule le mieux pourrait bien être ce qui est culturellement « impur », le croisement de multiples influences conférant au produit un goût particulier ; ensuite parce que les critères de goût des publics peuvent varier et ne pas coïncider avec une légitimité *a priori* de l'authentique, catégorie largement normative, fondée sur une représentation des cultures comme des isolats (Jin et Yoon, 2016).

Dans la même veine, l'argument du « rabais culturel » (*cultural discount*), utilisé pour expliquer la circulation des produits culturels (Lee, 2008), part de l'idée que, pour que ces derniers soient appréciés, il faut qu'ils soient pleinement compris par les publics. Les publics *a priori* éloignés ne sauraient consommer que des produits vidés de substance culturelle trop marquée et c'est bien au prix de ce « rabais » qu'une réception globale d'un produit pourrait avoir lieu

(Hoskins et Mirus, 1988). Pourtant, là encore, l'observation des produits ayant trouvé de larges publics dans le monde, depuis les *anime* et les mangas jusqu'aux produits de la *Hallyu*, en passant par les « musiques du monde » (catégorie englobante s'il en est sur le plan esthétique et culturel), contredit cette explication qui peine à rendre compte de la diversité des dynamiques globales de la pop culture des dernières décennies : des produits *mainstream* connotés culturellement (tels *Naruto*, BTS*, etc.) ou peu connotés (*Albator*, *Goldorak*) côtoient des produits de niche (l'*indie* et le hard-rock coréens, les films d'auteur iraniens) et tous ont trouvé des publics internationaux. Par ailleurs, l'argument du rabais culturel échoue lorsqu'il qualifie des contenus comme culturellement authentiques, tant l'authenticité peut varier en fonction de la familiarité de l'amateur avec la réalité culturelle du pays d'origine.

On le voit, les deux arguments sont inaptes à rendre compte de l'attraction opérée par le caractère « impur » de la *Hallyu*, par l'effet de la circulation et du mixage global de l'écosystème technoculturel 2.0 et de l'incorporation dans les produits de certains traits narratifs, esthétiques du *mainstream*. La question très controversée de la recherche de traits pertinents et discriminants d'une authenticité culturelle dans l'analyse des biens culturels devient superfétatoire dans cette perspective, en revanche toute tendue vers la mise en évidence des éléments qui composent un espace de partage interculturel, à forte valeur émotionnelle et transnationale (Elfving-Hwang, 2013). C'est dans cette perspective qu'il nous faut maintenant découvrir ce que le K de « *K-wave* » recouvre pour les jeunes Français, en analysant les manières dont des produits *a priori* lointains ont pu devenir familiers ou être reconnus comme faisant partie de langages artistiques familiers.

b) Une étrange familiarité, une différence rassurante

Grâce à l'accroissement des mobilités, à la présence des diasporas, à la circulation des savoirs et des produits culturels, les jeunes générations sont plus familières du lointain que ne l'étaient leurs aînées. Les jeunes Français ne dérogent pas à cette condition globale de l'existence des individus contemporains dans laquelle, on l'a vu, la force de la dimension esthétique est telle qu'elle peut parfois suspendre la (nécessité de la) compréhension culturelle du lointain. Ce fait nous enjoint de sortir de l'alternative, somme toute stérile, entre le goût du proche et le goût du lointain, pour nous tenir au plus près des dynamiques de la pop culture globale, en faisant nôtre cet apparent paradoxe : un sentiment de déjà-vu laisse encore la place à la surprise, à l'étonnement, la quête perpétuelle de nouveautés ne confine pas à une attitude blasée, détachée.

Sans être propre à la *Hallyu*, l'attirance exercée par la nouveauté esthétique a été pleinement exploitée par cette vague de la pop culture globale. On prendra pour preuve les fans de K-pop qui se massent dans les salles de concert pour reprendre à l'unisson les chansons de leurs groupes préférés, chantées majoritairement en coréen (à l'exception parfois des refrains ou de quelques phrases accrocheuses en anglais), alors même qu'ils ne sont au mieux qu'une petite minorité à parler cette langue. Ce trait confirme que dans la musique pop internationale (qui circule majoritairement dans un anglais basique) se met en place un rapport à la langue qui n'est pas de type littéral, mais allusif (sonore notamment). Ce rapport esthétisé est au fondement de l'appréciation de la musicalité des langues (Noble, 2002) et ce d'autant que la diffusion de la musique *via* les clips diminue la part du texte (et de la compréhension littéraire) pour déplacer une part de la compréhension (ou de l'évocation) vers les éléments visuels. De même, l'usage massif des sous-titrages dans la consommation de séries télévisées en VO transforme les appropriations linguistiques, séparant de plus en plus compréhension (liée à la lecture des sous-titres) et appréciation esthétique (liée aux ambiances sonores de la langue originale). Ainsi, une recherche portant sur le cosmopolitisme esthético-culturel des jeunes Français avait montré que les appropriations en version originale sont en nombre bien plus important que les compétences en langue ne le laisseraient supposer, et plus encore, que ces mêmes appropriations sont valorisées esthétiquement (Cicchelli et Octobre, 2017*a*).

Ce primat de l'esthétique enjoint de faire évoluer tant la notion de proximité culturelle que celle d'exotisme, en intégrant la consommation de la différence au sein de langages esthétiques globaux préexistants. En faisant une entorse à sa définition originaire, Antonio La Pastina et Joseph Straubhaar (2005) suggèrent finalement de privilégier une conception élargie de la proximité culturelle qui ne se réduise pas à des caractéristiques objectives, de nature culturaliste, mais soit plutôt de l'ordre du partageable culturellement (ce que les auteurs désignent comme une « *cultural shareability* »), ce qui englobe des représentations, désirs et projections partagés (ou partageables), et permet aux individus de découvrir des similarités, de se regarder dans le miroir de l'autre, de revenir sur soi.

Afin de tirer parti de la dialectique du proche et du lointain, notre approche considère chacune des deux positions (la proximité et l'éloignement) moins comme une donnée objective, liée au lieu de naissance par exemple ou à la génération d'appartenance, qu'à un travail de réglage de la distance, opéré par les fans, entre le similaire et le différent, le familier et l'exotique, le connu et l'inconnu. Comme l'a en effet montré Beng Huat Chua (2012), l'affiliation à la *Hallyu* se fait par un processus de distanciation et d'identification. Will Brooker (2007), de son côté, propose la métaphore du « pèlerinage symbolique » pour indiquer que chaque fan est tiraillé entre ces deux tensions – il va vers l'exotique, se le rend familier en le (re)localisant pour s'y sentir à l'aise – et que ce processus oscillatoire n'est jamais totalement résolu. Ce mouvement d'entre-deux est particulièrement répandu s'agissant des pop cultures globales : en effet, depuis la Seconde Guerre mondiale, l'hégémonie occidentale a façonné une certaine vision de la modernité modelée sur l'exemple des États-Unis. En imposant des rencontres culturelles asymétriques, la diffusion de cette modernité a eu pour effet de faire découvrir de nombreuses cultures du monde qui deviennent simultanément semblables (dans cette position non hégémonique d'assimilation des traits modernes) et différentes (par l'inertie de leurs propres histoires). La globalisation culturelle asymétrique fait ainsi éclore des « différences familières », des « similarités étranges » qui se combinent à de multiples niveaux pour générer une perception complexe de ce qui sépare ou rapproche les cultures. C'est bien justement ce mélange de dissemblances et ressemblances qui fait la toile de fond de la globalisation de la culture dans la réception des publics locaux devenus cosmopolites.

Tout l'intérêt de l'étude de la figure de l'amateur cosmopolite réside donc dans la question qu'il ne cesse de nous renvoyer par ses actes de consommation : à partir de quand l'autre, dont je m'approche par ma consommation culturelle, devient-il mon semblable, ou reste-t-il à distance ?

III. La Corée du Sud, cette illustre inconnue

Si dans de nombreux pays les fans ont fait l'objet de recherches pour comprendre les raisons de leur appétence pour la *Hallyu*, celle-ci reste encore largement inexplorée en France, à part quelques rares articles parus dans des revues de débats et d'idées (Lee, 2016 ; Joinau, 2018). Pourtant, la France présente un cas exemplaire dans l'analyse de la réception de ces produits : ce pays est sans lien historique fort avec la Corée du Sud, les échanges culturels ont été longtemps fort réduits, la dispora sud-corénne y est très minoritaire et l'enseignement du coréen est réservé à de très rares filières[1]. Comme il n'existe pas de proximité culturelle objective, l'attraction de la *Hallyu* chez les jeunes Français relève d'une affiliation *sans* filiation qui mérite d'être interrogée.

a) Des liens historiquement ténus avec la France

Si les relations diplomatiques entre la Corée du Sud et la France remontent à la dernière décennie du XIXe siècle, les échanges entre les deux pays ont longtemps été ténus : ils sont restés l'apanage de quelques explorateurs et hommes de science jusqu'au sortir de la Seconde Guerre mondiale, l'ouverture d'une ambassade française en Corée ne datant que de 1958. Ce n'est qu'avec la transition démocratique de 1987 que les relations se font plus étroites et donnent lieu à des visites présidentielles, à une coopération économique et à une intensification des échanges culturels.

1. Voir http://coreen-actuel.com/apprendre-le-coreen-en-france.php.

Aujourd'hui, la Corée du Sud, onzième économie mondiale et cinquième pays exportateur, est le quatrième partenaire commercial de la France en Asie (8,4 milliards d'euros d'échanges réalisés en 2017, avec un excédent commercial en faveur de la France depuis 2013). La France est, pour sa part, le cinquième investisseur européen en Corée du Sud en 2017. Compte tenu du fait que la France et la Corée du Sud sont des acteurs majeurs dans le domaine de l'innovation et de l'économie créative, les deux pays s'emploient à développer leurs coopérations industrielles au moyen de start-ups, en ciblant les technologies-clés du futur (France Diplomatie, 2020). Pourtant, le niveau de connaissance de la Corée du Sud par les Français est resté longtemps faible, même si l'Année France-Corée (2015-2016), a permis d'approfondir ces liens avec l'organisation de plus de deux cents événements dans l'Hexagone, que la coopération technologique a été renforcée par un accord signé en juillet 2018, dans le cadre la commission mixte franco-coréenne pour la science et la technologie (COMIX S&T) datant de 2002, et que la coopération universitaire a été récemment stimulée avec l'ouverture de la Maison de la Corée à la Cité universitaire internationale en décembre 2018. Par ailleurs, la communauté sud-coréenne en France est très réduite (INSEE, 2020), et le tourisme français représente une infime part des flux de touristes vers la Corée du Sud – soit à peine 0,6 % de l'ensemble (Veille Info Tourisme, 2019). Ce sont autant d'éléments qui indiquent qu'historiquement la culture coréenne ne fait pas partie des références culturelles partagées des Français.

b) Une présence culturelle récente

La Corée du Sud n'a que récemment émergé comme un acteur culturel pour le (grand) public en France. La première grande rétrospective du cinéma coréen – venant à la suite de quelques présentations dans le cadre de festivals pionniers comme le Festival des 3 Continents à Nantes – a été organisée en 1993 au Centre Pompidou, et, par la suite, de nombreux festivals (Cannes, La Rochelle, Deauville) se sont intéressés aux cinéastes sud-coréens. C'est également à partir des années 1990 que l'on assiste au lancement de collections de romans coréens (chez Actes Sud, Philippe Picquier, Zulma, L'Harmattan, Autres Temps, Seuil) : la littérature coréenne est d'ailleurs à l'honneur du festival « Les Belles Étrangères » en 1995. Enfin, les Français ont également découvert, à peu près à la même période, les arts du spectacle traditionnels, dont deux présentations qui ont, entre autres, remporté un succès d'estime (au Festival d'Avignon en 1998 et au Festival d'Automne à Paris en 2002).

Mais c'est sans doute avec la K-pop et les K-dramas que les Français ont véritablement fait la connaissance des produits sud-coréens, ainsi que l'indique la présence accrue d'une offre sur les sites généralistes de streaming de contenus audiovisuels (Rakuten TV, Netflix, Amazon Prime, Apple TV, etc.), sur les sites de streaming musical et sur les chaînes musicales du Net. Plus récemment encore, c'est dans le secteur télévisé que la *Hallyu* vient de se tailler une place de choix : TF1 a diffusé entre novembre et décembre 2019 un divertissement musical, *Mask Singer**, créé d'après un concept né en Corée du Sud, dont la première émission a rassemblé plus de 6 millions de téléspectateurs. Ce concept a essaimé dans le monde entier et est arrivé en France en transitant par les États-Unis, puisque c'est le succès de son adaptation américaine (*King of Mask Singer*, diffusé sur Fox) qui a facilité son introduction en France. L'achat de ce programme a été un succès pour TF1 : la part de marché de la sixième et dernière émission de la première saison a atteint 26 %, soit plus de 5 millions de téléspectateurs selon Médiamétrie, gagnant 300 000 spectateurs par rapport à la semaine précédente (TV Mag, 2019). Ce succès est d'autant plus remarquable que la plupart des émissions de *prime time* étaient jusqu'à présent des formats importés des États-Unis ou des Pays-Bas.

Ce nouvel intérêt porté aux produits sud-coréens se traduit également par l'augmentation du nombre de manifestations dédiées. Depuis la première édition du festival « KCON » consacré à la K-pop à Paris en 2016, le nombre de concerts organisés en France n'a cessé d'augmenter : 162 000 tickets ont été vendus pour les deux concerts de BTS* en 2019 en France lors de la tournée « Speak Yourself », et rien moins que onze concerts de K-pop étaient programmés en France pour 2020 (BT21, 2020). Une offre née dans le giron de la *Hallyu* se développe également avec l'augmentation du nombre de sites de fans – qu'il s'agisse de sites dédiés à la présentation de la *Hallyu*[1], à tel ou tel groupe ou artiste, ou à tel ou tel aspect de la culture –, la multiplication des magazines Web spécialisés – le principal étant *Kpop Life Magazine*[2] –, ou encore celle des lieux de vente dédiés aux produits sud-coréens, qu'ils soient physiques (*concept store*, magasins spécialisés) ou numériques (sites de vente spécialisés sur Internet[3]).

1. Citons par exemple https://france-coree-du-sud.com et https://korean--addiction.blogspot.com.

2. Voir www.kpoplife.fr.

3. Par exemple : YesAsia.com pour les produits culturels, Kimchi-Passion.fr pour l'épicerie fine, miin-cosmetics.fr, ouyou-shop.com/ et Niasha.eu pour les cosmétiques, mapetitecoree.com, plutôt généraliste, etc.

c) Une ouverture culturelle toute française ?

Cette appétence récente des Français pour la *Hallyu* doit être mise en perspective avec la tradition d'ouverture culturelle de la France qui s'appuie sur un réseau d'institutions culturelles nombreuses. La France est ainsi le pays qui accueille le plus grand nombre d'instituts culturels étrangers (regroupés autour du Forum des instituts culturels étrangers à Paris, ils sont soutenus financièrement par le ministère de la Culture). Par ailleurs, ses grandes institutions publiques du patrimoine et des arts plastiques (le Louvre, le musée du Quai Branly, le musée Guimet, le Centre Pompidou, le Centre national des arts plastiques et bien d'autres) sont engagées de longue date dans la promotion des cultures du monde, notamment par l'organisation de grandes expositions et la présentation de mouvements artistiques ou d'artistes étrangers. Enfin, dans le secteur des arts vivants, les invitations de troupes et d'orchestres du monde entier sont légion – que l'on songe au théâtre de l'Odéon, à la Comédie-Française, à l'Opéra national, à la Cité de la musique, pour ne citer qu'eux.

Par ailleurs, la politique de rayonnement culturel « à la française » se fonde sur le principe de réciprocité de manière particulièrement active depuis les années 1970 (Chaubet et Martin, 2011) : la France est ainsi aujourd'hui l'un des marchés les plus importants pour les films étrangers[1] et soutient une politique dynamique de traduction littéraire vers le français qui reste la deuxième langue de traduction dans le monde avec 10 % des livres traduits parmi les ouvrages

1. À titre d'exemple, sur soixante-douze éditions du Festival de Cannes, seulement une dizaine a vu des films français récompensés par la Palme d'or.

publiés. Cette ouverture s'appuie également sur un arsenal d'accords multilatéraux, dont la France a été l'une des principales promotrices, au sein de la francophonie (Organisation internationale de la francophonie), de l'Europe (Conseil de l'Europe) et du monde (Organisation mondiale de la propriété intellectuelle, Unesco et Organisation mondiale du commerce).

Cette tradition d'ouverture toute française enjoint de sortir de la fausse alternative entre proximité culturelle et exotisme dans l'explication de l'engouement récent pour la *Hallyu*. En effet, si la première est inapplicable dans le cas français pour les raisons exposées plus haut, le second est fortement teinté d'essentialisme : comment éviter de banaliser l'argument de la recherche de nouveautés pour un public accoutumé à se tourner vers les cultures d'autres pays ?

IV. Le pont japonais

La vague japonaise, qui a précédé la *Hallyu* de quelques décennies, nous aide à sortir de cette alternative. La France a en effet été l'une des terres d'accueil de cette première déferlante asiatique, qui a débuté dans les années 1970 et a continué jusqu'au *cool Japan* des années 2000 et au-delà. Cette vague a profondément transformé les catégories esthétiques et la perception du lointain (Bouissou, 2010), en favorisant une familiarisation avec les produits culturels asiatiques, notamment durant l'enfance et l'adolescence, ce dont la *Hallyu* a pu par la suite bénéficier.

a) La vague japonaise en France

Si la déferlante japonaise a surpris la France des années 1970-1980, où dominaient les pop cultures nationales britannique et états-unienne, elle s'est définitivement établie dans les années 1990, forgeant largement les goûts des jeunes générations en matière pop culturelle, depuis les dessins animés et *anime* de leur enfance jusqu'aux mangas de leur adolescence en passant par les jeux vidéo.

Les dessins animés sont les premiers produits japonais à percer auprès du grand public, dans les années 1970, au moment où le marché jeunesse se développe et manque de produits bon marché. Pour fidéliser les jeunes publics aux nouvelles émissions qui leur sont destinées, les dessins animés japonais et américains sont achetés massivement, avec un avantage aux premiers, dont le prix d'achat défie toute concurrence : un épisode de *Goldorak* coûte 3 000 dollars la minute contre 4 000 pour ses concurrents américains (Bouissou, 2008). La présence de productions japonaises s'observe dès 1972 avec la diffusion du *Roi Léo* (émission « Rue des Alouettes », ORTF) puis du *Prince Saphir* (dans « La Une est à vous »), puis en 1974 avec *Barbapapa*, une coproduction franco-américano-japonaise. C'est pourtant l'arrivée de *Goldorak* sur Antenne 2 dans le cadre de l'émission « Récré A2 » (juillet 1978) qui constitue, par l'ampleur de son succès grand public, l'année zéro de l'animation japonaise en France (Romero, 2016).

Durant les années 1980-1990, le succès des dessins animés japonais est proportionnel aux critiques qu'ils rencontrent. Ils sont partout : l'émission très populaire « Le club Dorothée » (créée à la rentrée 1987 sur TF1) rediffuse des classiques (*Candy Candy* et *Goldorak*), mais fait aussi découvrir de nouvelles séries de combat (*Dragon Ball*, *Les Chevaliers du Zodiaque*, *Nicky Larson*) ou traitant de sujets graves (*Ken le Survivant*, *Très cher frère*), tandis que La Cinq, première chaîne privée et gratuite, se consacre à des séries dédiées au sport, aux comédies romantiques et à la science-fiction (*Robotech*, *Jeanne et Serge*, *Princesse Sarah*). Or ces dessins font l'objet de critiques sévères pour leur mauvaise qualité supposée et sont accusés d'exercer une mauvaise influence sur les enfants, comme en témoignent nombre de publications à charge, ainsi que l'avis négatif publié en 1989 par le CSA à leur encontre, visant « les scènes de violence, les représentations et évocations de la nudité ou du sexe, les objets et symboles politiquement incorrects et les propos jugés violents, insultants ou immoraux » (Romero, 2016, p. 33).

Pourtant, durant la décennie 2000, certains produits de la culture pop japonaise accèdent à la reconnaissance culturelle, rejoignant les catégories habituelles des mondes de l'art en France que sont les « œuvres » et les « auteurs ». Alors que la frange la plus commerciale des productions est toujours dépréciée (*Naruto*, *One Piece* sont plus connus pour le nom des séries que pour celui de leurs auteurs), un segment de mangas dits « d'auteurs » trouve une reconnaissance dans les instances spécialisées, Festival d'Angoulême en tête (le Grand Prix est attribué à des mangas japonais en 2013, 2015 et 2019). Dans le secteur des *anime*, depuis la sortie de *Paprika* (2006), on observe un phénomène identique de légitimation croissante avec l'invention d'une catégorie « *anime* d'auteur », qui fait désormais l'objet d'une critique proprement cinématographique (Anderson, 2016).

Au tournant des années 2010, la France se situe ainsi dans le peloton de tête des consommateurs de dessins animés japonais en Europe occidentale (Pellitteri, 2010). Le succès des mangas y est également particulièrement saisissant : depuis le milieu des années 2000, ces derniers dominent le marché national de la bande dessinée. Les productions japonaises se taillent par ailleurs la part du lion dans le secteur du jeu vidéo, avec des innovations majeures, du graphisme à la 3D, et une logique de marque qui se déploie pleinement auprès des jeunes, ainsi que le montre l'exemple de *Pokémon*.

b) Une rupture esthétique et culturelle

L'engouement du public enfantin à l'égard des dessins animés japonais doit au modèle dominant de consommation de la télévision qui s'instaure dans les années 1970-1980 : les enfants regardent tous en même temps et quotidiennement[1] des émissions faites pour eux, hors de la présence des parents (le travail des femmes s'est généralisé), ce qui fait que les moments passés avec leurs héros sont des expériences de réception fortes sur le plan individuel qui créent de puissants communs générationnels (Maigret, 1995). Cet engouement s'accentue dans les années 2010 avec le streaming et la VoD qui émancipent les consommateurs des grilles de programmation télévisée.

La puissance de ces expériences de consommation doit non seulement à leur quotidienneté, mais aussi à la rupture esthétique et culturelle que ces produits opèrent. Avant l'arrivée des dessins animés japonais, les programmes pour enfants comprennent des contes et récits pour la jeunesse, produits dans une perspective éducative et morale, qui utilisent des techniques d'animation de marionnette en *stop*

1. Au Japon, les dessins animés sont diffusés sur une base hebdomadaire et sont produits par groupes de 36 épisodes, pour remplir un calendrier de diffusion de six mois ; en France, les diffusions sont quotidiennes.

motion. Leurs formats sont courts : c'est le cas par exemple des dessins animés venus des États-Unis qui durent en moyenne 5 à 10 minutes (contre 22, 24, 25 ou 30 minutes pour les dessins animés japonais). La technique dite de « l'animation limitée » privilégiée par les dessins animés japonais – 8 images par seconde contre 12 à 18 en moyenne, réutilisation des plans et économie de mouvements, afin de réduire les coûts – produit un rendu saccadé qui crée un univers plus dynamique et dans lequel les scènes d'action peuvent se déployer plus aisément.

Les mangas opèrent des changements qui ne sont pas moindres : format, sens de lecture, séquençage et sérialisation, équilibre texte-image, usage accru des onomatopées, catégorisation en fonction des thèmes et des publics (âge et sexe), références culturelles, mais aussi forte hybridation des registres (le tragique confinant à l'humour, par exemple), tout est neuf. Ce sont justement ces innovations qui conduisent au succès auprès du plus grand nombre : « La place limitée du texte, le rôle de l'image dans la prise en charge de la narration, la familiarisation préalable par le biais de l'*anime*, contribuent à l'abaissement d'une série de barrières culturelles » (Collovald et Neveu, 2004, p. 174).

La consommation de produits japonais contribue par ailleurs à un brouillage des frontières des âges, les programmateurs télévisés français proposant aux enfants des dessins animés qui ne leur sont pas destinés au Japon. Ainsi, dans *Dragon Ball*, le maître en arts martiaux Tortue géniale négocie son aide contre des attouchements de la jeune Bulma, et le jeune Sangoku, élevé seul dans la montagne, qui ne sait pas distinguer les hommes des femmes, doit toucher leurs sous-vêtements pour s'assurer de leurs différences. Le brouillage des âges est plus marqué avec les jeux vidéo, auxquels enfants comme adultes s'adonnent, avec des effets de fidélité aux franchises, et est sans doute plus visible encore avec le succès des longs métrages d'animation qui habituent progressivement le public français à concevoir que, « par nature, les œuvres d'animation contiennent tout ce que le public occidental a l'habitude de voir dans les films en prise de vues réelles » (Napier, 2001, p. 9).

c) Une contagion technoculturelle panasiatique ?

Les produits japonais ont donc éveillé les jeunes Français à un nouveau goût et à une nouvelle curiosité envers des produits de plus en plus identifiés comme venant d'ailleurs. Cette forte diffusion des produits japonais donne naissance à une catégorie de réception, à la fois esthétique et culturelle, considérée comme « japonaise » (Pellitteri, 2016). Créée par les consommateurs, celle-ci est à son tour favorisée par les producteurs et distributeurs, comme le montre le cas des films du Studio Ghibli (Allamand et Morand, 2016), dont la distribution en France est caractérisée par la mise en place d'un univers d'autoréférences et identifié comme « japonais ». Ainsi, les sorties des productions Ghibli, du *Château dans le ciel* (2003) à *Ponyo sur la falaise* (2009), se sont faites dans une logique sérielle, avec une identification visuelle commune (des affiches sur fond à dominante bleue, avec un ciel étoilé, une typo blanche), une mise en avant de l'origine japonaise (avec la mention du titre original de l'œuvre en japonais), une insistance sur le nom de Hayao Miyazaki (même lorsqu'il n'a pas réalisé le film), une mention des précédents films à laquelle s'est ajoutée la présence systématique du logo du studio, Totoro, à partir de *Kiki la petite sorcière* (2004).

Cette familiarité a deux effets. Premièrement, elle favorise une curiosité à l'égard de la culture japonaise dans son ensemble, phénomène désigné par JungBung Choi (2015*b*) sous le terme de « transmission de loyauté ». Cette dernière désigne le processus par lequel « une forme de culture populaire jette les bases d'une autre, et comment cette concaténation s'amplifie en une plus grande allégeance culturelle à l'ensemble de la société dont ces cultures populaires sont issues » (*ibid.*, p. 98). Le succès concomitant de la nourriture japonaise de même que l'essor du tourisme vers le Japon en attestent. En 2013, la France est devenue le premier pays consommateur de sushis d'Europe – 22 % des Français déclarent en manger au moins une fois par mois, les plus amateurs étant les jeunes (20-34 ans) (Goutard, 2019) –, et le tourisme français au Japon a été multiplié par près de trois entre 2008 et 2019 (Kanpai!, 2020).

Cette familiarisation du lointain ouvre également la porte à de nouvelles vagues asiatiques (dont la *Hallyu*) par une sorte de contagion technoculturelle panasiatique, rendue possible par la diffusion massive des contenus sur Internet. JungBong Choi (2015b), dans son étude sur la *Hallyu* en Argentine, indique ainsi que la culture populaire japonaise a servi d'intermédiaire puissant à l'attachement intense que l'Argentine a développé envers la K-pop, accessible sans difficulté sur les réseaux.

V. Portrait du jeune fan de la *Hallyu*

Des travaux précédents ont mis en évidence la large ouverture cosmopolite des jeunes Français : se manifestant par une forte curiosité à l'égard de produits étrangers, visible dans la part de la consommation en VO et les désirs de mobilité, cette ouverture devient une nouvelle norme de « bon goût générationnel » (Cicchelli et Octobre, 2017*a*). Bien que s'adossant sur l'omnivorisme culturel, elle donne à cette orientation une inflexion nouvelle, plus à même de rendre compte des effets de la globalisation de la culture (Cicchelli et Octobre, 2021). Comme le soulignent Annick Prieur et Mark Savage, « il convient de s'intéresser de plus près à la manière dont des "modes avertis d'appropriation culturelle" et des "goûts cosmopolites" sont susceptibles d'influencer en profondeur les pratiques culturelles, à travers les nouvelles technologies, et de circuler au sein de diverses formes de la culture "populaire" » (2013, p. 240).

Questionner la notion de distinction dans le cadre de la globalisation de la culture suppose d'interroger la construction des frontières entre les groupes sociaux à travers la consommation. Dans sa recherche sur les fans de la *Hallyu* en Suède, Tobias Hübinette (2012) relève que ces derniers se recrutent soit parmi les classes moyennes issues de l'immigration, qui trouvent dans cette pop culture alternative un intérêt particulier, soit parmi les jeunes nationaux éduqués vivant dans des centres urbains qui ont en commun avec les premiers de vivre dans des milieux multiculturels, soit encore chez les jeunes nationaux des classes populaires des villes moyennes, qui y trouvent une forme d'évasion. Cela souligne combien les attractions de l'ailleurs peuvent s'affranchir en partie des conditions sociales de vie des jeunes et combien leur *agency* s'articule aussi bien avec un faisceau de contraintes qui façonnent leurs trajectoires qu'avec des aspirations à s'émanciper des pesanteurs sociales en traversant les frontières symboliques qui séparent les groupes sociaux.

Par ailleurs, les travaux de recherches disponibles sur les publics de la *Hallyu* dans le monde soulignent la forte féminisation des fans : d'après des données de *Korea Foundation*, sur 30 millions de fans *Hallyu* dans le monde, 70 % seraient des femmes (Oh, 2016). Ce trait interroge les représentations culturelles – quels modèles et quels types de participations médiatiques et numériques attirent les femmes ? –, mais aussi les stratégies d'*empowerment* socialement situées, qui font que les filles, plus que les garçons, s'emparent de produits culturels illégitimes des cultures populaires exotiques pour se doter de ressources culturelles, sociales ou éducatives nouvelles, et pour se construire de nouveaux capitaux culturels.

Pour investiguer les raisons du succès de la *Hallyu* auprès des jeunes, mais aussi pour mettre en évidence les ressources qu'ils fournissent et les usages que les fans en font, soixante-quatorze individus entre 18 et 31 ans ont été interviewés. Ces jeunes ont été recrutés par effet boule de neige, mais aussi sur des forums ou dans des communautés ainsi qu'à la sortie de magasins spécialisés (notamment à Paris). Ce sont des amateurs confirmés (ils sont fans depuis deux à quinze ans), et pour eux la *Hallyu* ne peut être considérée seulement comme un phénomène de mode passager. À l'instar de ce qui a été observé dans d'autres pays, ces jeunes fans sont majoritairement des femmes (nos entretiens comptent seulement huit garçons), des jeunes appartenant aux classes moyennes (trente-huit, contre dix-huit jeunes de classes populaires et autant de jeunes issus des classes supérieures). On dénombre, dans notre échantillon, vingt jeunes d'origine immigrée (six issus des classes populaires, neuf de classes moyennes et cinq de classes supérieures) et quatre jeunes venus des territoires d'outre-mer (deux issus de classes populaires et deux de classes moyennes). Parmi les jeunes interviewés, dix-neuf sont déjà allés en Corée du Sud, souvent poussés par leur passion de la *Hallyu*, et six suivent même un cursus spécialisé en langue coréenne. Conformément à la démographie universitaire et aux mutations des cultures juvéniles, notre échantillon compte une majorité de diplômés de l'enseignement supérieur et leurs répertoires de consommation sont relativement omnivores[1].

Alors qu'à première vue l'argument de la distance culturelle devrait l'emporter sur celui de la proximité culturelle dans le cas du goût des jeunes Français pour la *Hallyu*, la longue accoutumance des publics français à la pop culture américaine et japonaise nous fait privilégier une approche plus nuancée de l'exotisme, qui fait certes une place importante à l'étonnement, mais qui écarte toute curiosité condescendante de matrice coloniale. Saisir la part de la familiarité et celle de l'étrangeté suppose d'accepter que le fait que les jeunes fans ne comprennent pas tout des produits sud-coréens qu'ils consomment n'est pas forcément un obstacle à l'appropriation. Cela implique de se départir d'une vision normative tant de l'authenticité culturelle des produits que de la « bonne » réception culturelle. Cette approche non normative des affinités électives cosmopolites ouvre à la possibilité de : a) saisir les raisons de l'attrait pour les produits de la *Hallyu*, exotiques car objectivement éloignés des références culturelles des jeunes Français, mais qui bénéficient de la familiarité créée précédemment par les produits japonais par une sorte de contagion culturelle panasiatique où l'esthétique joue un rôle majeur ; b) comprendre les apprentissages et représentations qui se façonnent au travers des consommations de ces produits venus d'une ancienne périphérie du monde ; c) appréhender les usages biographiques que les jeunes font de ces apprentissages en matière de déplacement des frontières de genre, de classe, voire d'affiliation ethno-nationale. Les chapitres suivants seront consacrés à l'analyse de ces dynamiques.

1. Le profil des jeunes interviewés est présenté en détail dans l'annexe consultable sur le site des Puf à l'adresse de l'ouvrage.

Chapitre 5

D'une vague à l'autre : esthétique et intimité numérique

> Ayeong se renfrogne et se met à dessiner avec son stylo plume un personnage de *manhwa* sur son cahier de brouillon – une fille aux grands yeux et aux jambes interminables.
>
> (Young-ha Kim, 2009)

En ayant fait fi dans le chapitre précédent des explications culturalistes, auxquelles nous avons opposé une approche fondée sur le travail d'appropriation de l'amateur cosmopolite, il nous faut désormais explorer les mécanismes par lesquels les jeunes amateurs se tournent vers les produits culturels sud-coréens afin de donner une consistance empirique au concept de pop cosmopolitisme. Quels sont « les points d'accroche » de la *Hallyu* qui retiennent l'attention de ces jeunes et alimentent chez eux un intérêt durable, pouvant se transformer en véritable passion ?

I. Tourner le dos aux cultures dominantes

En France, comme dans de nombreux pays, les répertoires culturels juvéniles sont marqués par la forte présence de produits des industries culturelles états-uniennes, et plus largement anglo-américaines, notamment dans le domaine de la musique, des séries télévisées ou des films, de même que par celle des mangas et des jeux vidéo japonais. Pour que la passion pour la *Hallyu* puisse éclore, il est donc nécessaire que les jeunes se détournent de l'emprise des canons de ces deux pop cultures, dont l'esthétique a été constitutive de leur socialisation culturelle durant l'enfance et l'adolescence. Ce phénomène concerne tout particulièrement les deux produits phares de la *Hallyu 2.0* – la K-pop et les K-dramas – qui renvoient aux secteurs dominants de la consommation culturelle juvénile que sont la musique et les séries télévisées.

a) Une envie de nouveauté

Nombre des jeunes interviewés évoquent le souhait de « sortir de leur périmètre », « de chercher la différence », d'être « surpris » par des produits « nouveaux », « différents du quotidien ». Il s'agit donc, pour le dire avec Ana[1], de « trouver quelque chose qui change, qui change de nous, de ce qu'on connaît, de ce dans quoi on a été élevés et de ce à quoi on a été habitués ».

1. 22 ans, étudiante en master de psychologie, parents de classes supérieures, fan depuis huit ans.

D'une vague à l'autre...

La prise de distance à l'égard des produits culturels nationaux ne saurait guère étonner, tant les jeunes Français sont ouverts sur le monde et leurs répertoires internationaux. Cela fait longtemps que les musiques, les films et les séries télévisées américaines dominent en France, que les mangas sont devenus plus consommés que les BD franco-belges et que les *anime* sont des produits de référence – à tel point que, dans ces domaines, certains jeunes délaissent leurs équivalents français (Cicchelli et Octobre, 2017*a*). Aby[1], comme bien d'autres interviewés, exprime sur ce sujet un jugement sans appel : « La culture française, c'est devenu quelque chose de banal pour moi, alors j'avais envie de changer, de voir ailleurs ». L'intérêt pour la *Hallyu* est aussi bien une ressource supplémentaire pour sortir du cadre national que l'expression d'un désir de nouveauté, stimulé par les industries culturelles globales, éléments évoqués par Mathieu[2] : « Puis de manière générale y a un côté un peu exotique, ça change, de base ça paraît très différent. C'est vrai qu'au niveau des centres d'intérêt je m'intéresse à l'Asie parce que c'est des choses que j'ai du mal à retrouver dans les divertissements français ».

La désaffiliation de la pop culture américaine peut paraître en revanche bien plus surprenante. En effet, le vaste catalogue des séries télévisées américaines disponibles en France forme une véritable comédie humaine, dont les personnages, les situations et les scénarios permettent des identifications, des critiques ou des *catharsis*. Pour les fans de la *Hallyu*, c'est bien cette omniprésence qui justifie leur

1. 20 ans, vendeuse dans un magasin de prêt-à-porter, parents de classes moyennes, origine sénégalaise, fan depuis trois ans.

2. 28 ans, contrôleur de gestion, parents de classes moyennes, origine marocaine, fan depuis douze ans.

réquisitoire, les produits américains devenant à leurs yeux trop banaux et trop peu spécifiques. Se remémorant les sujets de conversation entre pairs liés aux séries télévisées auxquelles elle participait durant son adolescence, Laura[1] déclare ainsi : « Tout le monde parlait de New York, donc, au bout d'un moment, ça m'a saoulée ».

Les fans de la *Hallyu* subsument ces désirs de nouveauté et de distanciation à l'égard des cultures dominantes et (trop) familières dans leur quête d'évasion. On retrouve cette dynamique chez des jeunes issus de l'immigration, ayant grandi avec des influences culturelles diversifiées. Ainsi, Laura, d'origine roumaine et italienne, explique : « La France, j'aime énormément la France et j'aime beaucoup la culture française. Mais les schémas qu'on me proposait, qu'on me proposait à moi, ado jeune ado, ado jeune adulte, ça m'intéressait pas, ça me branchait pas. Ça me correspondait pas ». On retrouve cette dynamique à l'œuvre également chez ceux qui font de la recherche d'un ailleurs un moyen de s'évader des perspectives qui, en France, leur paraissent peu favorables, en matière d'orientation universitaire comme d'insertion professionnelle. Lina[2], jeune femme issue des classes populaires, engagée dans un parcours universitaire qu'elle décrit comme « pas rassurant », déclare : « Moi quand je regarde ça [les séries sud-coréennes], c'est pas pour faire comme eux, c'est pour m'évader et rentrer dans cet univers qui est tout simplement mon divertissement en fait ». C'est par tout un ensemble d'éléments de la vie quotidienne des personnages et des décors des K-dramas que la mise

1. 22 ans, étudiante au Conservatoire libre du cinéma français, parents de classes populaires, origines roumaine et italienne, fan depuis huit ans.

2. 21 ans, étudiante en BTS tourisme, parents de classes populaires, fan depuis deux ans.

à distance de la culture environnante s'effectue chez cette interviewée, quand bien même les intrigues des séries qu'elle regarde, très souvent émaillées des épreuves d'une compétition scolaire et professionnelle acharnée, pourraient lui rappeler les difficultés de son propre parcours.

b) Le procès de la pop culture états-unienne

La pop culture française étant d'emblée disqualifiée comme « incapable d'ouvrir sur autre chose », le discours critique des jeunes interviewés se concentre sur la pop culture américaine. Celui-ci se focalise d'abord sur les caractéristiques attribuées à cette pop culture : le premier registre de distanciation concerne le caractère *mainstream* de ces produits, devenus un dénominateur commun générationnel, et, de fait, ordinaires. Les jeunes répètent ainsi à l'envi : « *Friends*, on connaît tous ». Ce commun générationnel se rapproche de la pression à la conformité que ressentent, et à laquelle doivent se plier, les adolescents pour intégrer les groupes de pairs. Cette « tyrannie de la majorité » (Pasquier, 2005) est notamment évoquée par Étienne[1] qui, ne comprenant pas les raisons du succès des produits américains, parle d'« un effet de mode » que subirait sa génération :

> La culture américaine est partout, on a du mal à l'éviter. En fait, j'ai essayé de m'y intéresser à un moment parce que c'est la mode, par exemple avec Netflix, de regarder plein de séries américaines ou de regarder les derniers films américains qui sortent pour être à la page, mais moi je

1. 22 ans, hôte de caisse dans un supermarché (fait une coupure dans sa licence d'administration économique et sociale), parents de classes populaires, fan depuis quatre ans.

comprends pas trop cette mode. J'ai regardé quelques séries dont on parle beaucoup comme *The Walking Dead, Game of Thrones, Empire*... enfin les plus connues, les plus à la mode, mais j'accroche pas.

Dans ce cas, ce que les jeunes recherchent, c'est la possibilité de faire un « choix original » en affirmant des goûts qui les distinguent : il s'agit de s'individualiser, en trouvant ce qu'on « aime vraiment », afin de « ne pas être comme les autres », en parvenant à un « choix personnel ».

À cette première critique s'ajoute une deuxième, qui vise l'appropriation culturelle (Young, 2010) dont se rendrait particulièrement coupable, selon certains jeunes, la culture américaine. C'est le cas d'Ania[1] qui pointe la propension de l'industrie américaine à porter atteinte à l'intégrité de certaines œuvres, ce qui condamne les originaux à l'oubli. Cette jeune femme, qui aime le cinéma sud-coréen, exprime ses craintes du remplacement d'une œuvre originale par une production inauthentique et standardisée, en prenant l'exemple d'un film qu'elle a particulièrement apprécié, *Dernier train pour Busan** :

> Le *Dernier train pour Busan** qui avait quand même eu des prix, les États-Unis veulent le racheter pour le refaire. Après le fait de se réapproprier des films ou tout ça je sais pas, parce que j'ai peur qu'au final y ait des gens qui connaissent, bah par exemple *Parasite**, imaginons qu'ils fassent une version américaine, bah les jeunes ils vont peut-être juste connaître la version américaine sans connaître la version coréenne et peut-être qu'à aucun moment ils se demanderont ce que c'était le film de base.

1. 22 ans, étudiante en L2 de LEA anglais-chinois, parents de classes supérieures, fan depuis dix ans.

Caroline[1] suggère quant à elle que la pop culture américaine s'inspirerait des produits sud-coréens, car elle serait en manque de nouvelles idées :

> Y a une série américaine *Good Doctor*, c'est une série américaine qui s'est inspirée d'un drama coréen, qui s'appelle pareil, *Good Doctor**, qui date d'il y a six ans en fait, et c'est du copier-coller mot pour mot, c'est juste un peu réadapté vite fait, à la version américanisée quoi, mais c'est vraiment du mot pour mot, et en fait j'pense qu'ils commencent à galérer au niveau de l'idée, de l'imagination aux États-Unis.

Ainsi, selon les jeunes interviewés, si la pop culture américaine est bien devenue un marqueur transnational d'appartenance générationnelle et un puissant réservoir de symboles, elle finit par aplatir la différence. Les références générationnelles communes, y compris lorsqu'elles sont fondées sur des contenus importés (le cas du dessin animé *Mulan* de Disney est cité en exemple), sont américanisées, et cette « américanité » leur est par ailleurs devenue trop familière pour favoriser un quelconque décentrement. De fait, la culture américaine est jugée incapable de provoquer la rencontre avec l'altérité culturelle : elle constitue à leurs yeux une sorte de lexique partagé par les « enfants de la globalisation » (c'est leur expression), qui ne leur permet pas de découvrir ce qui est spécifique dans une autre culture.

Ce procès fait à la pop culture américaine n'a pas seulement pour objet son hégémonie et sa tendance à l'appropriation culturelle, mais il porte également – ce qui est plus inattendu – sur la qualité des formats et sur les contenus. D'abord, le rapport de force qu'une pop culture dominante

1. 20 ans, étudiante en L3 de droit et culture juridique, parents de classes supérieures, fan depuis deux ans.

instaure avec ses consommateurs est vivement critiqué. Lisa[1] affirme ainsi exécrer les formats des séries télévisées américaines, coupables d'entretenir une forte dépendance des publics en multipliant le nombre des saisons. Refusant le rapport consumériste qui s'instaure dans ce cas entre la série et ses publics, elle apprécie d'autant plus les séries sud-coréennes : « [Avec les séries coréennes], tu sais déjà que ça va s'arrêter à tel épisode, à tel moment. Il va pas y avoir quinze saisons et après à la fin tu comprends plus rien. Pour moi, c'est ça qui donne le succès ».

Ensuite, les séries télévisées américaines sont condamnées sans appel pour leurs contenus. On ne compte pas le nombre d'entretiens dénonçant la très forte présence de la violence et du sexe qui contraste avec ce qui est perçu comme une forme de « grâce », « pureté », « innocence » dans les productions sud-coréennes. Cette « fraîcheur » est soulignée par Aude[2] :

> Ce qui concerne en tout cas les acteurs et les chanteurs, ça va être beaucoup l'innocence et même dans les K-dramas de manière générale, du coup il y a quelque chose dedans que je trouve rafraîchissant par rapport à toute la culture ouvertement sexuelle des stars, qu'on n'a pas qu'en France. Je trouve ça plus rafraîchissant ou plus adapté à mon type de sensibilité en tout cas, ou je sais pas, j'arrive plus facilement aussi même à regarder des scènes de violence parce qu'il y a le côté art martial tout ça dans le K-drama, que quand c'est des scènes de séries américaines où ça se tire dessus toutes les trois secondes et en fait, juste par le bruit ça m'ennuie

1. 23 ans, licence de langue, parents de classes moyennes, fan depuis sept ans.
2. 26 ans, danseuse professionnelle, parents de classes supérieures, fan depuis cinq ans.

alors que quand je regarde les K-dramas, vraiment, il y a une beauté dedans, tu vois une beauté dans le geste.

Si les produits états-uniens sont l'objet de critiques, ils restent néanmoins des étalons de mesure pour juger de la qualité des produits alternatifs, preuve de leur centralité dans les univers des goûts et représentations des jeunes. Ainsi, quand il s'agit de vanter la diversité de la *Hallyu*, c'est à la culture américaine que celle-ci est comparée, comme le fait par exemple Mathilde[1] : « La culture américaine, on la connaît, c'est toujours le même style, le même genre qui revient, alors que la culture coréenne, c'est très diversifié ».

c) À la recherche d'un nouveau pacte de réception

On trouve aussi dans les interviews la recherche d'un pacte de réception alternatif à celui privilégié par les produits américains, qui serait pour sa part fondé le plus souvent sur des éléments réalistes et émotionnellement très intenses, à travers des scènes volontiers décrites comme « choquantes », « violentes », au « rythme frénétique », aux prises de vues « très hachées ».

Cette recherche d'alternatives s'engage dans plusieurs directions. La première porte sur le réalisme des productions, principe d'après lequel une fiction doit avoir une certaine cohérence interne pour être jugée crédible. Ce détachement à l'égard de l'exigence de plausibilité concerne la narration et ses techniques : selon les jeunes interviewés, les K-dramas privilégient ainsi l'évocation et la suggestion à la description et à la reproduction de la réalité, caractéristiques des productions

1. 21 ans, étudiante en master de langue coréenne, parents de classes moyennes, fan depuis quatre ans.

états-uniennes. C'est la raison pour laquelle, la vraisemblance n'est pas le critère utilisé par les fans pour juger de la qualité des séries télévisées sud-coréennes. Émilie[1], par exemple, décrit le scénario d'une série qu'elle a particulièrement appréciée, *Moon Lovers: Scarlet Heart Ryeo**. Celle-ci raconte l'histoire de Go Ha Jin, une jeune fille, qui, alors qu'elle est particulièrement déprimée et souhaite mourir, est transportée, lors d'une éclipse solaire, au XIVe siècle pendant le règne de Taejo, premier roi de la dynastie Joseon, où elle devra vivre sous l'identité de Hae So, cousine de la femme du huitième prince Wang Wook. Revenue au XXIe siècle, elle se rend compte que tout ce qu'elle a vécu a transformé le passé. À aucun moment l'invraisemblance du double saut temporel, expédient narratif présent dans de nombreuses séries sud-coréennes, ne gêne Émilie :

> Le personnage principal féminin fait un saut en arrière dans le temps et elle est amenée à l'ère Goryeo. Et, en fait, elle se réveille au XXIe siècle. Tout ce qu'elle a vécu, c'est un rêve pour elle, mais en fait ça s'est vraiment passé. Elle va à une exposition sur l'époque dans laquelle elle a été et elle se rend compte, en voyant une peinture, que c'est le palais où elle a résidé et elle pleure devant ce tableau, elle dit : « Je suis désolée ». C'est la fin du drama.

La seconde direction qu'emprunte cette recherche d'un nouveau pacte de réception concerne la valorisation de la beauté, vantée sans exception par les jeunes interviewés, qu'il s'agisse des acteurs, des décors, des costumes, ou même des manières de tourner. Ainsi, si les interviewés ne nient pas que des scènes de violence sont également présentes, ils soulignent que celles-ci ne sont jamais « crues », « choquantes »,

1. 19 ans, étudiante à l'INALCO, parents de classes moyennes, fan depuis sept ans.

« intenables », grâce à leur forte esthétisation. L'exemple récurrent évoqué dans les entretiens est celui des scènes de combat d'arts martiaux, présents dans tout K-drama historique : à bien des égards, ces combats ressemblent à des danses acrobatiques et colorées, notamment quand ils sont réalisés en costumes d'époque. Cette insistance sur le registre esthétique répond en écho à la rupture d'avec le registre du réalisme : ainsi, l'argument de la beauté du geste de combat à mains nues ou à l'épée sert à parer d'éventuelles critiques d'invraisemblance qui pourraient sourdre, lorsque ces combats mettent en scène l'exploit d'un bretteur doté d'un courage à toute épreuve, capable de vaincre à lui seul un grand nombre d'adversaires, en faisant des pirouettes et cabrioles rapides comme l'éclair, ainsi que des bonds de plusieurs mètres. Cette esthétique est aussi liée à un « rythme plus lent » des productions télévisuelles sud-coréennes dont les jeunes vantent les « plans fixes », les « moments de silence » et le centrage sur les « émotions intimes », perceptibles sur les visages des acteurs, plutôt que sur les « scènes choquantes ». De fait, l'usage des plans fixes et des ralentis pour souligner les émotions y est très courant.

Le succès des séries sud-coréennes provient donc de l'adhésion des consommateurs à un pacte de réception plus conforme à leur goût pour une certaine « douceur », « grâce », « délicatesse » et qui exclut le plus souvent ce qui est « gore », « trash », « choquant »[1]. Lou l'explique on ne peut plus clairement[2] :

1. La production sud-coréenne regorge pourtant de films d'horreur, à partir du très célèbre *Old Boy**, dirigé par Park Chan-wook et vainqueur entre autres du Grand Prix du jury du Festival de Cannes en 2004, jusqu'au *Dernier train pour Busan**, écrit et réalisé par Yeon Sang-ho, sorti en 2016 et présenté hors compétition en « séance de minuit » au Festival de Cannes la même année. Mais ce n'est pas ce qui fait le succès grand public de la *Hallyu*.

2. 18 ans, lycéenne, parents de classes supérieures, fan depuis quatre ans.

> Les séries coréennes, c'est hyperdifférent des séries américaines qu'on a sur Netflix, ce sont des histoires qui sont vraiment reposantes, mignonnes sur le fond. Bon, y a quand même beaucoup de choses qui font peur même, mais c'est pas toujours du gore par rapport aux films et aux séries américaines, c'est des choses beaucoup plus douces.

d) Pour un monde cosmopolite

Le dernier élément de cette déprise du *mainstream* états-unien qui se reflète dans l'attraction de la *Hallyu* est à rechercher dans la conscience que les jeunes générations ont des enjeux de la globalisation et de l'asymétrie des rapports de force qui s'y nouent. On ne saurait donc s'étonner si la « K-pop semble favoriser une imagination cosmopolite de la globalisation, car elle permet aux fans de défier la domination occidentale dans les médias et les flux culturels globaux » (Yoon, 2017, p. 6). Si la *Hallyu* est considérée par les jeunes fans comme une production culturelle dépolitisée (la promotion de la *Hallyu* par les gouvernements sud-coréens ne fait pas l'objet de commentaires politiques, par exemple), le goût pour les produits sud-coréens a en revanche une portée géopolitique certaine. Ce que ces jeunes imaginent est bien une *cosmopolis* dans laquelle les pays émergents sur le plan de la production culturelle sont également reconnus et respectés sur le plan politique. Ainsi, dans les entretiens, déclarer son attachement à cette vague sud-coréenne signifie remettre en question la domination occidentale et rééquilibrer les flux culturels au nom d'une vision plus humaniste et cosmopolite de la globalisation. De fait, la critique du *mainstream* et la reconnaissance de la *Hallyu* comme alternative se rejoignent dans des prises de position qui souhaitent se démarquer d'une conception occidentalo-centrée. Alex[1] l'énonce clairement : « [Consommer la *Hallyu*,] c'est s'habituer au fait que d'autres pays autour de nous existent et ont une autre culture qui est loin d'être identique à la nôtre, mais tout aussi intéressante ».

Cette critique d'un monde à sens unique (un *universum*) au profit d'un monde pluriel (un *pluriversum*) va de pair avec une attention particulière portée aux anciens oubliés de la globalisation, récemment devenus des acteurs majeurs, comme c'est le cas de la Corée du Sud depuis une trentaine d'années. Cette lecture historique des rapports de force entre pays est particulièrement présente dans les propos d'Aude[2], qui partage avec enthousiasme son admiration pour la résilience du peuple coréen face aux nombreuses adversités émaillant sa longue histoire ainsi que pour le développement fulgurant du pays :

> Ils ont été obligés de se reconstruire tellement vite et ils l'ont fait avec tellement de passion parce qu'ils avaient juste envie que leur pays coule pas, ils ont tout le temps été envahis par les Japonais et les Chinois, et encore plus avec la séparation de la Corée du Nord. C'est comme si c'était une île, en fait une petite péninsule, et ils sont un peu seuls au milieu de l'eau. Il y a un peu de ça et en plus entourés d'ennemis, ils sont tout le temps utilisés par tout le monde. Mais ils ont leur vrai empire à eux avec la *Hallyu*, et aussi ils ont réussi leur pari de vraiment réussir de s'élever économiquement, quand tu vois où ils en étaient cinquante ans en arrière, c'est dingue.

1. 22 ans, agent de maîtrise et chef de brigade dans un hôtel cinq étoiles, parents de classes supérieures, origine américaine, fan depuis cinq ans.

2. 26 ans, danseuse professionnelle, parents de classes supérieures, fan depuis cinq ans.

Du vœu d'un rééquilibrage des rapports de force dans les flux culturels globaux à l'hypothèse d'un basculement du monde vers l'Asie, porteur des promesses d'un avenir auparavant incarné par les États-Unis et l'Occident, il n'y a qu'un pas que franchit, entre autres, Kira[1] :

> Quand tu vois l'Asie et la Corée en particulier et l'Asie en général, c'est vraiment le futur. Je sais qu'avant c'était : « Oui, les États-Unis sont dix ans en avance », mais l'Asie pendant longtemps on a fermé les yeux dessus et quand tu jettes un œil sur l'Asie et sur la Corée tu te rends compte à quel point y a de l'espace pour créer, et pour s'inventer, se réinventer et je trouve ça juste fascinant.

Les promesses d'un renouveau de la pop culture et d'une modernité alternative souhaitable se rejoignent donc pour certains jeunes. Il s'agit pour eux d'accéder à des produits qui : a) puissent être des intermédiaires entre la pop culture américaine dans laquelle ils ont baigné depuis leur plus jeune âge et des cultures plus distantes dont le goût leur a été fourni par une sensibilité accrue à la thématique de la diversité ; b) conservent des standards internationaux de qualité, comme en atteste la comparaison récurrente avec les produits états-uniens.

1. 22 ans, au chômage après une licence pro de commerce international, parents de classes populaires, origine marocaine, fan depuis dix ans.

II. À l'école des mangas et des *anime*

Cette quête d'une nouveauté de qualité, hautement appréciée par les jeunes interviewés, doit également beaucoup à la familiarité avec les produits japonais consommés pendant leur enfance et leur adolescence. La consommation de ces derniers a posé les jalons de l'appréhension ultérieure de la *Hallyu*, elle les a ouverts aux produits culturels asiatiques, en les préparant à reconnaître une esthétique *sui generis* dont ils apprécient la nouveauté et l'étrangeté.

a) Le goût de la « japonité »

Cet *a priori* positif pour la culture japonaise est considéré par Lili[1] comme un trait générationnel : « Comme beaucoup de gens, en fait j'avais un *a priori* par rapport au Japon. J'ai lu des mangas comme tout le monde quand j'étais collégienne et ouais, je trouvais ça génial comme univers, la culture japonaise a eu beaucoup, beaucoup de succès en France dans les années 2000, ça fait longtemps qu'on connaît ». En cela, nos interviewés ressemblent à s'y méprendre aux jeunes adolescents interviewés par Christine Détrez et Olivier Vanhée (2012) au début des années 2010, qui ont fait des mangas leurs lectures de prédilection durant les premières années du collège, puisque la quasi-totalité des jeunes adultes amateurs de la *Hallyu* déclarent avoir été des lecteurs de mangas ou l'être encore.

1. 25 ans, étudiante en master 2 de management, parents de classes moyennes, fan depuis deux ans.

À la différence du commun générationnel que constitue la culture pop américaine, la connaissance à laquelle ces jeunes accèdent en consommant des produits japonais leur apparaît bien comme exotique. En effet, une certaine ignorance chez les jeunes de la première génération de consommateurs était plausible, celle des années 1970-1980, qui ne découvrent souvent qu'une fois sortis de l'enfance l'origine géographique de leurs héros favoris, de *Candy Candy* à *Goldorak* en passant par *Ulysse 31* ou *Albator*. La situation est désormais très différente dans les années 2000, pour les lecteurs de mangas, qui lisent « à l'envers », ou pour les spectateurs d'*anime* qui regardent les films en version originale, ou encore pour les téléspectateurs de dessins animés, puisque les séries prennent de plus en plus en compte des éléments « japonais » pour créer la cohérence interne de leurs univers (y compris dans le cas des franchises)[1] : il serait fastidieux d'égrener les lieux imaginaires ou réels, les codes culturels, les références à l'histoire ou aux mythes tant ils sont légion dans les produits culturels japonais contemporains. En démentant la thèse de l'*odorlessness*, les jeunes interviewés répètent à l'envi que ces produits sont « très japonais », « différents », « caractéristiques », « très asiatiques », « pas du tout comme les produits français » et qu'ils les apprécient justement pour leur typicité. Aude[2] l'exprime en ces termes : « Miyazaki, tout ça, ça c'est vraiment côté japonais, donc très typique ».

Cette socialisation précoce et intense à des esthétiques venues d'ailleurs, et identifiées comme telles, a eu des

1. Pour s'en convaincre, il suffit de voir *L'Attaque des Titans*, manga en 34 volumes de Hajime Isayama, adapté en série animée de quatre saisons, dont la dernière s'est achevée en 2021.

2. 26 ans, danseuse professionnelle, parents de classes supérieures, fan depuis cinq ans.

conséquences majeures sur les modes de réception des jeunes Français, d'autant plus que les stratégies de production transmédiatiques ont battu leur plein et qu'elles s'appliquaient des dessins animés aux mangas, des *anime* aux jeux vidéo, en passant par les figurines, posters et autres *goodies*, et qu'elles pouvaient compter sur les dynamiques de réception des années collège, à dimension fortement émotionnelle. C'est ce qu'évoque Kira[1] : « Quand j'étais au collège, c'était vraiment le Japon, enfin collège et toutes les années 2000, c'était très manga, c'était très à la mode *Hello Kitty* et du coup c'était inévitable. Du coup, je regardais de temps en temps des mangas à la télé, y avait un garçon que j'aimais bien dans ma classe qui aimait ça, donc des fois j'achetais un agenda avec des trucs mangas écrits dessus ». Le succès des produits japonais a ainsi permis « l'inclusion des thèmes, des concepts et des valeurs liés à l'imagination japonaise dans les franges de fans européens de la bande dessinée et de l'animation japonaise » (Pellitteri, 2010, p. 44-45) et favorisé la diffusion d'un goût pour la culture japonaise.

b) Un mainstream *adolescent*

Si le Japon est le maître incontesté sur le marché global des *anime*, jeux vidéo et mangas, sa production n'a pas su s'imposer dans d'autres domaines de la pop culture. Ce pays n'a par exemple pas pris la place qu'on aurait pu imaginer dans le domaine de l'*e-sport*, notamment parce que le mode de consommation des jeux vidéo au Japon – par téléphone – n'a longtemps pas correspondu à la pratique de

1. 22 ans, au chômage après une licence pro de commerce international, parents de classes populaires, origine marocaine, fan depuis dix ans.

l'*e-sport* – qui se fait plutôt sur ordinateur – et que la législation japonaise concernant les jeux d'argent a longtemps freiné la professionnalisation des joueurs. Le Japon n'a pas réussi à s'imposer dans le domaine de la musique car la production japonaise est davantage tournée vers le marché national qu'international, notamment par les choix visuels et stylistiques, et à cause de la faible maîtrise de l'anglais des chanteurs et groupes. Il n'est pas non plus devenu une référence dans le domaine des séries télévisées, vecteur lui aussi majeur des consommations audiovisuelles juvéniles. Le goût pour la japonité n'a donc pu assouvir tous les appétits culturels des jeunes au fil de leur avancée en âge et est resté cantonné à l'enfance et à l'adolescence, ainsi qu'à certains secteurs culturels.

Les produits japonais sont ainsi fortement associés par les interviewés à des moments révolus de leur vie. Des travaux ont montré combien les goûts culturels s'élaborent à mi-chemin entre construction subjective de l'âge et autonomisation par rapport au groupe des pairs, ce qui se traduit par l'abandon de pratiques qui a un moment « font trop jeunes », et le souhait de définir des goûts générationnels comme plus personnels (Octobre, Détrez, Mercklé et Berthomier, 2010). C'est le cas par exemple de Pauline[1] :

> Je devais avoir autour de 14 ans, j'avais des amies qui, comme moi, ressentaient de la lassitude avec le Japon et voulais explorer autre chose, on l'a un peu fait en même temps et on a commencé à écouter des artistes assez démentes comme *Brave Girls**, *Gummy**, *Wassup**, et j'ai aussi testé une série avec des copines en rentrant au lycée, j'crois que c'était *Boys Over Flowers**.

1. 19 ans, en BTS management des unités de commerce, parents de classes moyennes, fan depuis cinq ans.

Néanmoins, lorsqu'ils justifient leur lassitude à l'égard de la pop culture japonaise, les interviewés ne formulent pas de critiques du même acabit que celles exprimées pour rejeter la pop culture américaine. Nulle mention d'un supposé impérialisme : la pop culture japonaise n'est pas associée en France au passé militariste et colonialiste nippon, comme c'est le cas en revanche chez les voisins asiatiques du pays du Soleil Levant. Nulle remarque concernant la qualité ou l'esthétique des produits eux-mêmes : tous les interviewés expriment au contraire une forte gratitude à l'égard de la pop culture japonaise qui leur a fait connaître l'Asie et développer un goût pour des produits culturels non américains et, plus largement, non occidentaux. Un bon nombre d'entre eux continue d'ailleurs de regarder des *anime*, de lire des mangas et de jouer à des jeux vidéo japonais.

c) Du Japon à la Corée du Sud

C'est justement la conjonction du développement d'un goût pour des produits asiatiques de qualité alternatifs au *mainstream*, d'une part, de l'absence d'offre japonaise dans certains secteurs centraux de la consommation juvénile avec l'avancée en âge, d'autre part, et de la recherche de produits moins liés à l'adolescence permettant d'affirmer plus nettement l'originalité de ses goûts, finalement, qui favorise un basculement de la vague japonaise à la vague sud-coréenne. Pouvant être qualifié de « transfert culturel » (Choi, 2015*b*), ce passage s'opère dans un contexte où les alternatives asiatiques de qualité sont rares : les productions chinoises n'ont pas encore atteint les standards internationaux de qualité (sauf exception) et n'occupent pas pour l'instant une place notable dans les marchés globaux de la pop culture (Lemaître, 2020).

Ce transfert culturel favorise une curiosité envers ce que certains jeunes nomment les « cultures asiatiques », catégorie d'appréciation juvénile déjà identifiée par Anne Garrigue (2004) qui renvoie à une curiosité se nourrissant des ressemblances, réelles ou supposées, entre des produits issus d'une aire régionale. À ce propos, Émilie[1] affirme :

> Je pense que peut-être le côté japonais était un point de départ, un déclencheur pour le côté coréen. Et puis maintenant je regarde par exemple des séries thaïlandaises, chinoises... Donc je pense que le fait que je me sois intéressée à la K-pop ou à la culture coréenne, ou aux autres, n'est pas dissociable du fait que le Japon a été le point de départ de tout.

Clémentine[2] indique ainsi combien le Studio Ghibli a pu, dès son enfance, l'introduire à un univers de l'animation fortement apprécié par sa famille tout entière, ce qui a rendu fluide son passage à la *Hallyu* et plus naturelle l'acceptation de son nouveau centre d'intérêt par ses parents :

> Ma famille est très intéressée par la culture de base japonaise à cause du Studio Ghibli, ils aiment beaucoup les films Ghibli. Donc ils ne se sont jamais dit : « C'est bizarre ce que tu fais » ou des choses comme ça quand je me suis mise à la *Hallyu*. Les vieux Ghibli, ma mère adorait, donc elle me les montrait tout le temps. Je pense que j'ai plus regardé le Ghibli que les Disney, certainement.

1. 19 ans, étudiante à l'INALCO, parents de classes moyennes, fan depuis sept ans.

2. 22 ans, étudiante en master d'études coréennes, parents de classes populaires, fan depuis dix ans.

III. L'irrésistible canon esthétique sud-coréen

C'est dans ce double contexte de déprise des produits états-uniens, dont les standards de qualité restent néanmoins la référence, et de distanciation par rapport aux produits japonais qui lèguent néanmoins aux jeunes un tropisme asiatique, que doit se comprendre l'attrait de la *Hallyu*. Les aspects formels (chorégraphie, vêtements, voix, décors) étant immédiatement identifiables, indépendamment de la compréhension de la langue ou des codes culturels, l'esthétique constitue le premier point d'accroche des produits de la *Hallyu*. Cette attraction esthétique s'appuie chez les interviewés sur quatre dimensions : une recherche d'une différence de qualité, un éloge de l'hybridité, une valorisation de l'association entre beauté et bonté, et, enfin, un panégyrique du travail plus que du talent.

a) Une différence de qualité

Dans la consommation de la *Hallyu*, la perception de la différence est immédiate : la physionomie des acteurs ou chanteurs et la langue sud-coréenne signalent immédiatement les produits comme « venant de loin », bien avant l'identification d'éléments plus subtils comme le « registre de couleurs[1] », le « montage » ou le « jeu d'acteur ». Par ailleurs, rechercher ces produits sur des plateformes favorise

1. Les interviewés expliquent que les K-dramas et les clips de K-pop sont en général colorés (voire recolorisés) et utilisent une palette de tons dégradés et pastel rarement mis en avant dans les productions occidentales.

leur identification ethno-nationale, car un grand nombre d'entre elles utilisent les catégories « drama coréen » ou « K-pop » pour présenter leur offre en la matière. La perception de l'altérité est donc accentuée dans le cas de la *Hallyu*, et fort distincte des mécanismes qui président à la consommation de produits culturels américains, largement présents sur les ondes nationales et jamais catégorisés par leur origine nationale sur les plateformes de VoD.

Les jeunes amateurs de la *Hallyu* recherchent et valorisent la différence esthétique et culturelle, qu'ils désignent comme une « différence de qualité », un « truc différent mais bien », une « nouveauté bien faite ». Cette appétence pour la différence de qualité crée chez les jeunes une ouverture cosmopolite, valorisée en elle-même et pour elle-même, comme le montrent les propos de Pauline[1] : « Pour moi, la *Hallyu* n'est pas un truc de base, tu vois, c'est une pierre à l'édifice, ça m'ouvre sur d'autres mentalités créatives ». Il s'agit de « s'ouvrir », de « découvrir », de « se décentrer », de « penser autrement », de « sortir de son périmètre » à partir de la consommation des produits sud-coréens. Pour ces jeunes, il ne s'agit donc pas d'une réception au rabais, mais d'une porte d'entrée vers des mondes esthétiques et culturels nouveaux.

Cette « différence de qualité » est associée à la « liberté créative », à « l'originalité », voire à « l'extravagance », comme en témoigne Kira[2] : « Je pense que le point de départ du goût pour tout le monde, c'est la créativité. Je pense que c'était ça le point de départ de tout, l'expression créative

1. 19 ans, en BTS management des unités de commerce, parents de classes moyennes, fan depuis cinq ans.

2. 22 ans, au chômage après une licence pro de commerce international, parents de classes populaires, origine marocaine, fan depuis dix ans.

elle est énorme ». Or cette liberté créative se double de la maîtrise des techniques filmiques et musicales, les jeunes fans insistant tous sur le fait que les produits sud-coréens sont « bien faits ». Dans le domaine des séries télévisées, ce qui attire leur attention est la capacité des scénaristes à toucher plusieurs cordes à l'aide de scénarios denses, cohérents, émouvants, alternant majesté des décors naturels et raffinement des intérieurs, ponctuant les scènes d'action de musiques entraînantes. Les produits ainsi proposés sont à bien des égards originaux par rapport aux catégories de genre et de sous-genre des produits occidentaux.

Les jeunes fans relèvent par ailleurs un art consommé chez les auteurs de laisser le public lui-même appréhender les motivations profondes des protagonistes au lieu de proposer des scènes ou des dialogues explicites ; ainsi les K-dramas mettent-ils en valeur les combats intérieurs des personnages, les émotions dramatiques étant révélées par le recours aux expressions subtiles du visage. Toujours au sujet de la série *Moon Lovers: Scarlet Heart Ryeo**, Émilie insiste sur la qualité d'un jeu actorial tout en nuances, à même de transmettre des émotions par le regard : « J'ai beaucoup aimé l'acteur principal masculin. C'est un acteur juste... oufissime. J'ai regardé plusieurs de ses dramas et la façon dont il transmet les émotions, tout ça, juste à travers ses yeux, je trouve ça fantastique ». Cette valorisation de l'intensité dramatique n'élude pas la possibilité de la théâtralité, ni du comique, voire du burlesque, incarnés parfois par les mêmes personnages. Cette contiguïté entre registres actoriaux apparemment opposés est, selon les jeunes fans, spécifique aux acteurs et actrices sud-coréens, et considérée comme gage d'originalité et de maîtrise artistique : les interviewés notent que les produits américains sont dépourvus de cette capacité à mêler les registres.

b) Éloge de l'hybride

Dans l'appréciation de la qualité spécifique de la *Hallyu*, la notion d'hybridité est centrale. Les produits sud-coréens plaisent car ils opèrent une synthèse originale des formats des industries culturelles américaines, eux-mêmes hybrides, et des traits sud-coréens (Klein, 2008) : la *Hallyu* est ainsi perçue par les consommateurs et analysée par les chercheurs comme un hybride de l'hybride. David[1] fait de ce trait une marque de fabrique innovante et attractive, en prenant l'exemple des K-dramas :

> Genre « c'est une comédie mais c'est pas drôle », c'est une comédie où à un moment il y a une giclée de sang ou alors c'est un film d'horreur mais à un moment ils font des blagues. C'est vraiment des réalisateurs et des scénaristes qui gèrent en rupture de temps vraiment, les dramas vraiment c'est ça, par rapport aux catégories habituelles des trucs américains.

Au jeu de l'hybridité, la *Hallyu* a donc, selon les jeunes, dépassé la pop culture états-unienne. Pour le dire avec Aude[2] : « La K-pop, c'est le côté reproduction au centuple de ce qui se passe aux États-Unis ».

Alors que les emprunts étaient, on l'a vu, sujets à des critiques dans le cas de la pop culture états-unienne et assimilés à des formes insidieuses d'appropriation culturelle, ils sont, dans le cas de la *Hallyu*, vantés comme des preuves de créativité et de dépassement du modèle américain. Si le mot

1. 24 ans, en recherche d'emploi après un bac+2, parents de classes populaires, originaire de Mayotte, fan depuis huit ans.

2. 26 ans, danseuse professionnelle, parents de classes supérieures, fan depuis cinq ans.

Hallyu s'écrit au singulier, la production sud-coréenne est déclinée au pluriel par ses amateurs qui soulignent combien la forte diversité des genres a été à même de séduire des publics variés. C'est ce qu'exprime Léa[1] : « Je pense que c'est la variété, la diversité. Donc en fait c'est vraiment, c'est vraiment juste la diversité qui y a dans tout ce qui est englobé dans la *Hallyu* [qui est attirante]. Il n'y a pas ça ailleurs ».

C'est l'hybridité qui élève, pour certains jeunes, la production sud-coréenne au rang d'art. Pauline[2] par exemple explique que le caractère novateur de la K-pop est la preuve d'une capacité unique à faire des produits très commerciaux une forme d'art :

> C'est de la musique pop qui se démarque des merdes américanisées qu'on a de nos jours, en fait la pop c'est super, mais pas n'importe laquelle, et la K-pop c'est vraiment une pop que je trouve colorée, novatrice dans l'expression des choses, l'expression des mouvements. C'est peut-être même une forme d'art pop, même si elle s'est ultra-marchandisée de nos jours... Mais quel art de nos jours ne l'est pas, hein ? Donc ça m'a marqué pour le regard différent apporté à une musique d'orientation pop, ça m'a permis de découvrir un autre visage de l'Asie aussi, le concept des *boys band* à l'asiatique si on peut dire, toute une façon de faire de la musique, un syncrétisme hybride.

Se passionner pour la *Hallyu* peut ainsi dans certains cas conduire à revendiquer une certaine dignité artistique, parfois bafouée, pour les cultures populaires juvéniles.

1. 20 ans, étudiante en école d'infirmières, parents de classes moyennes, fan depuis cinq ans.

2. 19 ans, en BTS management des unités de commerce, parents de classes moyennes, fan depuis cinq ans.

L'éloge de l'hybridité de la *Hallyu* porte également sur les stratégies transmédiatiques de ses producteurs, considérées comme un élément original par rapport aux créations concurrentes occidentales, en ce qu'elles créent des liens entre des éléments culturels de nature diverse, *via* les outils numériques, et favorisent les jeux de citations croisées. Comme le dit Jasmine[1] :

> Par exemple, dans une émission de cuisine comme tu peux en avoir partout, mais en fait ils vont inviter des stars de K-pop. Et c'est super bien travaillé parce qu'en fait tout est lié. Ils savent comment te faire aimer quelque chose, donc par exemple ils vont te montrer un plat de *tteokbokki*[2], mais ça va être ton chanteur préféré qui va l'avoir fait. Et du coup, déjà, tu vas avoir encore envie d'acheter des trucs liés à ce groupe-là et en plus tu vas avoir envie de goûter ce que ton *Idol* a fait.

Les jeunes interviewés voient ainsi dans le lien entre les divers produits ou supports médiatiques de la *Hallyu* l'une de ses forces.

c) Un panégyrique de la beauté

Le troisième argument que l'on retrouve fréquemment dans les entretiens porte sur le beau, ce mot étant probablement celui qui revient le plus souvent quand les fans décrivent les objets de leur passion. Ici, c'est plutôt la pop culture

1. 21 ans, travaille à temps partiel dans un restaurant coréen pour préparer l'entrée en master sciences politiques spécialité relations internationales, titulaire d'une licence de coréen de l'INALCO, parents de classes moyennes, origine vietnamienne, fan depuis neuf ans.

2. Le *tteokbokki* est un hors-d'œuvre coréen.

japonaise qui joue le rôle de référence puisque les jeunes réutilisent des concepts japonais pour décrire l'attraction qu'ils ressentent envers les produits sud-coréens. « Ils sont vachement dans le côté mignon, *kawaii* », affirme ainsi Léa[1].

La beauté des chanteurs et des acteurs est systématiquement mise en avant dans les interviews, qu'elle soit naturelle (les Coréens étant considérés comme beaux par les interviewés) ou bien atteinte au prix de certains efforts (par le changement de couleur des cheveux, par le maquillage – y compris chez les garçons –, par les très fréquents changements de tenue de scène durant les concerts, etc.). Plus largement, les jeunes notent que le souci de l'esthétique irrigue l'ensemble des produits de la *Hallyu*, et se voit aussi bien dans les décors et les paysages, très présents dans les K-dramas historiques, les costumes et les chorégraphies que dans les montages et l'ambiance visuelle et sonore. Lou[2] le dit ainsi : « Ben justement, ils prennent beaucoup plus soin à tout ce qui est esthétique et c'est tellement des formes d'esthétique et de beauté différentes que celles qu'on a l'habitude de voir ».

La langue coréenne ne fait pas exception à cet éloge de la beauté, nombreux étant les jeunes qui déclarent avoir été séduits par la sonorité de cette dernière, même si la majorité d'entre eux ne la comprend pas et ne la parle pas. Alice[3] déclare ainsi : « C'est ça qui me plaît le plus, c'est leur façon de s'exprimer et la langue aussi je la trouve très belle ». En dehors de toute compréhension sémantique, l'appréciation esthétique est citée comme élément facilitateur de la familiarisation. L'exemple de

1. 22 ans, au chômage après une licence pro de commerce international, parents de classes populaires, origine marocaine, fan depuis dix ans.

2. 18 ans, lycéenne, parents de classes supérieures, fan depuis deux ans.

3. 20 ans, au chômage, parents de classes moyennes, vient de La Réunion, fan depuis huit ans.

Jamila[1] démontre la puissance de cette appréhension esthétique de la langue qui l'a conduite vers la K-pop et les K-dramas :

> La langue en elle-même, elle m'a beaucoup beaucoup intéressée. Esthétiquement, déjà, je la trouve très jolie, et à l'entendre aussi j'aime beaucoup. Du coup c'est vraiment une langue qui m'a intéressée, qui m'a interpellée et j'ai commencé à écouter la musique, j'étais là en mode : « Ah, c'est trop bien ! » et tout. Et puis après quand j'ai vu les dramas enfin, heureusement qu'il y avait que de la VO ! Parce que si j'étais restée sur de la VF, franchement, j'aurais tout gâché !

Elle poursuit en évoquant les émotions que suscitent les sons de la langue coréenne :

> Le son en lui-même, enfin, la musique en elle-même parce qu'à ce moment-là je comprenais pas, donc dans tous les cas, les paroles, elles allaient pas très loin pour moi. Ouais, par exemple *12 Miracles of December* d'EXO*, celle-là elle me touche... Vraiment [*les larmes lui viennent aux yeux*].

Là encore, l'argument de la réception faible est battu en brèche : quoi de plus intense en termes esthétiques qu'un attachement à une langue que l'on ne comprend pas ?

d) La perfection par l'ascèse

Il importe de noter que dans les propos des jeunes le souci du beau coïncide avec la recherche du « parfait ». Ce culte de la perfection est considéré comme le point culminant de la beauté par des jeunes fans aux profils sociaux très

1. 21 ans, animatrice de centre de loisirs, parents de classes moyennes, origine marocaine, fan depuis sept ans.

variés. On le retrouve dans les propos de Kira[1], issue de l'immigration, de milieu populaire et au chômage, comme dans ceux d'Ophélie[2], issue des classes supérieures et actuellement en classes préparatoires. La première déclare en effet : « Par exemple, tu peux faire des recherches sur YouTube par rapport à un artiste que t'aimes bien, que t'as vu et que t'aimes bien, ça va être parfait, tu vas voir qu'il apparaît dans des émissions magnifiques, bien habillé, etc. ». Et la seconde de renchérir : « Finalement, ce que j'aime beaucoup dans l'industrie de la K-pop, c'est cette espèce de culte du parfait ».

Si le canon esthétique de la *Hallyu* se caractérise par la perfection, cette dernière serait, selon les jeunes fans, moins atteinte par le talent – qui n'est jamais mentionné dans les entretiens, ce qui rompt avec l'imaginaire occidental du génie de l'artiste créateur de son œuvre (Heinich, 2005 ; Menger, 2018) – que par la rigueur dans le travail. Si l'admiration de la perfection est commune à la plupart des jeunes interrogés, le panégyrique du travail est en revanche plus présent chez les jeunes de classes populaires et de classes moyennes, ainsi que parmi ceux issus de l'immigration. Stéphanie[3], aide-soignante, déclare : « Ils savent ce qu'ils veulent et ils savent qu'on n'a rien sans rien ». Abby[4], jeune femme d'origine comorienne, vendeuse dans un magasin qui, après avoir interrompu ses études, rêve d'une autre vie à l'étranger, affirme quant à elle :

1. 22 ans, au chômage après une licence pro de commerce international, parents de classes populaires, origine marocaine, fan depuis dix ans.

2. 24 ans, étudiante en post-master à Sciences Po, parents de classes supérieures, vient de Guadeloupe, fan depuis dix ans.

3. 28 ans, aide-soignante en hôpital, parents de classes moyennes, fan depuis dix ans.

4. 20 ans, hôte de caisse, parents de classes moyennes, origine comorienne, fan depuis huit ans.

« [Ce que j'aime, c'est] peut-être une rigueur particulière par rapport au travail qui pourrait mener peut-être à cette différence qu'eux créent entre eux et le reste du monde ». Le travail acharné démocratise la réussite et la mise en avant par les *Idols* elles-mêmes de la vertu de l'humilité qui accompagne l'effort renoue avec des valeurs souvent attribuées aux classes populaires ou moyennes (Vatin, 2015).

Ainsi, dans le domaine de la K-pop, l'un des points d'excellence le plus souvent relevés est la qualité de la synchronisation des chorégraphies fort complexes, de même que l'articulation du chant et de la danse. Cette excellence est particulièrement évoquée dans le cas des vidéoclips, notamment par Milann[1] :

> Quand tu fais la différence avec un clip américain et un clip coréen, le clip coréen, il est beaucoup plus coloré, il y a beaucoup plus de couleurs, il y aura beaucoup plus d'accent mis sur la chorégraphie, la mise en scène du clip. Et surtout la danse... Même au niveau des tenues, de la mise en scène, et des danses, parce que chaque chanson a sa chorégraphie. Alors que pour les artistes américains, ça ne sera pas forcément le cas. Et chaque chorégraphie est super-synchronisée.

Les fans connaissent les modes de sélection des artistes sud-coréens et la rigueur des entraînements qu'ils endurent pour devenir des performeurs complets. Toutes ces informations sont facilement accessibles sur les sites de leurs stars préférées ou dans les communautés d'amateurs, *via* les *making of*, les séances d'entraînement, les *backstages*, postés parfois quotidiennement. Nombre d'interviewés décrivent la durée des formations, listent les domaines auxquels les aspirantes *Idols* sont formées (chant, danse mais aussi arts

1. 21 ans, étudiant en L3 de sociologie, parents de classes moyennes, vient de Guadeloupe, fan depuis sept ans.

du spectacle, maîtrise des langues étrangères et connaissance des us et coutumes internationaux) et commentent l'exigence permanente de réussite qui préside à leurs vies. David[1] en fait un récit circonstancié :

> Ils travaillent énormément ! Surtout avant, c'est le pire ! Avant même de débuter, quand ils sont qu'en *training*, j'avais vu pas mal de reportages dessus, ils dorment très peu, ils ont des régimes très stricts, ils doivent faire des heures et des heures de cours pour bien s'entraîner et être parfaits, fin y a aussi énormément le physique qui compte, tout n'est pas rose ! Ensuite, une fois qu'ils ont débuté, le début c'est compliqué, et au fil des années, ça va se calmer. Mais c'est vrai, faut vraiment tenir le coup.

Le même éloge du travail est exprimé au sujet des K-dramas pour signaler la qualité des scénarios, très « construits » et « cohérents » selon les jeunes amateurs, ou le jeu d'acteur, caractérisé selon les fans par les « capacités expressives » des visages et des « regards », des « mimiques » et le « jeu avec les silences ». Puisque les K-dramas évitent les scènes explicitement érotiques, les relations affectives entre les individus, qui forment une trame classique des séries télévisées partout dans le monde, prennent un tour très psychologique et allusif : les amoureux se frôlent la main là où dans un équivalent occidental des scènes de baisers, voire de sexe, auraient déjà été insérées. Les gros plans sur les visages sont légion, qui mettent en valeur les expressions, les sentiments refoulés, les non-dits, et qui fondent « un travail d'acteur différent » requérant, selon les interviewés, une grande compétence actoriale. À la maîtrise de la mimique faciale s'ajoute celle de la gestuelle

1. 24 ans, en recherche d'emploi après un bac+2, parents de classes populaires, originaire de Mayotte, fan depuis huit ans.

lors des combats d'arts martiaux, du chant et de la danse puisqu'il n'est pas rare que les héros se battent, chantent ou dansent. Et on pourrait multiplier les exemples de jeunes qui vantent les mérites de l'apprentissage du métier d'acteur « à la sud-coréenne », c'est-à-dire « polyvalent » et « psychologisé », demandant une grande « application ».

e) Beauté et vertu

Ce culte de la perfection obtenue par le dur labeur se comprend mieux en intégrant la dimension morale de la beauté associée à la *Hallyu* : les jeunes mobilisent ces deux catégories d'appréciation de conserve, les reliant aux termes « vérité », « justesse », « profondeur », « authenticité » ou encore « honnêteté ». La question des engagements des artistes émerge ainsi rapidement dans la justification de l'attraction des jeunes pour la K-pop, comme l'illustrent les propos de Lou[1] au sujet du groupe BTS* :

> Plus que leur musique, c'est eux que j'aime bien ! C'est leur personnalité, même si celle-ci est un mythe. Et ils sont beaucoup plus honnêtes par rapport aux messages qu'ils essaient de faire passer, parce que justement dans la K-pop, enfin, y a quelque chose qui est très différent de la musique industrielle qu'on entend, ils sont beaucoup plus ouverts par rapport à ce qu'ils font, ils parlent avec de vrais messages à travers leur musique, qui parle de la société aussi, ils parlent aussi du fonctionnement de leur création de musique.

Cette qualité morale mêle vérité et sincérité émanant des *Idols* dans la contribution à l'amélioration du bien-être

1. 18 ans, lycéenne, parents de classes supérieures, fan depuis quatre ans.

collectif (« agir pour les autres », « s'investir dans des causes ») ou individuel (« se sentir mieux », « prendre confiance en soi »), et messages optimistes véhiculés par les produits. Il est intéressant de noter que les fans les plus engagés dans leur passion se recrutent parmi les franges de la population qui pensent subir certains effets négatifs de la globalisation (notamment le chômage et les discriminations raciales, en particulier chez les jeunes issus de l'immigration et/ou des classes populaires). Leur attachement à des *Idols* dont les apparences et les messages sont beaux et bons les aide à refaçonner leur perception de la globalisation d'une manière plus positive (Jung, 2015). Mais cette vision positive se fait sans naïveté (c'est le « mythe » qu'évoque Lou) : les jeunes ne sont pas dupes des contraintes – tels le dur labeur et l'âpreté de la concurrence entre aspirantes *Idols* –, ni du paradoxe entre un message d'acceptation de soi et un environnement où la force de la norme de beauté précipite un grand nombre de Sud-Coréens dans la chirurgie esthétique.

IV. Les ressources de l'intimité numérique

Dans ce processus de construction du goût de la *Hallyu*, il est important de souligner le rôle majeur joué par les réseaux sociaux dans la mise en contact de publics avec des produits d'origines très variées, ainsi que dans la mise en réseau de consommateurs venus des quatre coins du monde dans des forums, des *fandoms* (communautés de fans) transnationaux. Puissamment imbriquée dans les TIC, la *Hallyu* est devenue elle-même un régime technoculturel aux expériences variées (car elle permet d'écouter, regarder, jouer, mais aussi d'apprendre, de faire, de partager, de se socialiser) qui a trouvé un écho favorable en France, où ces cultures participatives se sont fortement développées (Flichy, 2010).

a) La mobilisation culturelle

Les réseaux sont en effet centraux dans la vie des fans de la *Hallyu* à plusieurs titres. D'abord, ils réduisent les difficultés liées à l'accès aux produits et aux informations les concernant. Alors que les chansons japonaises restent globalement encore d'accès difficile, la *Hallyu* s'est en revanche développée en symbiose avec Internet, les réseaux sociaux et leurs communautés. Stéphanie[1], fan de K-dramas de la première heure, raconte ainsi le temps de la recherche de ses produits favoris dans la période précédant les années 2010 comme l'histoire de la constitution d'une communauté de passionnés qui devaient s'entraider pour accéder aux objets de leur passion :

> À l'époque, pour pouvoir accéder aux K-dramas, t'étais obligé d'être sur des forums de *teams* qui traduisaient. Donc là t'avais pas le choix de te faire un réseau, pas le choix. À l'époque en tout cas. Maintenant, t'as encore deux, trois *teams* qui persévèrent à faire des traductions de dramas, mais t'attends trois semaines, ils sont sur Netflix donc ça vaut pas trop le coup. Je pense qu'après, grâce à tous ces *teams* aussi, la vague *Hallyu*, elle est là grâce au travail de tous les fans internationaux, parce que si jamais y avait pas eu de traduction, personne aurait pu avoir accès à tout ça. Donc merci Internet, merci aux fans traducteurs, merci à ces communautés.

1. 28 ans, aide-soignante en hôpital, parents de classes moyennes, fan depuis dix ans.

Dans la vague de la *Hallyu 2.0*, la K-pop, en particulier, a ainsi ménagé de multiples points d'entrée afin de faciliter la participation des publics (Takacs, 2014). Tous les réseaux sont en effet mobilisés : les interviewés mentionnent tout à la fois les chaînes YouTube, premières sources de contact avec les contenus, mais aussi Twitter, Snapchat, Instagram, V Life, TikTok. Ces réseaux fournissent un grand nombre d'informations et de contenus en lien avec la *Hallyu* au rythme soutenu des actualisations, ce qui suppose de la part des fans une mobilisation permanente, comme l'explique Corentin[1] :

> J'suis sur Instagram comme réseau social par exemple. Dans neuf jours, y a l'nouvel album BTS* qui sort. Donc forcément y a le teaser qui va avec. Et sur Instagram, ça fait deux fois en deux jours, ils sortent des trucs, sur Twitter aussi. C'est là où, en général, les informations apparaissent en premier. Évidemment, tous les comptes de BTS officiels, avec les comptes des fans aussi, les comptes BTS BANGTAN France, sur lequel j'suis abonné : c'est un compte des ARMY français et françaises, pratiquement 40 000 abonnés, hein. Et puis y a des trucs qui viennent à moi parce que je suis abonné, sur les réseaux, les pages officielles, la page des fans de mon pays.

Tirant profit de la façon la plus efficace de la montée en puissance des cultures participatives, la *Hallyu 2.0* opère comme une technologie culturelle transnationale d'implication des consommateurs (Hu, 2015 ; Lee et Kuwahara, 2014) : les fans favorisent la diffusion des objets de leur passion, en les faisant circuler, en les commentant, en les entourant de paratextes explicatifs, voire en les sous-titrant, pratiques qui sont centrales dans le succès de la *Hallyu*

1. 19 ans, en service civique après une L1 de journalisme, parents de classes moyennes, fan depuis trois ans.

dans le monde. Les communautés de fans deviennent des influenceurs sur les marchés physiques, comme le raconte Coralie[1] : « Par exemple, la base française a réussi à négocier pour que toute FNAC internationale vende tous les albums, enfin tous les *goodies* et albums de BTS*. Avant il n'y en avait pas ». Les actions des *fanbases* sont connues internationalement, le cas emblématique étant celui du soutien apporté par le fan-club du groupe TVXQ*, fin 2009, dans le conflit qui a opposé trois des cinq membres à leur société de production, SM Entertainment, et qui a abouti à une révision du cadre légal et à une meilleure protection des artistes.

L'ensemble des pratiques transnationales des amateurs a été désigné par JungBong Choi (2015*a*) comme une « mobilisation culturelle ». Les réseaux de fans entretiennent une communauté de goûts qui s'émancipe des proximités culturelles *a priori* : « Les fans deviennent des fans non pas (nécessairement) en raison de différences ou de similitudes culturelles ou nationales, mais en raison d'un moment d'affinité entre le fan et l'objet transculturel » (Chin et Morimoto, 2013, p. 104-105). Cette mise en commun s'appuie moins sur les profils des populations que sur des comportements et des rites hautement codifiés, liés aux passions des fans : modes d'accès aux contenus, suivi d'événements, contributions à des discussions collectives, partages et commentaires sur les réseaux en sont des exemples communs. La collection d'objets est l'un des supports de ces rituels, évoqués par de nombreux interviewés : elle associe les albums physiques (parfois déclinés en plusieurs versions qui contiennent des bonus et des *goodies*), *lightsticks* (bâtons lumineux),

1. 19 ans, en recherche d'emploi après deux ans d'école de journalisme (qu'elle n'a pas finie), parents de classes moyennes, fan depuis six ans.

posters, cartes photo et d'innombrables *merch*[1], et stimule des échanges multiples et transnationaux entre fans dont nos entretiens portent de nombreuses traces.

b) Les effets de proximité avec les Idols

Cette mobilisation culturelle est fondée sur une forme d'« intimité numérique » (Choi, 2015*b*) entre des individus qui n'ont en commun que la force d'une passion partagée et qui échangent, collaborent, créent des liens à forte dimension émotionnelle. En renouant avec ce que Mark Granovetter (1983) avait montré de la force des liens faibles, on observe qu'à l'ère du 2.0 ce ne sont plus les amis des amis (dans le monde physique) qui procurent des ressources, mais des amis rencontrés le plus souvent uniquement virtuellement, avec lesquels se partage une passion : ces liens, souvent transnationaux, renforcent l'expertise commune et procurent des bénéfices narcissiques et psychologiques liés à l'établissement de liens cosmopolites qui s'émancipent de la proximité géographique, culturelle, linguistique ou sociale. Par ailleurs, c'est parce que la *Hallyu* provient d'un pays éloigné, dont il est peu probable que tous les fans puissent le visiter un jour (même si nombre d'entre eux le souhaitent), que la force des liens numériques s'accroît : à la distance géographique répond un investissement intense qui vise à resserrer les liens et à se rapprocher du lointain.

Cette intimité numérique transnationale est notamment mentionnée quand les fans utilisent les mots « famille »,

1. Produits du *merchandising* des marques des groupes de K-pop ou des *Idols*, allant de la coque de téléphone aux vêtements en passant par la papeterie.

« communauté », « proches », « *alter ego* », comme le font entre autres Corentin[1], membre des fan-clubs des groupes BTS* et Blackpink*, Carla[2], membre du fan-club du groupe GOT*, Aya[3], membre du fan-club d'ATEEZ*, et Manon[4], membre de la communauté Internet « Biscuit Family » (qui promeut les cultures japonaise et coréenne). Cette intimité digitale, qui est une médiation spécifique opérée par les réseaux globalisés, produit une diversification et un renforcement des contacts et des interactions à une échelle large, au sein des *fandoms*, autour des contenus et de rites culturels.

Or cette intimité est nourrie et actualisée régulièrement par toute une série de pratiques participatives de fans qui lient ces derniers à leurs *Idols* en oscillant entre registre privé et registre public. Là encore, la comparaison entre produits états-uniens et produits de la *Hallyu* s'opère au détriment des premiers. Les jeunes estiment que les interventions des stars, notamment américaines, sont la plupart du temps ponctuelles et ne cherchent qu'à faire du buzz médiatique : ils citent par exemple les tweets provocateurs de Miley Cyrus, les confessions amoureuses de Justin Bieber ou encore la forte présence « people » sur les réseaux numériques des membres de la famille Kardashian. Ils soulignent que, dans le cas de la *Hallyu*, la présence numérique porte plus nettement sur les productions culturelles, notamment dans le domaine de la K-pop, puisque les *Idols* partagent les

1. 19 ans, en service civique (après une L1 de journalisme), parents de classes moyennes, fan depuis trois ans.

2. 20 ans, étudiante en troisième année de classes préparatoires, origine algérienne, fan depuis trois ans.

3. 19 ans, étudiante en L2 bilingue espagnol-anglais, parents de classes populaires, origine marocaine, fan depuis deux ans.

4. 20 ans, étudiante en L3 langue et communication internationale, parents de classes moyennes, fan depuis six ans.

sorties, les répétitions, les avant-premières et relient quasi systématiquement leur vie privée à leur activité créatrice, par exemple en se filmant dans leurs dortoirs communs en train de s'entraider pour répéter les pas de danse après les entraînements. Par ailleurs, les messages professionnels des groupes de K-pop comme des acteurs et actrices célèbres se placent souvent sur le registre de l'intime, ce qui engendre un effet de proximité accrue de type dialogique, voire conversationnel. C'est ce que décrit Ophélie[1] :

> Ils vont se connecter et faire des *live* avec les fans, parce que vraiment on peut échanger avec eux. Et donc c'est cette proximité que tu vas pas retrouver avec d'autres genres musicaux. Et ils ont, du coup, sur cette application-ci aussi, des émissions, qui sont à eux. Même quand t'es dans les *live* chaque fois, tu les vois en direct, ils nous posent même des questions et les fans répondent. Parce qu'ils veulent savoir ce qu'on fait... et même parfois ils nous disent : « Surtout faites attention en sortant, il fait froid, couvrez-vous bien, soyez pas malade ». Et même eux parfois ils vont partager ce qu'ils ont fait, quand ils ne se sentent pas bien, et ils vont en parler.

Cet enchevêtrement de liens numériques quotidiens, qui donne le sentiment d'échanges synchrones, favorise des effets d'intimité très puissants permettant la réappropriation de contenus *a priori* éloignés et la réduction de la distance par la production de significations locales : les interprétations par les fans, *via* les *covers*, les *flash mobs*, mais également les discussions nombreuses sur les forums et au sein des *fandoms*, facilitent la construction d'une intimité imaginée et intensément vécue.

1. 27 ans, travaille dans un magasin de prêt-à-porter à Paris, vient de Guadeloupe, fan depuis une dizaine d'années.

K-pop, soft power *et culture globale*

La vague pop culturelle japonaise, qui a trouvé un terrain d'élection en France dans les années 1990, et qui a marqué les consommations culturelles de l'enfance et de l'adolescence des jeunes interviewés, les a indéniablement préparés à la rencontre avec la *Hallyu*, en développant chez eux le goût de la différence exotique et la recherche d'alternatives de qualité au *mainstream* américain ou plus largement occidental. Cette familiarité avec les produits japonais a posé les prémisses de la réception de la *Hallyu* qui a ajouté à la vague nipponne une dimension esthétique renforcée, une connotation géopolitique nouvelle et a bénéficié pleinement des effets de proximité créés par la montée du numérique.

Chapitre 6
Enchantements et désenchantements de l'ailleurs

> Bien qu'il y ait de nombreux avantages, il y a un inconvénient important que, selon moi, la plupart des gens négligent : l'exotisme. Il y a une différence entre accepter sa propre culture et romancer les idées d'un pays étranger. Avec la romantisation, une personne se permet de voir une image idéale de quelque chose ; c'est une véritable utopie.
>
> (Tibbetts, 2020)

Il convient maintenant de se pencher sur la dimension axiologique du travail de l'amateur, c'est-à-dire la manière dont celui-ci utilise l'ensemble des connaissances acquises à travers ses consommations des produits *Hallyu* pour se construire une représentation normative de ce qu'est ou devrait être une « société bonne », à même d'assurer à ses habitants une vie décente, à l'abri des inégalités, injustices et discriminations les plus criantes. Par un jeu de mise en miroir de deux sociétés fort distinctes et éloignées géographiquement, culturellement et historiquement – les sociétés sud-coréenne et française –, les jeunes fans explorent les enchantements et désenchantements que chacune offre, en prenant pour point d'appui ce qu'ils retiennent ou supposent de l'une et ce qu'ils vivent de l'autre. À entendre le jeu comparatif opéré par ces jeunes, une « société bonne » n'est située nulle part, sauf dans l'espace idéal et tiers des qualités de chacune des sociétés : la passion pour la *Hallyu* paraît donc lucide et prend le visage de l'*u-topie*, au sens littéral du terme.

Pour mieux mettre en évidence la force de cette socialisation médiée à l'altérité et son rôle dans la construction d'une représentation d'une société souhaitable, nous nous centrons dans ce chapitre sur les jeunes fans qui ne se sont jamais rendus en Corée du Sud – majoritaires dans notre échantillon –, car l'expérience du séjour relève d'autres mécanismes que ceux qui retiennent notre attention ici, comme cela a été montré pour les voyages de formation des jeunes en Europe (Cicchelli, 2012). Dans le cas des fans qui n'ont pas d'expérience directe de la Corée du Sud, seule la consommation des produits culturels fournit les bases d'une ethnographie médiée tout en autorisant un retour réflexif sur soi.

I. La *Hallyu* et la culture sud-coréenne

Jamais naïfs ou crédules à l'égard des opérations de marketing qui visent à donner une image attractive de la Corée du Sud à travers la *Hallyu*, les interviewés font une lecture duale de la société sud-coréenne, en considérant les produits qui en sont issus aussi bien comme un « miroir » que comme une « façade ».

a) Du miroir

Les produits culturels peuvent parfois être considérés comme un miroir de la culture et de la société d'origine. Les propos de Lila[1] illustrent à dessein cette posture :

> Ce qui est intéressant, c'est que c'est une culture vraiment différente, les adolescentes qui s'intéressent à la Corée souvent c'est pour la K-pop, mais en fait même à travers la K-pop on en apprend beaucoup sur la culture, peut-être pas qu'à travers la K-pop, mais à travers les K-dramas aussi, on en apprend quand même beaucoup sur la culture et le fait que ça soit vraiment différent de notre culture à nous.

Pour d'autres, ce transfert d'intérêt traduit une démarche plus active, bien que, le plus souvent, celle-ci ne suive pas un programme préétabli. C'est ce que suggère Coralie[2] :

> En fait, à partir du moment où tu adoptes la *Hallyu*, tu adoptes la culture coréenne. Par la K-pop et les K-dramas, je me suis intéressée à la culture coréenne, les reportages, les livres pour voir comment ça se passait. La culture coréenne, faut adopter tout ce qui est service militaire, nourriture épicée. La culture du kimono, qui est aussi différente du kimono japonais. La culture du respect, du respect de l'ancien. Tout ça, c'est une acceptation qui se fait par la K-pop et les K-dramas, parce que les K-dramas sont une vision de la vie quotidienne.

1. 25 ans, consultante en développement durable, parents de classes supérieures, fan depuis cinq ans.

2. 19 ans, en recherche d'emploi après deux ans dans une école de journalisme (diplôme non achevé, année de césure), parents de classes moyennes, fan depuis six ans.

Coralie procède ainsi par synecdoque, en égrenant les éléments qui composent la culture coréenne qu'elle se représente comme un tout.

Selon Julie[1], tous les produits culturels de la *Hallyu* sont aptes à rendre compte des manières de faire, de penser, de créer : « Forcément, la *Hallyu* étant généralement le reflet de la population d'un groupe ou du moins ceux à quoi ils s'identifient ou souhaitent s'identifier... Ouais, c'est un bon miroir pour approcher un peu la société coréenne ». Une description détaillée de la société sud-coréenne émerge en filigrane. Telle une ethnographe ordinaire, Julie s'attache à dénicher « les enjeux sociaux », représentés par la production culturelle, voie d'accès à une compréhension holiste de cette société qui permet de saisir de l'intérieur ce que ses habitants « attendent de leur vie, les points de fixation, de frustration aussi ». Et cette jeune femme d'égrener pêle-mêle ce qu'elle y décèle : « l'ascension sociale, la rivalité de classe, mais aussi le *mindset*, la manière dont s'organisent leurs pensées et leurs idées ; l'importance de la famille, la vision collectiviste du monde, les valeurs qui sont mises en avant, le courage, la justice, la lutte face à l'oppression des plus riches ».

Si les fans n'ignorent pas qu'ils ont affaire à des produits culturels faisant l'objet d'un travail artistique et fictionnel sophistiqué, et si l'autonomie du langage artistique n'est pas niée, leur croyance dans le déterminisme culturaliste autorise certains à penser pouvoir lire la société et la culture sud-coréennes à l'aune des produits de la *Hallyu*. Ces interviewés estiment que les traits culturels et le contexte historique auxquels les produits renvoient résistent à la fictionnalisation, ou plus précisément, donnent à cette déformation

1. 18 ans, étudiante en première année d'études de puériculture, parents de classes moyennes, fan depuis six ans.

fictionnelle une orientation spécifique qui maintient l'accès à une « vérité » sous-jacente. C'est ce que souligne Khadija[1] :

> Je pense que les choix qui se sont faits dans les histoires des films, les plans, les thèmes abordés dans les clips ou séries, ça reflète quand même les valeurs d'un pays, du moins quelques-unes d'entre elles. Peut-être même les plus fortes, celles qui sont déjà bien intériorisées. Ce n'est peut-être même pas véritablement voulu, c'est juste que ce sont des valeurs tellement fortes, tellement ancrées dans leurs mentalités depuis qu'ils sont nés qu'ils se reflètent dans leurs travaux sans s'en rendre compte.

b) De la façade

Certains jeunes souhaitent en revanche traverser le miroir de la *Hallyu*. Au terme d'une recherche personnelle, alimentée par le visionnage de documentaires, la lecture de livres ou de magazines, la consultation de sites spécialisés, ils concluent que ces produits ne sont qu'une « façade ». Déchirant le voile des apparences, qu'ils persistent néanmoins à considérer « positif », « dynamique », « beau » et « séduisant », certains d'entre eux insistent sur la nécessité de ne pas prendre pour argent comptant les messages, images, représentations véhiculées par les produits. C'est ce que souligne Marine[2] : « Je pense que tout ce que je consomme, ça ne reflète pas du tout ce qui se passe, et je

1. 20 ans, étudiante en licence de gestion de patrimoine en alternance, parents de classes supérieures, origine tunisienne, fan depuis trois ans.

2. 21 ans, conseillère de vente dans le prêt-à-porter pour enfant (après un CAP esthétique non validé), parents de classes populaires, fan depuis dix ans.

pense qu'en Corée on nous montre une belle image *via* la K-pop, les dramas et tout ça, mais qu'au final derrière c'est plutôt sombre et c'est pas forcément parfait ». Puisque la *Hallyu* est une façade, c'est la dynamique du dévoilement qui domine ici, comme l'indique Manon[1] :

> Tu vois, le drama *Sky Castle** par exemple, ils réussissent tous, mais entre-temps il y a beaucoup de suicides et tout ça. Et puis la *Hallyu* c'est une façade, ça montre une certaine idée de la Corée, mais il y a plein de nuances. Ils réussissent, mais il y a beaucoup de sacrifices pour réussir.

Cette lecture critique se développe au fil de la passion, les fans les plus anciens étant les plus diserts sur le sujet, qu'ils soient dotés de capitaux culturels ou non, et quelles que soient l'ancienneté et l'ampleur de leur expérience de l'interculturalité. Ainsi, Kira[2], une jeune fille issue de l'immigration et au chômage, fan depuis dix ans, déclare :

> Ça, c'est la liberté de chacun de vouloir creuser ou pas tu vois. Tu peux faire des recherches sur YouTube par rapport à un artiste que t'aimes bien, que t'as vu et que t'aimes bien, ça va être parfait, tu vas voir qu'il apparaît dans des émissions magnifiques, bien habillé, etc. Tu te dis que : « Waouh ! Mais en fait en Corée ils sont tous beaux, ils sont tous bien habillés, ils sont tous bien maquillés ! » Après t'allumes la télé en France, tu mets la 6 et tu tombes sur « Capital » ou quelque chose qui te parle de la crise en

1. 20 ans, étudiante en L3 langue et communication internationale, parents de classes moyennes, fan depuis six ans.

2. 22 ans, au chômage après de nombreux petits boulots dans l'hôtellerie, après une licence pro de commerce international, parents de classes populaires, origine marocaine, fan depuis dix ans.

Corée, de la pauvreté et t'es en mode : « Ah... » Tu prends ou tu laisses ce que tu veux, c'est un choix.

Delphine[1], jeune fille issue des classes supérieures, fait montre de la même lecture critique : « Mais il faut relativiser, souvent dans les dramas, c'est des histoires de Cendrillon, de trucs comme ça. Évidemment, ce n'est pas la vraie vie... » Même les fans les plus récents esquissent cette critique, comme le suggèrent les propos de Lou[2], fan depuis deux ans, et qui déclare : « En même temps, je sais bien que tout ce qu'on nous montre, c'est pas la vie. Les gens dansent pas dans la rue comme dans ce qu'on voit dans les clips et tout. Faut creuser ».

II. Les lumières sud-coréennes

Ce jeu de comparaisons permet aux jeunes de se représenter positivement la société sud-coréenne en mettant en avant quatre qualités principales, fortement articulées entre elles. La force de la *Hallyu* se traduit d'abord par sa capacité à fournir une vision positive de l'avenir de la Corée du Sud, elle-même fondée sur l'idéal d'un heureux mélange entre tradition et modernité sachant préserver le passé sans renoncer à innover. Tournée avec assurance vers un avenir perçu comme non menaçant, la société sud-coréenne garderait ainsi un respect pour les relations interpersonnelles et valoriserait un modèle doux de masculinité, minoritaire

1. 24 ans, étudiante en école post-master à Sciences Po, parents de classes supérieures, fan depuis dix ans.
2. 18 ans, lycéenne, parents de classes supérieures, fan depuis quatre ans.

dans les cultures occidentales, et indissociable d'une nouvelle romance proposée par ces produits.

On comprend aisément que ces quatre thématiques dominent la lecture sociétale que les fans font des produits de la *Hallyu* : celles-ci sont au cœur des problématiques du vivre ensemble dans les sociétés occidentales, sous la conjonction de deux mouvements. D'abord, le déclinisme contemporain qui alimente le goût pour les « rétrovolutions » (Amselle, 2010) ou « rétrotopies » (Bauman, 2010), voire pour des formes d'antihumanisme (Wolff, 2017), est fort en Occident : ces idéologies désignent un changement de régime temporel où l'attrait pour le passé semble orienter le regard au détriment de la foi en l'avenir, elles sont à l'origine de diverses paniques morales concernant le maintien du lien social, issues notamment de la montée des incivilités, de la fragmentation de la société, d'un individualisme considéré comme débridé, et plus largement d'un renoncement à l'universel. Ensuite, la persistance des inégalités entre hommes et femmes pointée par les organismes internationaux et nationaux, malgré des années de luttes féministes contre la masculinité viriliste, interroge sur la capacité des sociétés occidentales à dépasser les apories du genre. Ainsi que l'a montré clairement le mouvement global *#MeToo*, l'hypersexualisation des relations entre hommes et femmes sur fond de domination masculine résiste aux campagnes de prévention et d'éducation et ne semble laisser que peu de place à la romance.

a) Des lendemains qui chantent

Les fans savent que les générations sud-coréennes les plus âgées ont connu des bouleversements majeurs : la guerre, qui a conduit à une partition de la Corée dont les ravages se font encore sentir et qui est souvent évoquée dans la production culturelle, la misère de l'après-guerre, des années de dictature et un développement économique et technologique au pas de charge qui a désenclavé le pays, mais creusé certaines inégalités. Dans ces transformations rapides, l'aptitude de la Corée du Sud à concilier modernisation rapide et forte capacité à innover, d'une part, et à préserver des legs du passé, d'autre part, forcent l'admiration des jeunes fans. C'est ce que souligne Ludivine[1] : « Ce qui est intéressant chez eux, c'est qu'ils sont dans un entre-deux. Nous, on est passés aussi par cet entre-deux entre tradition et modernité ». C'est bien ce subtil mélange qui fait dire aux jeunes que la Corée du Sud est tournée vers un avenir rassurant et non menaçant.

Pour les jeunes fans, cette orientation se laisse tout particulièrement voir dans les produits de la *Hallyu* à travers l'engouement pour le progrès et par l'adoption d'une vision positive de la modernité en général. Omniprésence de la domotique, des intelligences artificielles et des technologies de l'information et de la communication, futurisme des gratte-ciels et des architectures en sont des signes visibles, abondamment repris dans les K-dramas, les clips de K-pop, les émissions de télévision sud-coréennes et les *manhwas*. Cette modernité positive est considérée comme source de fierté par les fans car elle est le signe de la réussite du pays dans la compétition mondiale, comme le souligne Alex[2] :

> La Corée reste un des pionniers dans différents secteurs, que ce soit l'informatique, l'aéronautique, l'automobile, c'est

1. 21 ans, étudiante en troisième année de bachelor business développement, parents de classes supérieures, fan depuis deux ans.

2. 22 ans, agent de maîtrise et chef de brigade dans un hôtel cinq étoiles parisien, parents de classes supérieures, origine américaine, fan depuis cinq ans.

toujours intéressant de voir la perception du monde d'un des leaders dans certains secteurs, et de voir comment eux se différencient par rapport aux autres pays qui eux ont pas forcément cet attrait-là.

La modernisation de la société sud-coréenne est donc admirée tant pour ses qualités propres que pour sa capacité à proposer une alternative, élément d'autant plus souligné que certains fans s'estiment en difficulté dans la société française. C'est l'exemple de Kira[1], une jeune femme d'origine immigrée qui dit enchaîner les petits boulots « sans parvenir à se stabiliser » : « Les Coréens, ils sont très fiers de leur pays, mais ils ont quand même conscience de la petitesse du pays, surtout par rapport à leur histoire, donc du coup le fait que ce petit pays qui est le leur a pu exporter autant et influencer autant d'étrangers, c'est vraiment unique pour eux ».

b) Tradition confucéenne et respect d'autrui

Fortement empreinte de confucianisme, la société sud-coréenne semble enviable parce qu'elle met en avant le respect dans la régulation des relations interindividuelles. Les interviewés y retrouvent les traces de l'enseignement de Confucius et des cinq grandes relations (*oryun*) sur lesquelles reposent les règles morales et les relations sociales : justice, vertu et fidélité entre le roi et ses sujets ; affection (soin et respect) entre le père et le fils ; étiquette, respect et justice entre le mari et la femme avec une claire séparation des positions et des devoirs ; soumission des plus jeunes aux plus vieux ; et enfin, confiance

1. 22 ans, au chômage après de nombreux petits boulots dans l'hôtellerie (licence pro de commerce international), parents de classes populaires, origine marocaine, fan depuis dix ans.

entre les amis. Ces cinq règles de la vie commune font système au bénéfice de l'unité du corps social et de la supériorité morale de la collectivité. Anne[1] déclare : « C'est important le respect qu'ils peuvent montrer les uns envers les autres. Dans la langue, il y a sept niveaux de langage pour montrer son respect en fonction de la personne à qui on parle ».

Le respect envers les autres se laisse voir par une politesse diffuse qui semble rendre les relations plus « douces », « calmes », « aimantes » et « simples ». Une douceur « typiquement asiatique » retient l'attention des jeunes, notamment quand s'exprime le *jeong*, cette « sorte de bienveillance qui ne se limite pas à des sentiments, mais s'exprime aussi par des actes, si discrets soient-ils, forme de gentillesse, d'affection, d'attachement et de compréhension mutuelle prise dans le temps » (Daussy, 2019, p. 186). Les jeunes retrouvent de nombreuses traces du *jeong* dans les séries télévisées, dans les vidéoclips ou dans les interactions avec les *Idols*. Ainsi, ils racontent comment les garçons sud-coréens proposent systématiquement à leurs copines de porter leur sac, rappellent combien les groupes de K-pop sont soucieux du bien-être de leurs fans ou soulignent la dimension fortement psychologisée des fictions de la *Hallyu*, où l'action des personnages est toujours animée par l'interprétation des sentiments et l'anticipation des besoins d'autrui.

Cette gestion des relations interindividuelles tranche avec ce que les jeunes perçoivent de leur propre société et plus largement des sociétés occidentales, les États-Unis faisant, une fois encore, figure de repoussoir. Ainsi, Khadija[2] déclare :

1. 29 ans, auxiliaire de puériculture, parents de classes moyennes, fan depuis trois ans.

2. 20 ans, étudiante en licence de gestion de patrimoine en alternance, parents de classes supérieures, origine tunisienne, fan depuis trois ans.

> Ils ont vraiment une culture du respect que bah malheureusement tu vas pas retrouver chez nous ou aux États-Unis, c'est très présent en fait dans leur attitude, c'est vraiment très spontané, c'est quelque chose même qui est appréciable, parce que tu vas regarder des fois des émissions américaines où tu sais que tout est des fois un peu faux-cul malheureusement.

De nombreux fans issus de l'immigration se déclarent sensibles à ce respect et cette pudeur des sentiments. Mériem[1], jeune femme d'origine tunisienne, y voit un point commun entre la culture sud-coréenne et sa propre culture : « La pudeur, c'est comme chez nous, on s'embrasse pas, il n'y a pas d'effusion, et pas toujours du sexe partout », déclare-t-elle. Amina[2], jeune femme d'origine marocaine, se sent proche de la retenue visuelle des vidéoclips : « Il y a le style dans les clips, ils se préservent vraiment, en fait ils ne montrent pas grand-chose comme dans les clips américains où là on voit tout, je ne dirai pas les détails, mais on voit plus de choses que dans les clips coréens. Je m'y retrouve ». D'autres jeunes réfèrent leur critique de la société française à leur propre expérience en France. Louna[3], serveuse dans la restauration, dit être confrontée à des incivilités fréquentes : « Dans leur culture, ben déjà la politesse ! Ça, c'est la première chose. C'est qu'en France on va dire qu'y en a plus, et y en a plus depuis d'ailleurs longtemps. Et c'est ça aussi qui m'a beaucoup rattachée, parce que je trouve que ça quand même c'est important ».

1. 29 ans, *data scientist*, parents de classes supérieures, origine tunisienne, fan depuis dix ans.

2. 24 ans, infirmière, parents de classes moyennes, origine marocaine, fan depuis onze ans.

3. 18 ans, serveuse dans la restauration (passe le bac en candidat libre), parents de classes populaires, fan depuis trois ans.

c) La douceur des hommes

Des codes de la masculinité qui s'éloignent de la masculinité hégémonique occidentale constituent la troisième dimension de ce désirable coréen. Cette masculinité, désignée comme « tendre » ou « soft » (Jung, 2011 ; Oh, 2014), se traduit par l'existence d'un fort souci esthétique chez les garçons. Lou[1] définit ainsi cette norme esthétique masculine comme une intégration de pratiques du corps (soins et parures) d'ordinaire réservées aux femmes :

> Ils prennent beaucoup plus soin à tout ce qui est esthétique et c'est tellement des formes d'esthétique et de beauté différentes que celles qu'on a l'habitude de voir. Par exemple, des garçons qui portent des boucles d'oreille, qui n'ont pas de barbe, qui ont une peau vraiment fine, lisse, qui prennent beaucoup plus soin d'eux en fait, qui portent des habits très différents de ce qu'on peut voir d'habitude, alors que si on met ça pour un public américain, ils vont faire : « Ah ! c'est des pédés », ou des trucs comme ça, quoi[2].

Les propos d'Amina[3] confortent l'idée d'une définition de la masculinité à rebours des représentations occidentales dominantes : « On me dit souvent ça quand je regarde les clips, parce que c'est vrai que les Asiatiques sont assez efféminés, on ne va pas se mentir, on le dit nous-mêmes, y en

1. 18 ans, lycéenne, parents de classes supérieures, fan depuis quatre ans.
2. Un exemple pour s'en convaincre : une scène de *Descendants of the Sun**, qui se déroule dans un campement militaire sud-coréen situé en Albanie, montre les soldats et officiers en train de se faire un masque de beauté avant de partir en permission.
3. 24 ans, infirmière, parents de classes moyennes, origine marocaine, fan depuis dix ans.

a énormément qui sont assez efféminés, mais on confirme très très bien : c'est des hommes ». Abby[1] quant à elle met l'accent sur les pratiques de soin ainsi que sur les *hexis* corporelles des jeunes Sud-Coréens et des jeunes Français :

> Les hommes en Corée prennent vraiment soin d'eux. On ne voit pas spécialement les mecs prendre soin d'eux en France pour gérer leur acné, leurs boutons, leur dentition. Là-bas, c'est vraiment la norme, quoi, ils ont des produits, ils font des masques, ils prennent vraiment soin de leur peau. Ici, en France, ils pensent que tout ça c'est que pour les femmes alors que c'est pour tout le monde. Un homme a très bien le droit de mettre du fond de teint pour cacher les imperfections. Un gars qui prend bien soin de lui, moi je dis O.K., moi je prends direct, mais une personne qui se néglige, non, non, non. En plus, je trouve que les Coréens sont mieux habillés que les Français. C'est mieux qu'en France : le fait que les pantalons soient baissés, on voit leurs caleçons, ça par contre non. Leur façon de marcher aussi que je n'aime pas du tout, vraiment en mode racaille. Il faut bien être élancé, être droit.

Sur ce point, les propos des jeunes femmes se rejoignent, quels que soient les milieux sociaux, les trajectoires migratoires, les itinéraires scolaires ou professionnels, ou même l'ancienneté de leur passion.

Cette nouvelle masculinité peut être considérée comme une victoire du regard féminin (« *female gaze* ») (Goddard, 2000) et un signe de l'*empowerment* féminin que certaines jeunes femmes appellent de leurs vœux. Il s'agit pour elles, et selon leurs termes, de « vaincre les préjugés » et de déplacer les normes vers une « masculinité féminine »

1. 20 ans, hôte de caisse, parents de classes moyennes, origine comorienne, fan depuis trois ans.

(Hooper, 2001). Nombre d'entre elles soulignent ainsi que les hommes sud-coréens ne sont pas « machos », qu'ils « sont tendres » et qu'ils expriment leurs « sentiments », à la différence de la plupart des hommes de leur entourage. C'est bien le procès de la masculinité hégémonique, définie par la force, l'assurance et l'introversion des sentiments, que ces jeunes femmes font à travers leur récit de la valorisation de formes alternatives de masculinité, souvent subordonnées et marginalisées dans les sociétés occidentales, car portées, dans les représentations collectives, par les homosexuels ou les hommes « efféminés » (Haywood et Johansson, 2017). C'est un renversement de perspective qui s'opère puisque ces formes de masculinité, dominées dans l'environnement proche de ces fans, occupent dans leur univers symbolique une place enviable : l'exotisme des produits autorise ce déplacement des normes, alors même que la réalité française montre que les masculinités subordonnées sont dans les faits encore peu acceptées[1]. C'est ce qu'évoque clairement Madeleine, employée dans le secteur du BTP, secteur qu'elle dit elle-même être réputé pour son machisme[2] :

> Je trouve ça génial. Justement parce que nous, au jour d'aujourd'hui, si on croise un homo dans la rue on sait que malheureusement ça ne se finit pas bien, ce qui est dommage. Eux ils n'hésitent pas, ils y vont à 100 %. Ils sortent dans la rue, ils ne se font pas juger, au contraire ils ont un succès monstrueux. En fait, ils vivent leur vie, je ne dis pas que c'est des homos, pas du tout. Mais même,

1. Ainsi, les actes homophobes sont en progression selon SOS Homophobie, « Rapport sur l'homophobie 2018 ». En ligne : www.sos-homophobie.org/sites/default/files/rapport_annuel_2018.pdf.

2. 22 ans, employée dans le secteur du BTP, parents de classes moyennes, fan depuis cinq ans.

je suis sûre qu'ils pourraient sortir en jupe avec des talons, ça passerait tout seul.

d) À la recherche de la romance perdue

La pop culture sud-coréenne explore différents aspects de la condition humaine et c'est bien cette capacité qui explique pourquoi elle fournit aux fans un grand réservoir de sujets qui accompagnent les expériences du long passage à l'âge adulte des publics juvéniles. S'il est un sujet qui revient sans cesse dans la production musicale et dans les séries télévisées, et qui semble constituer aux yeux des jeunes le centre de gravité de la *Hallyu*, c'est bien l'amour, à tel point que la *Hallyu* peut apparaître comme la pourvoyeuse d'une nouvelle éducation sentimentale dont l'élément *princeps* est l'amour romantique. Nombreux sont les ingrédients qui semblent aux yeux des interviewés donner à ces histoires d'amour un goût particulier qui réactive des fragments d'un imaginaire et d'un code amoureux apparemment perdus, ou à tout le moins devenus désuets, en Occident.

La prédilection donnée au temps long de la construction du couple constitue un avantage pour assimiler les *topos* de ce discours amoureux. Comme le dit Lou, « c'est très souvent des histoires d'amour, ce que j'aime bien, c'est qu'on prend beaucoup de temps à décrire les personnages. Les relations évoluent étape par étape, ça va pas tout de suite hypervite comme dans d'autres films où c'est le coup de foudre. Ça prend plus de temps, c'est plus réaliste en quelque sorte[1] ». La conjonction de la pudeur asiatique, de la prédilection

1. 18 ans, lycéenne, parents de classes supérieures, fan depuis quatre ans.

pour l'exploration des premiers émois, de la dimension fortement psychologique et réflexive des personnages, font que les relations entre filles et garçons sont relativement désexualisées (mais pas pour autant désérotisées) comparativement aux produits similaires, états-uniens par exemple – et notamment lorsque les protagonistes des K-dramas sont jeunes et qu'ils ne savent pas encore bien discerner les logiques d'un sentiment naissant. Comme le dit Jamila, « ils vont mettre trente ans avant de se pécho alors qu'ils auraient pu y aller direct [*rires*][1] ». L'acmé amoureuse est atteinte dans des rares scènes de baisers chastes (bref contact des lèvres ou baiser sur le front) et n'advient que pour officialiser la relation de couple aux yeux des spectateurs, dans l'intimité du regard de la caméra, peu souvent en présence d'autres personnages, sauf si ces derniers assistent à la scène à l'insu des amoureux. Lou[2] explique ainsi : « C'est vraiment des bisous de cinéma d'il y a quarante-cinq ans, tout mignons, y a pas de langue et tout, et à chaque fois, quand ils arrêtent le baiser, ils font "Oh !", genre surpris, comme si c'était incroyable ce qui vient de se passer ». Le baiser pudique, les gestes affectueux, les petites attentions délicates, la sollicitude permanente contrastent avec le *French kiss*, les déclarations tonitruantes, les envolées lyriques, les élans impérieux et les corps dénudés souvent présents dans la production occidentale. Certaines jeunes fans, notamment originaires du Maghreb, déclarent fermement préférer cette narration amoureuse, plus proche de leur idéal. C'est le cas de Meriem, d'origine tunisienne[3] :

1. 21 ans, animatrice de centre de loisirs, parents de classes moyennes, origine marocaine, fan depuis sept ans.
2. 18 ans, lycéenne, parents de classes supérieures, fan depuis quatre ans.
3. 29 ans, *data scientist*, parents de classes supérieures, origine tunisienne, fan depuis huit ans.

> Pour moi, c'est un idéal que je cherchais. Moi, j'aime beaucoup les histoires d'amour avec beaucoup de sentiments, avec un peu de pudeur aussi, ils sont très pudiques les Coréens, et j'aime bien, ils ont pas besoin de dire « je t'aime » tout le temps, tu le vois dans leur façon de faire, dans leur façon d'être. C'est : « Je t'aime, je fais des choses pour toi ». C'est pas : « Je t'aime, mais je m'occupe de moi d'abord et après je regarde si tu as besoin de quelque chose ». C'est ça que j'aime bien.

Céline[1], née en France et d'origine turque, revendique le même goût pour ces histoires « mignonnes », où le scénario parie sur la durée du couple et où l'exploration des relations et l'apprentissage des codes amoureux se font sans changement de partenaire : « Leur premier amour, ça restera toujours leur premier amour, ils vont rester avec cette personne toute leur vie ».

En mettant fréquemment en scène des initiations amoureuses de partenaires appartenant à des mondes sociaux opposés – c'est la « secrétaire Kim qui tombe amoureuse de son patron », dit Carla[2], ou c'est « l'histoire de la fille qui n'a pas beaucoup de moyens, qui va rencontrer le mec comme par hasard superstar, ou alors un riche médecin ou un riche avocat », affirme Ania[3] –, les scénaristes transforment ce qui est un improbable sociologique (surtout dans une société de forte stratification par le statut social comme la société sud-coréenne) en moyen narratif pour décrire

1. 23 ans, assistante de comité manager, origine turque, fan depuis neuf ans.

2. 20 ans, étudiante en troisième année de classes préparatoires, parents de classes supérieures, origine algérienne, fan depuis trois ans.

3. 22 ans, étudiante en L2 de LEA anglais-chinois, parents de classes supérieures, fan depuis six ans.

minutieusement l'attachement profond des amoureux. En multipliant les épreuves qui jalonnent leur mise en couple, et notamment la résistance des parents du garçon riche, la jalousie des amies de la fille pauvre, la méchanceté des prétendants éconduits, ils réactualisent le thème classique en Occident de l'opposition entre « raison et sentiments » (pour reprendre le titre du chef-d'œuvre de Jane Austen), mais en lui donnant invariablement une fin heureuse.

III. L'envers du décor

Le charme qu'opère la *Hallyu* en rendant attractive la société sud-coréenne n'empêche pourtant pas les jeunes fans d'exercer un regard critique sur « l'envers du décor », dont ils se font une représentation au travers des produits culturels eux-mêmes, mais également au travers des informations glanées par d'autres sources (notamment documentaires) au fil de leur amateurisme. La beauté peut devenir une dictature, la pudeur le signe d'une répression des émotions, la tendre masculinité et la romance l'autre visage de la condescendance et d'un patriarcat persistant, la modernité une compétition féroce entre les individus à l'origine d'une kyrielle de discriminations et d'exclusions. Ces griefs s'appuient sur une comparaison symétrique de celle des éloges, mais de signe opposé : si les éloges insistent sur les qualités propres à la société sud-coréenne, les griefs naissent précisément des avantages que la France peut offrir. Ils se retrouvent aussi bien dans les propos des fans de longue date que dans ceux des amateurs les plus récents.

a) La dictature des apparences

Fondée sur l'observance de normes strictes, la dictature de la beauté, et plus largement des apparences, fait l'objet des réprobations les plus répandues dans les propos recueillis. Comme le dit Étienne[1], « en Corée y a un culte de l'esthétisme comme la peau pâle, la minceur, la peau nette et lisse, sans boutons ou quoi, faut que les stars de K-pop correspondent à ce standard de beauté chez eux ».

Cette injonction à se conformer à un canon très contraignant et exigeant de l'apparence se fonde, selon les jeunes, sur le désir des Sud-Coréens de ressembler aux personnages fictionnels. Aby[2] insiste ainsi sur la force des images véhiculées par ces derniers dans la constitution des normes esthétiques :

> Dans les personnages de mangas, *webtoons* et autres, il y a beaucoup de caractéristiques similaires. La beauté pour les garçons, ça va être des visages en V, avec des yeux plus ou moins grands, le nez assez fin. Les mêmes catégories que les filles en fait. Mais on retrouve toutes les caractéristiques de dramas, de *webtoons* dans la vraie vie, pour les célébrités, c'est comme voir un personnage de *webtoon* devant soi !

Hautement standardisé, le canon affiché par l'industrie culturelle sud-coréenne renvoie à une vision très homogène de la population et exclut toute diversité phénotypique, ce qui est à rebours des normes actuelles de la mode

1. 22 ans, hôte de caisse dans un supermarché (a fait une pause dans sa licence d'administration économique et sociale), parents de classes populaires, fan depuis quatre ans.
2. 20 ans, vendeuse, parents de classes moyenne, origine sénégalaise, fan depuis trois ans.

occidentale, peu à peu ouvertes aux femmes et hommes de couleur, aux personnes en surpoids, aux transgenres, etc. (Elan, 2019).

Les jeunes blâment les conséquences de ces injonctions. Ils examinent sévèrement les effets de la prégnance du capital esthétique, les inégalités de dotation qui en découlent leur paraissant d'autant plus injustes que le succès obtenu grâce à la beauté relève d'une assignation biologique ou génétique, par nature inégale, contrairement au talent et au travail, qui renvoient à une logique méritocratique. Kira[1], jeune femme issue de l'immigration et qui connaît elle-même des difficultés d'insertion professionnelle, souligne la dureté des exclusions du monde du travail pour celles et ceux qui sont dépourvus de ce type de capital :

> Si t'es vraiment belle selon leurs standards, c'est comme si t'avais un pass universel, t'es libre et t'auras toujours des gens autour de toi. Et si t'es considérée comme moche, tu peux être bloquée par rapport à tout. Donc on peut te refuser du travail, tu peux ne pas te marier, même si t'as des enfants, et ton apparence définit comment tout le reste va être jugé.

Cette prépondérance de l'apparence dans la réussite qui justifie le recours à la chirurgie esthétique apparaît fréquemment dans les K-dramas. Pour Lila[2], « souvent ils font de la chirurgie esthétique pour avoir une double paupière, tu regarderas la différence sur Internet, mais ça se voit même pas et en gros c'est le pli qu'on a sur la paupière quand on

1. 22 ans, au chômage après de nombreux petits boulots dans l'hôtellerie (licence pro de commerce international), parents de classes populaires, origine marocaine, fan depuis dix ans.

2. 25 ans, consultante en développement durable, parents de classes supérieures, fan depuis cinq ans.

a les yeux ouverts qu'ils ont pas, donc ils se font des opérations pour plus avoir ça ». Ce recours concerne notamment les filles, sur lesquelles cette pression s'exerce avec plus d'intensité, mais il essuie les mêmes critiques indépendamment du sexe des interviewés. Ces derniers pointent l'absurdité de cette recherche frénétique de modèles fictionnels (« C'est pas la réalité »), ils en relèvent les coûts humains (il arrive que les interventions soient « ratées ») et le creusement des inégalités qui en résulte (certains ne pouvant pas y accéder pour des raisons financières). Surtout, les jeunes soulignent la contradiction entre cette injonction à une beauté normée et les messages véhiculés par les stars tournés vers l'acceptation de soi. Louna[1] l'explique clairement : « La plupart des filles des groupes, elles veulent le faire pour être la personne parfaite, avoir tous les critères de beauté, sauf que les groupes sont les premiers à dire que ça ne sert à rien, qu'il faut s'aimer soi-même et qu'il faut s'affirmer, c'est pas logique ». La dictature de la beauté jure avec la sollicitude prodiguée par les *Idols* : le paradoxe est criant pour les jeunes fans qui ont embrassé le message de l'acceptation de soi, et notamment pour ceux qui ressentent le poids de la compétition sociale et/ou estiment ne pas avoir les mêmes chances que leurs homologues appartenant à des classes sociales plus favorisées. En promouvant une image *cosmétique* (dans le sens littéral) de la Corée du Sud, censée rendre ce pays puissamment attractif, la *Hallyu* ne parvient pourtant pas à masquer les contradictions internes de cette société.

1. 18 ans, serveuse dans la restauration (passe le bac en candidat libre), parents de classes populaires, fan depuis trois ans.

b) La répression des émotions

Cette dictature des apparences s'accompagne d'une répression des émotions que les jeunes considèrent comme la face sombre et paroxystique de la pudeur et du respect d'autrui. Cette répression est la conséquence de la puissance d'un cadre collectif que les jeunes perçoivent comme l'antithèse du modèle occidental, et plus particulièrement américain, bien plus individualiste. Laura[1] explique : « En Corée, y a aussi cette idée de "On est une société, donc je dois me fondre dans le moule, on est une communauté", et c'est vraiment différent de l'individualisme européen slash américain. Ça fait partie du communautarisme en fait de se fondre dans ce moule, je crois. Parce que si tu fais pas ça, t'es exclu de la société. Donc ils ont pas trop le choix ». La pudeur se mue alors en difficulté à exprimer et partager ses émotions en public. D'après Alex[2], « il y a quand même une énorme autocensure par rapport au fait de projeter ses émotions, c'est quelque chose qui est mal vu, c'est vraiment le respect de l'autre au point de s'effacer complètement et de ne pas montrer ses humeurs ». De même, le respect perd ses atours et laisse sourdre le fort conservatisme d'une société statutaire. C'est ce qu'explique Milann[3] : « Je pense notamment à la culture avec le *hyung*, le respect des aînés.

1. 22 ans, étudiante en troisième année au Conservatoire libre du cinéma français (section production), parents de classes populaires, origines roumaine et italienne, fan depuis huit ans.

2. 22 ans, agent de maîtrise et chef de brigade dans un hôtel cinq étoiles parisien, parents de classes supérieures, origine américaine, fan depuis cinq ans.

3. 21 ans, étudiant en L3 de sociologie, parents de classes moyennes, vient de Guadeloupe, fan depuis sept ans.

Si tu donnes un conseil à un copain, et que tu es plus âgé, il te considère comme son aîné, et prend pas ça comme des conseils d'ami ».

Cette répression émotionnelle est considérée par les jeunes comme la source de deux maux : d'une part l'isolement, quand le droit de parler de ses états d'âme est dénié, et d'autre part la jalousie, puisque le silence laisse place à l'hyperbole des interprétations des intentions, deux sentiments qui paraissent pourtant en contradiction avec ce que les jeunes retiennent du terreau confucéen. Ainsi, Caroline[1] met en regard l'isolement des individus dans une société qui semble pourtant prôner le collectif avec la force intégratrice des relations électives dans la société française : « Il y a en Corée beaucoup de personnes seules, évidemment tu te fais des amis, mais au final t'as pas ce sentiment comme on a en France où tu peux te reposer entièrement sur tous tes amis, là-bas t'as très peu de personnes sur qui tu peux compter vraiment ». Elle souligne ensuite la prégnance de la jalousie dans les relations interindividuelles, qui conduit à la solitude : « Dans les séries y a énormément de jalousie, y a toujours la copine jalouse de son amie, du coup elle lui fait des sales coups dans son dos, y a toujours ce genre de choses. C'est une société jalouse ».

Ainsi, l'apparente douceur des relations interindividuelles cache une société de dissimulation dans laquelle bon nombre de sujets ne peuvent être discutés, bon nombre de problèmes ne peuvent être admis, au rang desquels la dépression ou le suicide, fléaux dont les jeunes savent que pourtant ils affectent fortement la société sud-coréenne.

1. 20 ans, étudiante en L3 droit et culture juridique, parents de classes supérieures, fan depuis deux ans.

c) Domination masculine et hétéronormativité

Si la *Hallyu* propose un modèle souhaitable de masculinité, les fans sont par ailleurs nombreux également à souligner que celui-ci ne s'accompagne d'aucune remise en cause réelle de la domination masculine dans la société sud-coréenne. Ils notent ainsi que les groupes de K-pop ne sont presque jamais mixtes et que cet univers professionnel, dirigé par des hommes, anciens *moguls* du show-business, promeut une image des filles bâtie sur des fantasmes érotiques masculins, usant du couple « femme enfant » faussement ingénue *versus* « femme fatale », provocante et à la séduction incendiaire. À l'inverse, les groupes masculins livrent plutôt une image flatteuse et dynamique, faiblement sexualisée : ce sont des *kkot minam* (gentils éphèbes séducteurs et romantiques) ou, beaucoup plus rarement, des pseudo *bad boys*. Lucie[1] déclare à ce propos : « Niveau féminisme, j'aimerais bien qu'il y en ait un peu plus dans les chansons. Les sujets principaux de la K-pop étant l'amour, les études, c'est un peu toujours la même chose. Ou alors ils parlent du bonheur, de la tristesse, de la peine, la mort, des choses comme ça. C'est pas très féministe ».

Les jeunes relèvent la domination masculine également dans les K-dramas. Avec véhémence, Jeanne[2] indique combien cela l'exaspère :

> Ce n'est pas du tout notre façon de vivre à nous, mais c'est une société qui est très patriarcale, c'est l'homme qui dirige la maison, les jeunes filles quand elles ne sont pas

1. 20 ans, étudiante en L1 de psychologie, parents de classes moyennes, fan depuis cinq ans.
2. 31 ans, cheffe de réception en hôtellerie, parents de classes populaires, fan depuis trois ans.

mariées, elles ne partent pas de la maison, c'est l'honneur. C'est vraiment une autre façon de vivre, et des fois, nous, avec notre regard occidental, il y a certaines choses dans certains dramas, moi je suis là : « Mais réagis, fais quelque chose, toi, jeune fille ! Tu peux, tu peux !... Affirme-toi ! »

Même si les personnages féminins « forts » abondent, cela n'implique en rien un renversement de la domination dans la mesure où perdure la division traditionnelle sexuée des rôles. Les jeunes les plus avertis documentent cette partition stricte des rôles de sexe : ainsi, Coralie[1], qui a appris le coréen toute seule, rappelle que l'homme marié se dit le « noble de l'extérieur » (*Pakkat yangban*) et la femme mariée, « l'être de l'intérieur » (*Jip saram*), conformément à la vision confucéenne de la place différenciée de l'homme et de la femme. Sophie[2], qui suit un cursus universitaire en coréen, souligne en outre que la Corée du Sud est connue pour son piètre classement au regard des indicateurs internationaux d'égalité de genre.

C'est en se référant à la K-pop – et aux scandales sexuels dont l'actualité se fait l'écho depuis quelques années – que les jeunes fans avancent la preuve la plus convaincante à leurs yeux de cette domination masculine. Ils pointent aussi bien les inégalités de traitement entre les sexes que les abus de pouvoir et le viol. Coralie[3] en fait un récit circonstancié :

1. 19 ans, en recherche d'emploi, après deux ans dans une école de journalisme (diplôme non achevé, année de césure), parents de classes moyennes, fan depuis six ans.

2. 19 ans, étudiante en L1 de langues, littérature, civilisations étrangères et régionales spécialité coréen, parents de classes supérieures, fan depuis cinq ans.

3. 19 ans, en recherche d'emploi, après deux ans dans une école de journalisme (diplôme non achevé, année de césure), parents de classes moyenne, fan depuis six ans.

> Il y a un énorme scandale en Corée, ça fait énormément de bruit car cela implique la police et tout. Y a un chanteur et un autre chanteur de K-pop ainsi que des fils de conglomérats, donc eux on dévoile pas trop leurs noms car ils sont riches... qui ont un groupe de discussion sur lequel ils partageaient des vidéos où ils droguaient et violaient des femmes, donc des chanteurs de K-pop et dedans il y aurait des jeunes qui sont en cours de formation pour devenir chanteurs, chanteuses en général. Et il y a eu un scandale avec elles, donc l'une des personnes qui était dans le groupe, donc un chanteur superconnu, qui est directeur d'une boîte de nuit et qui aurait organisé des meetings entre des *trainees* et des mecs de sa boîte de nuit, donc souvent des mineurs, abusant du fait que ce soient des *trainees*. Et c'est pas un cas isolé, il y a vachement de harcèlement auprès des *trainees* car forcement elles ont envie de réussir et du coup forcement tu fais du chantage.

Au sujet du même scandale, Marie[1] conclut dépitée : « Ils avaient tout ce qu'ils voulaient et ils ont tout brisé, ils ont brisé la vie des jeunes filles, la leur, leur famille et celle des vrais fans ». La violence réelle exercée sur les jeunes femmes violées est mise au même plan que la violence symbolique exercée à l'encontre des fans, majoritairement des femmes, qui se sont senties trahies. Coralie met donc en garde contre l'image idéalisée des relations entre les sexes que promeut la *Hallyu* et que l'on retrouve notamment dans certains K-dramas : « Donc oui, les dramas qui font : le gars il est mignon, il va prendre soin de toi, il va courir pour aller te chercher à l'aéroport, enfin non, non, non, c'est idéalisé car y a des Coréens qui sont mignons, qui

1. 25 ans, esthéticienne, parents de classes moyennes, fan depuis huit ans.

ont une attitude mignonne, mais c'est vachement idéalisé les relations ! »

Ce procès de la domination masculine en Corée du Sud se fait au prisme des mœurs françaises : ces jeunes fans (des femmes principalement) sont porteurs à des degrés divers de valeur d'émancipation, elles et ils travaillent ou font des études, ont des mères qui travaillent, et qui, pour certaines, ont élevé seules leurs enfants. Ces jeunes ont des aspirations dans lesquelles le couple ou les enfants ne sauraient être une entrave à la réalisation professionnelle et personnelle. Louna[1] déclare ainsi : « Justement c'est pour ça que j'pourrais pas y vivre, si la femme est autant dénigrée, j'sais qu'il y a beaucoup de métiers où la femme passe après les hommes alors qu'elles ont peut-être même plus de compétences, chez eux c'est pas comme ça que ça fonctionne, t'es une femme, t'es en dessous tu vois, et j'pense que ça se ressent encore beaucoup en Corée ». Ces remontrances se retrouvent aussi bien chez les fans les plus récents que chez les plus anciens.

d) Une compétition effrénée

Les jeunes interviewés dénoncent également la compétition brutale entre les individus, notamment dans le système scolaire et universitaire. Les scénarios des K-dramas le rappellent sans cesse : dans un pays quasi privé de ressources naturelles, le capital humain est central et un sacrifice total est attendu du jeune et de ses parents (surtout de sa mère) pour entrer dans les « *SKY universities* » (Seoul

1. 18 ans, serveuse dans la restauration (passe le bac en candidat libre), parents de classes populaires, fan depuis trois ans.

National University, Korea University et Yonsei University), car les grandes entreprises recrutent principalement parmi les diplômés de ces universités d'élite. Ania[1] l'expose en ces termes : « L'éducation scolaire c'est très, très poussé, c'est 8 heures-21 heures avec plein de cours, et puis ils sont tous poussés à l'excellence, autant au Japon qu'en Corée, y a beaucoup de suicides à cause du travail, des études, là-bas c'est très, très élitiste, il faut vraiment être le meilleur, ils ont vraiment des cours du soir, des cours du matin supplémentaires, genre des cours particuliers ». Les fans sont ainsi nombreux à décrire le système des *hak-won* – ces instituts privés qui proposent des cours du soir –, les doubles journées des étudiants et à rappeler que la Corée du Sud détient le record mondial du taux de suicide chez les jeunes.

Les interviewés perçoivent aussi combien l'éducation n'est pas seulement un projet individuel, mais une stratégie familiale : Manon[2], qui a suivi un cursus de coréen au lycée mais n'a pas poursuivi dans cette voie, rappelle que le livre *Gestes mémorables des Trois Royaumes* (datant de la fin du XIIIe siècle) fonde l'éducation sur le concept philosophique et traditionnel du *hong-ik in-gan* qui exhorte chacun à apprendre et agir pour le bien de tous (ici la famille). L'éducation devient alors une compétition qui entraîne les élèves et leurs familles dans une course effrénée que les fans estiment « folle », « dure », « injuste », et le souci de perfection se mue en un enfermement totalitaire très éloigné des normes relationnelles

1. 22 ans, étudiante en L2 de LEA anglais-chinois, parents de classes supérieures, fan depuis six ans.
2. 20 ans, étudiante en L3 langue et communication internationale, parents de classes moyennes, fan depuis six ans.

occidentales, du souci des libertés et du développement personnel. D'après Lila[1] :

> Tes parents peuvent te dire : « Non, non, tu vas pas te maquiller aujourd'hui, retourne dans ta chambre », quoi. C'est des choses qui [pour] moi pourraient être un peu compliquées, avoir une famille là-bas, ça veut dire que les enfants vont aller à l'école en Corée, le système scolaire est très difficile, c'est ils dorment que quatre heures par nuit, l'exigence est très haute.

Bien que les jeunes sachent que les performances du système scolaire et universitaire sud-coréen sont excellentes – certains mentionnent les résultats des enquêtes PISA ou le fort taux d'accès à l'université – et bien qu'ils comprennent, pour les plus informés, ce que ce système doit aux mutations accélérées de la société sud-coréenne, ils sont unanimes dans leur rejet de la « pression », des « dégâts humains », des « laissés-pour-compte », des « conséquences » (suicide, alcoolisme), éléments tous bien éloignés de l'image flatteuse dépeinte dans la plupart des séries télévisées. Les exceptions sont en effet rares, telle la série déjà citée *Sky Castle**, qui débute par le suicide d'une de ces mères totalement dévouées à la réussite de leur progéniture, à cause du départ de son enfant du domicile parental : devenu jeune homme, il refuse ce système et interrompt ses études.

e) Une société de places

Cette critique du système éducatif est intimement liée à un jugement négatif bien plus large porté sur la Corée

1. 25 ans, consultante en développement durable, parents de classes supérieures, fan depuis cinq ans.

du Sud, considérée comme une société de places et non de mérite. Les fans perçoivent qu'en Corée du Sud, si les exigences du monde du travail sont grandes, les possibilités réelles de s'extraire de son origine sociale restent rares. Cette faible mobilité sociale ascendante apparaît ancrée dans une conception de la destinée qui plonge ses racines dans le terreau confucéen. Laura le rappelle[1] : « Ce truc de destin, qui pour nous semble très cucul la praline, un peu bébé et pas du tout réaliste pour notre culture à nous, alors que pour eux, en fait, le destin, *unmyung*, ça fait partie de leur mentalité et de leurs schémas. Et ils le pensent vraiment ».

Comme le signale Lila[2], les diplômes, même durement acquis, ne protègent ni du chômage ni de la précarité :

> Le taux de chômage est énorme chez les jeunes, les jeunes qualifiés en sortant de l'université ne trouvent pas d'emploi, c'est quelque chose qui a beaucoup été étudié en Corée, y a quelque chose comme 30 % de chômage chez les jeunes en sortant de l'université, ils font tous des petits boulots dans des cafés, des trucs comme ça, c'est très compliqué en ce moment pour les Coréens de trouver un emploi parce que ça a beaucoup crû fin des années 1980 et puis après y avait pas forcément de place pour tout le monde, donc c'est très difficile aujourd'hui, beaucoup se tournent vers la restauration parce que les Coréens mangent très peu chez eux.

Les interviewés condamnent une société inégalitaire, faussement méritocratique, qui continue de distinguer par la naissance, les « cuillères d'or », les « cuillères d'argent »

1. 22 ans, étudiante en troisième année au Conservatoire libre du cinéma français, parents de classes populaires, origines roumaine et italienne, fan depuis huit ans.

2. 25 ans, consultante en développement durable, parents de classes supérieures, fan depuis cinq ans.

et les « cuillères d'argile » et qui, par ailleurs, impose aux jeunes générations de suivre la voie tracée pour eux par leurs parents. Kira[1] insiste sur ce point :

> Beaucoup de jeunes Coréens parlent de la Corée en disant « *Hell Korea* », donc ça veut juste dire que pour eux les jeunes sont dans une impasse. Leur génération, notre génération, elle est coincée entre on veut évoluer mais nos parents veulent pas vraiment qu'on évolue dans ce sens-là, et nous, on sait pas en fait quelle identité on peut avoir en fait. En fait, tu te retrouves avec une population de jeunes très éduqués, et pas assez d'offres d'emploi. Ou bien même si y a de l'offre d'emploi, ils demandent tellement de choses sur ton CV que tu te retrouves au chômage ou à enchaîner trois, quatre petits jobs juste pour payer ton petit logement. C'est un des trucs que je trouve dangereux un peu pour le futur, parce que le fossé entre l'ancienne génération et la nouvelle génération, il est très marqué.

f) Une société d'exclusion

Sans surprise, les jeunes reprochent également à la société sud-coréenne les exclusions multiples qu'elle engendre. Si le pays semble en avance technologiquement et économiquement, les interviewés estiment qu'il est en « retard » dans le domaine de la lutte contre les discriminations, en particulier le racisme et l'homophobie. Le rejet de ces deux grandes discriminations est structurant dans les valeurs des jeunes :

1. 22 ans, au chômage après de nombreux petits boulots dans l'hôtellerie (licence pro de commerce international), parents de classes populaires, origine marocaine, fan depuis cinq ans.

le combat pour l'égalité est relayé par les manifestations et mouvements globaux (tels la Gay Pride et *#BlackLivesMatter*) et est inscrit depuis longtemps dans les modes d'action des grands organismes internationaux[1]. Fortement sensibilisés à ces questions, très présentes dans la société française, les fans passent à ce crible la production culturelle sud-coréenne, en y cherchant des signes d'inclusivité[2].

De fait, la pensée *minjok* – un peuple, une race pure, vivant selon les mêmes coutumes, parlant la même langue, uni, plus fort que tout face à l'envahisseur – leur semble encore très présente dans la société sud-coréenne. Cette dernière ne leur apparaît pas comme une terre d'asile ou d'immigration, même si elle est l'un des rares pays asiatiques à avoir signé la Convention de 1951 relative au statut des réfugiés des Nations unies et son protocole de 1967. La sensibilité aux thématiques des discriminations ethnoraciales ou au multiculturalisme y est relativement faible, comme l'a montré l'épisode de *#BlackLivesMatter* déclenché par la mort de George Floyd : ce sont les fans de K-pop, multiethniques et internationaux, qui se sont mobilisés, bien avant les *Idols*, peu réactives au début du mouvement. Ce trait de la société sud-coréenne est mis en évidence plus particulièrement par les jeunes fans de couleur. Aby[3],

1. On pense notamment à la Convention internationale sur l'élimination de toutes les formes de discrimination raciale des Nations unies, promulguée en 1965 et entrée en vigueur en 1969, ainsi qu'à la création en 2005 d'une Journée mondiale contre l'homophobie et la transphobie.

2. L'enquête *World Values Survey* produit un classement des pays sur un certain nombre d'indicateurs touchant aux discriminations : elle classe la Corée du Sud cinquante-et-unième sur cinquante-neuf en termes de sensibilisation raciale. Voir www.worldvaluessurvey.org/WVSDocumentationWV6.jsp.

3. 20 ans, vendeuse, parents de classes moyennes, origine sénégalaise, fan depuis trois ans.

vendeuse d'origine sénégalaise, souligne l'absence de multiculturalisme en Corée du Sud, par comparaison avec la société française :

> Pour les étrangers c'est vrai qu'ils les traitent assez différemment que les autres Coréens. Parce que la Corée, c'était un pays qui était assez fermé jusqu'à la fin du XIXe siècle et c'est assez nouveau pour eux tout ce qui est tourisme. Donc quand ils voient un Blanc, ils se disent que c'est une personne des classes moyennes ou riche. Quand ils voient une personne noire, ils pensent que c'est une personne assez ghetto, pas civilisée en quelque sorte, c'est des voyous, des racailles pour eux. Mais il y a beaucoup de clichés qui n'existent plus chez nous en fait. La vision est biaisée par les médias, ils n'ont pas de vision extérieure. Mais c'est aussi pour ça qu'ils n'ont pas de groupe avec des Noirs ou quoi.

Alice[1], jeune Réunionnaise, affirme péremptoirement que la société sud-coréenne est raciste : « Le souci en Corée, c'est en fait ils sont très, très racistes. Genre, si tu vas là-bas, si t'arrives que t'es Blanche et blonde, ils vont direct avoir des *a priori* sur toi genre t'es une pute ou des trucs comme ça, quoi. Là-bas, si t'es Noir, c'est mort, déjà un Asiatique un peu trop bronzé c'est quelqu'un de moche, c'est un paysan et tout ça, même entre eux, ils sont racistes, tu vois ».

Les jeunes affrontent ici un autre paradoxe de la *Hallyu* : vague culturelle globale déferlant sur des publics multiethniques et multiculturels, ouverts à l'égard de la Corée du Sud, elle reste elle-même faiblement cosmopolite dans le

1. 20 ans, en recherche d'emploi, parents de classes moyennes, vient de La Réunion, fan depuis huit ans.

choix de ses *Idols* et ses schémas narratifs. Milann[1], jeune Guadeloupéen, en fait un récit circonstancié :

> Ça m'arrive de regarder des émissions coréennes. En fait, pendant une heure, ils vont suivre la vie d'étrangers en Corée du Sud. Donc ça peut être des Français, des Mexicains, des Sud-Africains, des Ghanéens, des Ivoiriens, des personnes venant de différents pays à travers le monde. Et tu vois comment ils essayent de s'intégrer dans la société sud-coréenne, même si grâce à la mondialisation, c'est de plus en plus ouvert. Ils sont victimes de certains préjugés, d'une certaine discrimination. Je regarde aussi des chaînes YouTube. Par exemple, il y a des Noirs qui disaient que ça arrivait qu'il y avait des gens dans la rue qui viennent les prendre en photo, qui touchaient leurs cheveux, des trucs que je n'aurais pas supportés. Je déteste qu'on touche mes cheveux. Si t'es pas coiffeur, je ne comprends pas pourquoi tu vas mettre ta main là-dedans, laisse ça tranquille [*rires*].

La seconde discrimination que relèvent massivement les jeunes est l'homophobie. Celle-ci découle du fait que le couple hétérosexuel avec enfants est central dans l'équilibre de la société, à cause aussi bien de l'héritage confucéen que du taux de fécondité très bas (il est de 0,98 enfant par femme en 2018, soit l'un des plus faibles du monde ; AFP, 2019). Marine[2] expose ce qu'elle appelle « la norme du couple » hétérosexuel : « Les couples, c'est vraiment un truc de reconnaissance sociale, y a énormément d'activités qui sont faites pour les couples. Y a des restaurants de couples,

1. 21 ans, étudiant en L3 de sociologie, parents de classes moyennes, vient de Guadeloupe, fan depuis sept ans.
2. 21 ans, conseillère de vente dans le prêt-à-porter pour enfant (après un CAP esthétique non validé), parents de classes populaires, fan depuis dix ans.

y a des sorties de couples, enfin c'est tout un truc et voilà les Coréens sont beaucoup en couple pour la représentation sociale ». Jeanne[1] poursuit en comparant avec la France : « Être fusionnel, avec les mêmes tee-shirts, les mêmes chaussures. Enfin, voilà, c'est très important d'être en couple. Il y a que des histoires de couples dans les K-dramas ». Les jeunes notent la rareté des représentations de l'homosexualité dans la *Hallyu.* Milann[2] remarque ainsi : « On voit pas trop d'homosexuels dans les séries, alors que dans les séries taïwanaises, on voit des couples d'homosexuels ». Les jeunes sont donc confrontés à un énième paradoxe : si la production culturelle valorise de nouvelles masculinités et les messages d'acceptation de soi, la société sud-coréenne maintient son emprise sur les identités de genre et les orientations sexuelles, et proroge les exclusions qui en découlent.

Ainsi, la passion des jeunes pour la *Hallyu* ne s'étend pas forcément à la société sud-coréenne, cette dernière faisant certes l'objet d'une forte curiosité pouvant conduire à envisager des voyages, mais laissant le plus souvent peu de place à des rêves d'expatriation durable. D'une part, la distance culturelle est souvent considérée comme trop grande à combler, ainsi que le dit Angèle[3] :

> Globalement, je reste dans ma société française, mais je m'intéresse à des petits bouts de là-bas. Y a tellement globalement un fossé sur comment nous, en France, on vit et comment eux, là-bas, ils vivent, et même leur manière de

1. 31 ans, cheffe de réception en hôtellerie, parents de classes populaires, fan depuis trois ans.

2. 21 ans, étudiant en L3 de sociologie, parents de classes moyennes, vient de Guadeloupe, fan depuis sept ans.

3. 22 ans, étudiante L3 en alternance en licence professionnelle gestion des structures sanitaires et sociales, parents de classes moyennes, fan depuis deux ans.

penser, elle est très différente. Leur manière de penser, le travail, l'amour, l'amitié. C'est superdifférent et moi, j'ai pas l'impression de trop me rapprocher de la manière de penser en général, parce qu'on pense pas du tout pareil.

D'autre part, la société française est aussi à leurs yeux un havre rassurant et l'attrait de la société sud-coréenne vaut alors non pas tant comme modèle de remplacement que comme voie d'amélioration : nombreux sont les jeunes qui disent ainsi, sur des sujets variés, que l'« on pourrait s'inspirer de la Corée », mais ils ne souhaitent pas importer le modèle sociétal sud-coréen dans sa totalité. Dans ce contexte, les cas de jeunes fans de la *Hallyu* qui désirent s'expatrier en Corée du Sud sans jamais y être allés sont l'exception et non la règle.

La réception de la *Hallyu* par les fans français se fait au prisme de la culture et des normes de leur société d'origine par identification de ressemblances/dissemblances et c'est par cet aller-retour entre le lointain et le proche, le familier et l'exotique qu'ils énoncent les principes d'une société bonne et juste. On ne trouve donc pas parmi les interviewés de trace de ce que l'on nomme les *koreaboos*, terme qui désigne ces fans tellement happés par la culture sud-coréenne qu'ils finissent par dénigrer leur propre pays et se prétendre « coréens ». Le goût pour une Corée « de cœur » selon leurs termes se fait dans une tension critique entre monde fictionnel et réalité apprise par des canaux extrafictionnels (documentaires, sites d'information, magazines) et dans un dialogue avec la société et la culture d'origine.

Chapitre 7

Se singulariser avec la *Hallyu*

> Ma chanson préférée, interprétée par Kim Won-joong, s'appelait *Rock Island*. Mes goûts me portaient vers ces morceaux qui évoquaient souvent des amours adolescentes passées sous silence en Corée du Nord. J'avais 14 ans et ils me donnaient l'impression de changer, de mûrir. Je n'avais jamais rien ressenti de tel avec nos chansons aux titres ronflants, *Notre bonheur dans les bras de notre général* ou *Jeunesse, en avant* !
>
> (Hyeonseo Lee, 2015)

En consommateurs avertis, les interviewés se servent de l'offre pléthorique des industries culturelles globales pour construire leurs préférences et leurs affiliations culturelles. Or ces inscriptions dans des univers culturels se font de manière plus mouvante que leurs inscriptions familiales, scolaires, sociales ou professionnelles. La passion de la *Hallyu* s'avère ainsi être un excellent observatoire pour analyser les dynamiques typiques de l'adolescence et de la jeunesse : entre choix électif et pression des pairs, entre forts attachements et dissimulation du jardin secret, entre découvertes et épreuves, les produits culturels de la *Hallyu* viennent fournir des ressources nécessaires aux tâtonnements qui caractérisent le passage à l'âge adulte dans les sociétés contemporaines marquées par une forte individualisation et une déstandardisation des trajectoires biographiques, de plus en plus fragmentées, incertaines, voire « ratées » (Walther, 2002).

Le penchant pour la *Hallyu*, qui en France est loin de constituer un goût générationnel majoritaire, imprime sa marque à ces dynamiques, en mettant en relief une dimension *sui generis* issue de sa nature profondément globalisée : celle du cosmopolitisme (Beck, 2006). En effet, intégrer une culture exotique dans son quotidien produit des effets en matière de construction d'un soi réflexif ouvert sur le monde, dans les dynamiques d'appartenance et de reconnaissance par des autrui significatifs qui ne peuvent plus être exclusivement identifiés dans l'entourage proche (parmi les membres de la famille ou les amis du quotidien). Si la passion de la *Hallyu* n'échappe pas aux déterminismes sociaux propres à toute consommation culturelle, les aspirations aux différentes formes d'*empowerment* traduisent des stratégies, plus ou moins conscientes et socialement situées, où s'énoncent de manière renouvelée des questions de mobilité sociale, de genre et d'âge.

I. Grandir avec la *Hallyu*

Parmi les expressions utilisées par les jeunes pour faire le bilan – hautement positif – de la fonction remplie par la consommation des produits culturels sud-coréens dans la construction de leur trajectoire biographique, il en est une qui revient sans cesse : « grandir ». Nombreux sont les interviewés qui savent retracer l'origine de leur goût et repérer le moment de basculement, celui où ils sont devenus des fans de la *Hallyu* : l'adolescence, notamment les années collège. Ces jeunes ne se départissent pas d'une image classique, léguée par la littérature, les sciences humaines et sociales, sur l'adolescence comme âge de turbulences afin de mieux souligner le rôle joué par la *Hallyu* pour traverser cette période difficile de la vie.

a) La Hallyu, *preuve de l'autonomie du goût ?*

De nombreux jeunes insistent sur l'importance de leur passion dans la construction de leur singularité, cette dernière étant l'un des principaux enjeux de l'adolescence, et ce processus étant accentué dans le cas d'une passion minoritaire. En effet, malgré son succès planétaire, la *Hallyu* ne saurait être considérée comme un produit *mainstream*, à l'instar de la musique, des films ou des séries télévisées anglo-américains : à bien des égards, elle reste encore un goût « de niche » en France. C'est la raison pour laquelle elle joue un rôle accru de singularisation pour ses amateurs et qu'elle est souvent renvoyée à une altérité irréductible et incompréhensible par ses détracteurs. C'est ce que Jamila[1] exprime quand elle déclare : « En fait, je me dis ça va, parce que je me dis chacun a ses passions, chacun a ses trucs et en soi tu te sens seule à ce moment-là, c'est que ça te rend unique ».

La *Hallyu* est alors vécue comme la preuve de l'autonomie de jugement du fan par rapport à la pression conformiste

1. 21 ans, animatrice de centre de loisirs, parents de classes moyennes, origine marocaine, fan depuis sept ans.

des pairs en faveur de produits dominants. Kira[1] fournit un bel exemple de la difficulté de se singulariser par une passion minoritaire en parlant de son ancien collège situé dans un quartier défavorisé :

> On va dire que dans mon collège à 50 % des Africains, 40 % des Arabes et les 10 % qui restaient c'était vraiment des « Français Français » ou des Asiatiques, etc., mais du coup tout le monde était dans le même moule et dès que quelqu'un avait d'autres goûts ou bien osait affirmer quelque chose d'autre, c'était un peu mal vu.

Marie[2] poursuit : « Il y a un réel besoin de s'affirmer autour des gens qui écoutent de la *Hallyu*, d'ailleurs la majorité ont 15 ans, c'est la période de l'adolescence où il faut se démarquer, et ils ont l'impression de se démarquer en écoutant un truc que personne écoute, un truc qui vient de Corée du Sud, alors qu'on parle à longueur de journée des Américains ». Dans notre corpus, ce sentiment de pression conformiste et ce désir de singularisation sont exprimés par tous les jeunes, indépendamment de leurs origines culturelles ou sociales. Sans être à l'origine de ce désir, la *Hallyu* le nourrit, en donnant corps à un monde personnel, comme le dit Alix[3] : « Je pense que quand on est adolescent on a besoin de se mettre dans une bulle. Et là je parle pour la K-pop, pas forcément des dramas, mais enfin, ça peut se rejoindre aussi ». Placée sous les auspices

1. 22 ans, au chômage après de nombreux petits boulots dans l'hôtellerie (licence pro de commerce international et licence de langues, littératures et civilisations étrangères et régionales), parents de classes populaires, origine marocaine, fan depuis dix ans.

2. 25 ans, esthéticienne, parents de classes moyennes, fan depuis huit ans.

3. 24 ans, étudiante en master d'études asiatiques, parents de classes moyennes, fan depuis huit ans.

de la *Hallyu*, cette « bulle » fonctionne en réalité comme une canopée protectrice face aux troubles de l'adolescence.

b) La Hallyu *et les troubles adolescents*

Quand les jeunes évoquent la traversée de l'adolescence, ils mentionnent des transformations physiques, psychiques et relationnelles pouvant se dérouler dans des contextes familiaux perturbés. Afin de naviguer dans ces eaux tumultueuses, ils se servent de leur passion comme d'une boussole pour garder le cap et parvenir enfin à « se trouver », comme le dit Marine[1] : « Familialement, mes parents venaient de se séparer donc je pense que la *Hallyu* ça a été un contexte qui m'a beaucoup aidé à me trouver moi ». Ainsi, la fonction de soutien que les produits de la *Hallyu* assurent, notamment à travers les messages positifs qu'ils véhiculent lorsqu'ils mettent en scène les difficultés vécues par les adolescents, peut être à l'origine de l'attachement des jeunes. Caroline[2] signale l'écho que les K-dramas peuvent avoir auprès d'adolescents et de jeunes qui s'opposent à leurs parents, comme cela a été son cas :

> Il y a beaucoup de dramas avec beaucoup de conflits familiaux. On apprend certaines choses, ça fait réfléchir. Y avait une situation où c'était l'héroïne qui se disputait avec son père et ils se parlaient pas, et elle est allée lui parler et ça allait mieux après. Et donc, oui je me suis dit, « en cas de conflit, il faut parler ». Mais en même temps c'est juste une preuve, mais je savais déjà qu'il fallait faire comme ça.

1. 21 ans, conseillère de vente dans le prêt-à-porter pour enfant (après un CAP esthétique non validé), parents de classes populaires, fan depuis dix ans.
2. 20 ans, étudiante en L3 droit et culture juridique, parents de classes supérieures, fan depuis deux ans.

Dans le cas de cette jeune fille, l'interaction mise en scène dans la série l'encourage à agir de manière similaire pour régler les problèmes relationnels au sein de sa famille.

C'est dans sa capacité à fonctionner comme caisse de résonance des difficultés adolescentes que l'on voit combien le message positif véhiculé par la K-pop fait mouche. Les produits ne fournissent donc pas seulement un répertoire de modèles comportementaux, mais également des soutiens pour l'estime de soi, par identification à des *Idols* et à leurs messages. Mélanie[1], jeune femme qui déclare ne jamais avoir été bien dans sa peau, a gagné une confiance nouvelle en elle au prix de moult efforts et en prenant comme modèle de réussite les *girls bands* sud-coréennes telles que Girls' Generation*, Blackpink*, Red Velvet*, Twice* :

> J'ai jamais été très bien dans ma peau et grâce à ma passion, je me suis redécouverte et j'ai pris confiance en moi et je me sens mieux dans ma peau. Le fait de voir ces filles avec autant d'assurance, d'accord, je les vois que dans leurs vidéoclips ou leurs apparitions publiques, je sais pas si elles ont autant confiance en elles dans leur vie de tous les jours, hors des caméras, mais elles m'ont donné une envie de me dépasser et de changer.

Lou[2] insiste pour sa part sur la force des messages positifs véhiculés par les produits sud-coréens qui contrent certaines tendances dépressives vécues pendant son adolescence, à l'instar de nombreux autres fans :

> Parce que c'est une musique qui passe de bons messages, leurs vidéos où ils faisaient des activités ensemble, c'est gai,

1. 22 ans, agente hôtelière spécialisée dans un foyer d'accueil médicalisé en psychiatrie, parents de classes populaires, fan depuis trois ans.
2. 18 ans, lycéenne, parents de classes supérieures, fan depuis quatre ans.

joyeux, positif. Il y a beaucoup de fans pour qui ça a fait ça, j'ai vu des témoignages sur Internet, comme cette femme qui s'occupait d'un groupe d'anciens dépressifs et la musique de BTS* les a aidés dans des réunions en groupe, pour se relaxer et aller mieux. Moi, c'est une musique qui m'a aidée à grandir et à passer des moments difficiles, dans le collège surtout.

Au-delà de l'accompagnement, les produits peuvent remplir une fonction thérapeutique et panser les maux, notamment ceux causés par le harcèlement, dont de nombreuses interviewées disent avoir souffert au collège et au lycée – ce discours est absent chez les garçons. Le harcèlement scolaire est en effet un thème traité dans les K-dramas mentionnés par les fans (comme *Inheritors**, *Boys Over Flowers** ou encore *Sky Castle**), mais également dans les chansons de K-pop : le groupe BTS* a ainsi réalisé, en collaboration avec l'Unicef à l'occasion de la Journée internationale de l'amitié, le 30 juillet 2019, une vidéo contre le harcèlement intitulée *Answer: Love Myself*[1], et de nombreuses chansons du groupe évoquent le problème.

C'est sans doute Julia[2] qui fournit toutefois l'exemple le plus saisissant des effets thérapeutiques, voire thaumaturgiques, que certains jeunes évoquent en se reconnaissant fortement dans les situations auxquelles les produits se réfèrent. Celle-ci déclare au sujet de la *Hallyu* :

C'est un monde qui m'a aidée quand j'étais pas bien et qui, quand tu te sens seule, tu écoutes de la musique qui est différente, tu te dis : « Eux, ils me comprennent », t'es vraiment dans tes illusions un peu d'enfant. Surtout à côté

1. Voir www.youtube.com/watch?v=Eo_mo5vA7twE.

2. 23 ans, étudiante en L2 administration économique et sociale, parents de classes supérieures, fan depuis huit ans.

> j'étais harcelée au collège, donc j'étais mal dans ma peau déjà. Ce n'était pas ça qui me correspondait, et quand je suis tombée sur les BTS* avec leurs manières de s'habiller, les *webtoons*, etc., les dramas, je me suis dit : « C'est ça ! C'est mon univers à moi, c'est ça qui me correspond », et je suis restée là-dedans.

L'exotisme du produit permet de mettre à distance le harcèlement qu'elle vit au quotidien tout en produisant un fort attachement par un mécanisme d'identification cathartique. Afin de gagner en assurance, Julia a créé une chaîne YouTube dédiée à sa passion pour la K-beauty en capitalisant sur son séjour en Corée du Sud :

> J'ai commencé ma chaîne YouTube, à la base parce que c'était vraiment un travail pour moi-même, j'étais quelqu'un de très complexée, quand je voyais qu'on me soutenait autant sur le blog, je me suis dit : « Allez, je vais essayer ! » C'était plus thérapeutique, je me suis dit je vais me voir, ça va m'aider à m'assumer, à parler de trucs qui peuvent être intéressants, par exemple sur mon expérience de quand je suis partie en Corée et sur tout.

Se décrivant comme initialement timide et renfermée, Julia est néanmoins devenue experte et reconnue comme telle grâce à sa passion de la *Hallyu*.

c) La Hallyu *et les stigmates adolescents*

On le sait, l'adolescence marque le début du processus de déprise des influences familiales (et notamment parentales) et d'autonomisation par l'adhésion aux sous-cultures juvéniles. La passion de la *Hallyu* à l'adolescence participe de ce processus lié à l'avancée en âge, notamment par un effet de distanciation des goûts des parents. Vague culturelle récente, la *Hallyu* est par nature étrangère aux générations précédentes, plus accoutumées au pop et au rock anglo-américain, et plus largement occidental, ou à la variété française. Sans partager la passion de leur enfant, certains parents la considèrent néanmoins comme la preuve d'une ouverture d'esprit appréciable. C'est le cas de ceux de Clémentine[1] :

> Mes parents étaient oui très réceptifs, ma mère plus que mon père déjà, mais ils ont jamais dit : « Ah, c'est bizarre d'écouter des Asiatiques ! » Ils étaient très ouverts d'esprit quand je leur faisais écouter, ils disaient : « Ah ! ça va, c'est pas mal, cool ». Ils m'ont jamais dit : « T'es chelou, arrête ! » Ça, ils m'ont jamais dit ou même fait comprendre.

Cependant, la plupart adoptent une posture critique à l'égard de la passion de leur enfant, soit explicitement en soulignant son « étrangeté » et sa « bizarrerie », soit par le déni et le silence. Ainsi, quand la passion de Laura[2] éclot à l'adolescence, ses parents s'y opposent fermement, pointant le caractère efféminé des chanteurs et la piètre qualité des produits : « Au début, quand j'entendais ce qu'ils disaient, ça me scandalisait, ça me choquait, j'étais vraiment en conflit culturel ». Les parents de Marine[3] attendent pour leur part que « cela passe », faisant le pari sur une tocade liée à

1. 22 ans, étudiante en master de langues, littérature, civilisations étrangères et régionales spécialité coréen, parents de classes populaires, fan depuis dix ans.

2. 22 ans, étudiante en troisième année au Conservatoire libre du cinéma français (section production), parents de classes populaires, origines roumaine et italienne, fan depuis huit ans.

3. 21 ans, conseillère de vente dans le prêt-à-porter pour enfant (après un CAP esthétique non validé), parents de classes populaires, fan depuis dix ans.

l'immaturité de leur enfant : « Mes parents ne partageaient pas ma passion pour la *Hallyu*, ils me comprenaient pas du tout, ils disaient que ça va passer avec l'âge ». Dans les deux cas, la critique d'illégitimité culturelle des produits se mêle à celle de l'immaturité adolescente pour dénigrer le goût de la *Hallyu*. Julie[1], fan précoce, le formule en ces termes :

> J'étais jeune, j'avais genre 14 ans, forcément mes goûts étaient forcément mauvais, j'étais traitée comme une enfant. Maintenant, comme je suis plus mature, peut-être que finalement, c'est pas tant de la merde que ça. J'ai l'impression que maintenant ils arrivent beaucoup mieux à accepter, enfin, c'est pas qu'ils acceptaient pas mais ils jugeaient, et maintenant je pense qu'ils jugent plus.

Cette critique d'immaturité et d'illégitimité culturelle se double, pour les jeunes filles, d'une assignation genrée. Comme le dit Stéphanie[2], « la K-pop, c'est une étiquette qu'on te colle de truc pour adolescentes et hyper-commercial ». Lorsqu'elle a commencé à aimer la K-pop, en classe de cinquième, elle a ainsi été renvoyée de manière violente aux émois de son sexe : « T'as tout ton entourage qui te traite d'adolescente en chaleur [*rires*], mais après tu t'intéresses à la culture, à plein d'autres choses ». L'éveil de la sexualité, constitutif de la traversée de l'adolescence, devient pour ces jeunes filles un stigmate de genre. Nombreux sont les pères qui critiquent les produits sud-coréens, affublant les artistes des adjectifs « efféminés », « homosexuels » ou « pédés », énonçant une supposée déviance à la fois par rapport à la

1. 18 ans, étudiante en première année d'études de puériculture, parents de classes moyennes, fan depuis six ans.

2. 28 ans, aide-soignante en hôpital, parents de classes moyennes, fan depuis dix ans.

norme hétérosexuelle de la vie sentimentale et par rapport à la norme de genre de la masculinité hégémonique. Ainsi, Julia[1] déclare :

> C'est vrai que moi j'ai eu des réflexions vraiment désagréables de la part de mon père, du genre : « Ils ressemblent à des gays », « Pourquoi tu aimes ça, t'es lesbienne ? ». Il m'a même dit que j'étais lesbienne parce que je regardais des mecs qui étaient assez efféminés que moi je trouvais pas efféminés.

L'attitude du père de Julia correspond à ce que Raewyn Connell (2005) nomme la « masculinité complice » : le rejet des masculinités alternatives par les pères s'accompagne de la domination sur le féminin, puisque l'accusation d'homosexualité masculine des artistes se prolonge en un soupçon d'homosexualité féminine des jeunes femmes. Cette réaction n'est nullement l'apanage d'un milieu social particulier, car on la retrouve aussi bien dans les milieux favorisés, dont cette jeune femme est issue, que chez les classes populaires (c'est le cas de Kira, Abby ou Jeanne). Par ailleurs, chez ces pères, le rejet du goût de leurs filles fait cohabiter critique des sexualités déviantes et critique de la qualité des produits (jugés « cuculs », « mauvais », ou « bêtes »), la seconde renforçant la première et les deux étant souvent masquées sous l'argument du conflit de génération. Ce dernier prend en outre souvent appui sur le fait que ces représentations de la masculinité sont considérées comme déviantes également parce qu'elles proviennent d'une aire extérieure à l'Europe. Odalie[2] explique ainsi les remontrances de son père : « Mon

1. 23 ans, étudiante en L2 administration économique et sociale, parents de classes supérieures, fan depuis huit ans.

2. 25 ans, conseillère bancaire, parents de classes supérieures, fan depuis huit ans.

père qui est un campagnard assez renfermé, on va dire que pour avoir un avis de sa part positif là-dessus ça va être compliqué. Surtout que tu vois genre : « les Chinois », bah lui c'est ça ».

Les rares cas de soutien des mères se comprennent alors comme une opposition de la lignée matrilinéaire aux figures masculines du mari et du père[1]. Julia, par exemple, trouve un renfort auprès de sa mère qui, après un divorce douloureux, est depuis quelques années en ménage avec un amateur de mangas :

> Enfant, mon beau-père était très branché Japon aussi, donc tu vois du coup c'était, elle acceptait quoi, ça la dérangeait pas plus que ça et chacun aime ce qu'il veut pour elle. Donc j'ai eu la chance quand même d'être soutenue du côté de ma mère sur ça. Mais mon père beaucoup moins, ça a été compliqué, après là on est en conflit donc voilà, mais ça a été très, très compliqué durant mon adolescence.

La *Hallyu* est dans ce cas non pas seulement un goût partagé entre la mère et la fille[2], mais un moyen de nouer une complicité nécessaire à affronter le lien conjugal et l'autorité paternelle.

1. 23 ans, étudiante en L2 administration économique et sociale, parents de classes supérieures, fan depuis huit ans.
2. On retrouve ici un trait classique des transmissions culturelles qui privilégient le plus souvent les lignées féminines (Octobre, 2011).

II. Les épreuves d'une passion minoritaire

Aussi élective, plaisante et lucide soit-elle, cette passion pour la *Hallyu* n'est donc pas exempte d'épreuves qui sont moins liées à l'attachement lui-même qu'au regard disqualifiant que leurs environnements peuvent porter sur cette production. Si les remontrances des parents (et notamment des pères) peuvent blesser, ces dernières sont, comme on l'a vu, renvoyées à ce conflit entre générations et de genre dont les consommations culturelles globales deviennent le théâtre contemporain. Nombreuses sont les jeunes filles qui concluent le récit du rejet de leurs pères par ces mots : « C'est normal, c'est pas leur génération ». C'est en revanche le blâme adressé par les pairs qui peut avoir un caractère plus éprouvant pour ces jeunes.

a) L'affirmation de soi au risque de l'exclusion des pairs

Le caractère minoritaire et exotique de la *Hallyu* suscite des critiques acerbes, des moqueries déplaisantes, adressées tant aux produits qu'aux amateurs dont l'entourage juvénile ne partage que rarement la passion. Cette dernière exige de ses adeptes des stratégies subtiles de protection de soi, alors qu'on aurait pu s'attendre sinon à des tentatives de prosélytisme, tout du moins à des justifications des raisons de leur appétence lors d'échanges avec les pairs. Lorsque les jeunes racontent la construction de leur trajectoire d'amateurs de la *Hallyu*, ils insistent tout d'abord sur le fait que la consommation de ces produits les a marginalisés. Cette solitude de la passion tient au côté « minoritaire » ou « original » de la *Hallyu* dans l'offre culturelle à destination des jeunes, solitude qui est en quelque sorte l'autre face, moins radieuse, de la quête de singularité décrite précédemment.

Dans le cas d'une passion minoritaire comme la *Hallyu*, s'affirmer par le goût ne conduit pas les jeunes à en faire état sur la scène amicale : ils la dissimulent plutôt en coulisse. À la différence de la plupart des passions juvéniles dans lesquelles les pairs initient aux goûts et les valident (Balleys, 2015), l'attachement à la *Hallyu* naît chez les interviewés français sous le signe du jardin secret : « C'est mon petit truc », « mon jardin secret », « c'était à moi seul » disent les interviewés quand ils retracent leur biographie d'amateurs. Nombre d'entre eux, aux profils très différents, évoquent leur propension à « garder pour eux-mêmes », à « ne pas partager » leur passion avec leur entourage. Hippolyte[1], fan de K-dramas et de la langue coréenne, le dit ainsi : « Non, c'est tout seul et puis après j'ai quelques amis qui s'y intéressent un peu avec qui je peux en discuter, mais c'est généralement tout seul ». De même, Lison[2] explique qu'encore aujourd'hui, alors que les produits de la *Hallyu* sont mieux connus, et qu'elle baigne dans un milieu cosmopolite par son cursus universitaire en langues étrangères, elle est contrainte de dissimuler ses attachements, par crainte des critiques, souvent fondées sur des stéréotypes :

1. 31 ans, médecin rhumatologue à l'hôpital, parents de classes supérieures, fan depuis neuf ans.
2. 20 ans, L1 de langues, littérature, civilisations étrangères et régionales spécialité espagnol, travaille à la FNAC à temps partiel, parents de classes moyennes, fan depuis trois ans.

> J'en parle pas spécialement parce que je sais que la K-pop, enfin au début, enfin le nom coréen personne connaît, ou aime forcément, ils ont surtout le cliché, quand je dis que j'écoute de la K-pop, on me dit souvent : « Bah BTS* », alors que BTS*, j'écoute pas du tout. Après les gens qui ont peur d'en parler c'est parce qu'ils se prennent des piques en mode : « Ouais, c'est nul ! » En fait, ils ont, quand on parle de la K-pop ou de la Corée, ils vont toujours avoir le stéréotype BTS*, la chirurgie esthétique piapiapiapia [*rires*], c'est normal après si t'as pas envie de te prendre des piques, des trucs comme ça, après moi ça me passe au-dessus, hein ? T'aimes, t'aimes pas, je t'en parlerai pas.

Garder pour soi permet certes d'éviter de s'exposer à la moquerie, mais cette stratégie ne met pas le jeune fan à l'abri d'un malaise persistant. Delphine[1], étudiante à Sciences Po, déclare : « Quand je rencontre des gens, j'en parle pas trop, bon là ça va mieux je le dis plus en rigolant ». Elle raille elle-même sa passion par anticipation, de peur d'être ridiculisée par les autres. Maëva[2], étudiante en mathématiques, en revanche, ne surmonte pas « la honte » qu'elle ressent à aimer la K-pop : « Je veux pas vraiment mélanger ma passion avec ma vie réelle, disons, c'est un peu mon jardin secret, donc j'ai pas spécialement envie que les gens voient qui je suis sur les réseaux, ce que je poste, oui j'ai encore honte vis-à-vis de certaines personnes de mon âge ».

L'isolement que produit, chez certains jeunes, le rejet de leur passion par les pairs est l'épreuve la plus douloureuse.

1. 24 ans, étudiante en école post-master à Sciences Po, classes supérieures, fan depuis dix ans.

2. 23 ans, étudiante en licence de mathématiques et informatique, classes populaires, fan depuis deux ans.

C'est le cas par exemple de Jasmine[1] qui décrit l'ostracisme dont elle a été victime, du fait de son goût pour la *Hallyu*, à une époque où les produits sud-coréens étaient méconnus sur la scène culturelle française (elle a commencé à s'y intéresser en 2010) : « Je me suis sentie grave seule, parce que même si j'aimais les mêmes choses que les autres, c'était ça que je préférais, et après, petit à petit, je me suis rendu compte que plus j'en parlais, plus ils trouvaient ça bizarre, et du coup j'ai arrêté d'en parler et j'ai gardé ça pour moi ». De la solitude à l'isolement et à l'exclusion, il n'y a qu'un pas que bien des jeunes passionnés ont eu le sentiment de franchir et qui peut faire de la *Hallyu* une épreuve juvénile.

b) En quête de soutien

Si la passion est gardée secrète, ce n'est pas la conséquence d'une autocensure qui contraindrait les jeunes moins dotés, ou évoluant dans des environnements moins ouverts, à faire du jardin secret un moyen d'échapper à un jugement social d'indignité culturelle. On retrouve cette attitude même chez les interviewés plus dotés sur le plan culturel et scolaire, dont on aurait pu s'attendre à une mise en avant de leur consommation en vertu d'un omnivorisme cosmopolite (Coulangeon, 2017) fortement valorisé par les classes supérieures, ou chez ceux qui évoluent dans un environnement *a priori* ouvert sur les cultures du monde,

1. 21 ans, travaille à temps partiel dans un restaurant coréen pour préparer l'entrée en master sciences politiques spécialité relations internationales (titulaire d'une licence de coréen de l'INALCO), parents de classes moyennes, origine vietnamienne, fan depuis neuf ans.

en vertu d'un fort cosmopolitisme esthético-culturel (Cicchelli et Octobre, 2017*b*). Dans les faits, l'attachement envers la *Hallyu* se développe chez la quasi-totalité des jeunes en l'absence de validation des groupes de pairs, à l'exclusion de figures isolées de passeurs dont les fans se souviennent avec gratitude en raison de leur rôle d'initiation. Ludivine[1] évoque ainsi la contribution de ses meilleures amies :

> J'ai commencé par la K-pop et c'est mes meilleures amies du coup, elles m'ont dit, fin 2017 : « Écoute machin, c'est trop bien ! » Et en fait c'était en mode : « Non mais jamais de ma vie je vais écouter ça ! » Et finalement j'ai commencé à écouter et c'est devenu une passion.

Puisque les soutiens nécessaires au partage de la passion sont défaillants dans les environnements proches (collège, lycée, université, monde du travail), les jeunes mobilisent fréquemment la ressource des réseaux sociaux. C'est ce que Lila[2] explique : « L'aspect communautaire sur les réseaux m'a aussi fait rencontrer beaucoup de gens avec qui partager ces passions, j'y consacre la plupart de mon temps en dehors de mon travail ». Stéphanie[3] insiste sur le fait que le partage du goût est à l'origine du lien : « Quand on sait qu'on est tous là [sur les forums ou dans les *fanbases* sur Internet] pour la même raison, avec la même passion, le lien se fait direct ». Ce qui frappe particulièrement les interviewés est l'ouverture du champ des possibles, la *Hallyu*

1. 21 ans, étudiante en troisième année de bachelor business développement, parents de classes supérieures, fan depuis deux ans.

2. 25 ans, consultante en développement durable, parents de classes supérieures, fan depuis cinq ans.

3. 28 ans, aide-soignante en hôpital, parents de classes moyennes, fan depuis dix ans.

permettant de faire connaissance de fans en provenance de pays très distants. C'est ce qu'affirme Jeanne[1] : « Le plus drôle, c'est de se passionner pour la Corée avec des gens qui vivent en France, mais qui viennent de Tunisie, d'Allemagne, d'Espagne, de plein d'endroits, parce que si on vit tous en France, on ne vit pas tous de la même manière, et du coup, notre regard sur la Corée n'est pas le même, et quand on se rencontre, on découvre ça ». Ce rapprochement entre des individus aux socialisations nationales distinctes, mais aux consommations culturelles identiques, donne aux jeunes fans le sentiment puissant d'appartenir à une communauté transnationale (Yoon, 2019). Ces contacts virtuels peuvent parfois se prolonger en fréquentation physique, comme c'est le cas encore de Jeanne qui a participé à Paris à une rencontre entre des fans, dont elle a énuméré les divers pays d'origine précédemment, et tous connus sur les réseaux, mais aussi d'Ophélie[2] : « On a bien sympathisé sur les réseaux sociaux, puis on finit par les rencontrer ».

Les rassemblements physiques de passionnés que sont les concerts sont également des événements pendant lesquels il est possible de se faire des amis. C'est ce que relate Camille[3] : « J'ai déjà fait des concerts où je suis allée seule et pendant que je faisais la queue, j'ai rencontré des gens dont je me suis rapprochée ». Corentin[4], quant à lui, indique

1. 31 ans, cheffe de réception en hôtellerie, parents de classes populaires, fan depuis trois ans.

2. 27 ans, vendeuse dans un magasin de prêt-à-porter, parents de classes populaires, vient de Guadeloupe, fan depuis dix ans.

3. 20 ans, étudiante en L3 de langues, littératures et civilisations étrangères et régionales, parents de classes moyennes, fan depuis six ans.

4. 19 ans, en service civique (après une L1 de journalisme), parents de classes moyennes, fan depuis trois ans.

que, dans des circonstances imprévues, ce goût peut faciliter les rencontres :

> Ça m'a déjà servi dans le sens où, par exemple, dans les boîtes de nuit, dans les soirées étudiantes, t'as toujours des échanges entre les écoles. Donc forcément y a des étrangers dans les écoles, dans les soirées étudiantes. Y a des Anglais, des Américains, des Colombiens, des Chinois, des Vietnamiens, des Nigériens, des Congolais, y a des Coréens. Et je commençais à parler avec eux, en anglais, après on est venus au sujet de la K-pop, rapidement d'ailleurs et bah j'ai trouvé une ARMY tout simplement.

Le goût partagé des produits de la *Hallyu* permet une forme de communion immédiate et d'affinité spontanée entre inconnus, quand bien même ces partages et ces rencontres restent ponctuels.

III. La *Hallyu* comme *empowerment* cosmopolite

Dans ce processus de singularisation, les produits de la *Hallyu* offrent la particularité d'assurer une ouverture sur d'autres mondes possibles. Ainsi, ils fournissent des ressources puissantes à l'*empowerment*, en lui conférant une dimension cosmopolite, à laquelle tous les fans, à des degrés variables, sont sensibles et attachés.

*a) L'*empowerment *par l'ouverture*

Les interviewés soulignent que la passion pour des produits sud-coréens les a rendus plus ouverts d'esprit et a contribué à leur transformation personnelle. Stéphanie[1] le formule en ces termes : « Ça m'a permis de rebondir sur de nouvelles choses. Je pense maintenant grâce à cela à m'ouvrir beaucoup plus au monde et aux personnes ». Abby[2] signale que cette ouverture d'esprit lui a appris la vertu de la bienveillance :

> Je pense que ça a permis d'être un peu plus ouverte d'esprit, surtout, quand tu t'intéresses à une nouvelle culture, c'est une ouverture sur le monde. Je pense que c'est surtout ça... C'est un autre point de vue sur les choses. Je vais dire que je suis plus ouverte d'esprit. Comme il y a beaucoup de dramas qui sont tournés sur le côté leçon de vie, ça te montre des trucs, comme le bon côté des choses. Toujours être bienveillant, ça a un peu impacté ma manière d'être.

Cette ouverture a des vertus multiples, car elle embrasse l'ensemble des aspects de la vie des jeunes, comme le montre l'exemple de Julie[3] :

> Franchement, ça a changé beaucoup de choses, parce que je serais pas la personne que je suis maintenant si j'avais pas eu la K-pop, si j'avais pas eu les dramas, si j'avais

1. 28 ans, aide-soignante à l'hôpital, parents de classes moyennes, fan depuis dix ans.

2. 20 ans, hôte de caisse, parents de classes moyennes, origine comorienne, fan depuis huit ans.

3. 20 ans, étudiante en première année d'études de puériculture, parents de classes moyennes, fan depuis six ans.

> pas eu des amis qui suivaient ça aussi, ouais, ça aurait été différent, j'aurais pas grandi de la même manière, j'aurais pas appris les mêmes choses… Ce pays m'a vu grandir, j'ai grandi avec, je me suis intéressée à des choses, je me serais pas intéressée à ça si je m'étais pas intéressée à ce pays… J'ai déjà regardé par exemple des écoles où je pourrais apprendre le coréen, j'allais par exemple sur Google Street View pour savoir comment c'était, comment étaient les villes… Enfin je sais pas, c'est dans mon cœur, je l'aime trop.

Les thèmes de la transformation personnelle, de l'avancée en âge, du groupe des pairs et des affinités interpersonnelles électives, mais encore de l'ouverture vers l'ailleurs se mêlent dans le goût pour les produits de la *Hallyu*.

*b) L'*empowerment *par la réaffiliation*

Le goût pour la *Hallyu* des jeunes Français peut correspondre à une forme de réaffiliation imaginée, notamment pour les moins dotés en capitaux et les jeunes issus de l'immigration. C'est ce que dit Meriem[1], jeune femme née en Tunisie et arrivée en France pour ses études supérieures : « C'est comme chez nous, dans notre culture. Parfois je me dis que peut-être j'ai des origines de là-bas [*rires*], parce que je ressens les choses comme eux ». L'altérité de la *Hallyu* permet à ces jeunes de vaincre leur inconfort, d'apprivoiser leur propre sentiment d'étrangeté dans la société française, tandis que son succès croissant et sa reconnaissance mondiale

1. 29 ans, *data scientist*, parents de classes supérieures, origine tunisienne, fan depuis huit ans.

les autorisent à partager la fierté de l'ancien inféodé accédant à la reconnaissance.

Jeune femme d'origine algérienne qui a grandi en France et qui déclare à plusieurs reprises avoir été victime de racisme et ne pas y trouver sa place, alors qu'elle est en classes préparatoires et qu'elle a déjà surmonté de nombreuses épreuves du système scolaire français, Carla[1] se saisit du détour sud-coréen pour opérer un retournement du stigmate. S'éprendre d'une culture distante et se déprendre de celle dans laquelle elle a grandi débouchent pour Carla sur une prise de pouvoir sur soi dans son combat contre la relégation sociale et ethno-nationale dont elle dit être victime. D'autres jeunes adoptent la même posture que Carla, parmi celles ou ceux qui font face à des difficultés d'intégration par l'emploi, comme Abby[2] et Aby[3], ou qui déclarent être victimes de discriminations liées à leur couleur de peau, comme Aïcha[4] et Ophélie[5]. Ce désir de réaffiliation culmine, chez les fans issus de l'immigration, dans le rêve d'aller en Corée du Sud, voire, comme Khadija[6], d'origine tunisienne qui ne s'y est jamais rendue et qui ne parle pas la langue, de s'y expatrier. Face aux difficultés rencontrées dans la société française et à des perspectives d'ascension sociale limitées, le choix de

1. 20 ans, étudiante en troisième année de classes préparatoires, parents de classes supérieures, origine algérienne, fan depuis trois ans.

2. 22 ans, hôte de caisse, parents de classes moyennes, origine comorienne, fan depuis huit ans.

3. 20 ans, vendeuse dans un magasin de prêt-à-porter, parents de classes moyennes, origine sénégalaise, fan depuis trois ans.

4. 19 ans, étudiante en L2 de droit, parents de classes populaires, origine comorienne, fan depuis trois ans.

5. 24 ans, étudiante en post-master à Sciences Po, parents de classes supérieures, vient de Guadeloupe, fan depuis dix ans.

6. 20 ans, étudiante en licence de gestion de patrimoine en alternance, parents de classes supérieures, origine tunisienne, fan depuis trois ans.

la *Hallyu* est ainsi pour ces fans une manière de contrer les assignations de classe et d'origine ethno-nationale dans une société qui par ailleurs dévalorise, en raison de son modèle républicain d'intégration, les cultures d'origine et privilégie plutôt l'assimilation culturelle.

Les fans issus de l'immigration, souvent de deuxième génération, combinent les produits sud-coréens, auxquels ils s'affilient de manière élective, et la culture française, dans laquelle ils ont grandi (y compris avec ses versants américanisés), mais minorent les produits culturels liés à leurs origines migratoires. Ainsi, nombreuses sont les jeunes filles d'origine maghrébine à insister sur le fait qu'elles ne consomment pas ou plus de produits culturels liés à leur pays d'origine, notamment les séries télévisées turques qui ont un très grand succès au Maghreb (Cicchelli, Octobre et Tarhouni, 2019), ou les musiques populaires arabes, ce qui les distingue à la fois de leurs parents et de certains de leurs amis. Elles sont aussi peu nombreuses à considérer le fait de parler arabe comme un atout, si ce n'est lorsqu'elles évoquent leurs facilités à apprendre une nouvelle langue comme le coréen, puisqu'elles en maîtrisent déjà plusieurs.

Cette réaffiliation s'observe également chez des fans de classes moyennes non issus de l'immigration qui rencontrent pour certains également des difficultés d'intégration sociale. Ces derniers témoignent de parcours scolaires écourtés, font part de difficultés d'insertion sur le marché de l'emploi, avouent leur déception et révisent leurs horizons d'attente car l'avenir leur paraît « bouché » en France, autant de griefs qui nourrissent chez eux l'attrait d'un ailleurs plein de promesses. Cette construction fantasmatique d'un avenir meilleur ailleurs peut parfois être sans lien avec les ressources objectivement mobilisables pour l'atteindre. C'est le cas d'Anne, auxiliaire puériculture de 29 ans, qui déclare qu'un jour elle aimerait aller travailler en Corée du Sud, alors qu'elle n'en parle pas la langue et ne l'a jamais visitée jusqu'à présent.

Si, en revendiquant leur identité de fans de la *Hallyu*, certains jeunes ayant une origine immigrée revisitent donc leur place dans la société française, il importe néanmoins de noter que ce sont les filles plutôt que les garçons qui expriment cette demande : certes, la fan attitude est en général plutôt féminine, mais on peut aussi y lire les perceptions sociales différentes des jeunes filles et des jeunes garçons noirs ou d'origine maghrébine (Guénif-Souilamas et Macé, 2004), tout autant que la propension plus forte des filles à utiliser le capital culturel et scolaire (y compris celui construit dans les consommations culturelles) comme voie d'émancipation (Baudelot et Establet, 2006).

*c) L'*empowerment *par l'autodidaxie*

La passion de la *Hallyu* s'accompagne de l'acquisition de compétences culturelles et linguistiques rares liées à la Corée du Sud, et ce le plus souvent en marge des cursus scolaires ou universitaires. L'ensemble de ces apprentissages se réalise par imprégnation au fil des consommations de séries, de films, de vidéoclips ou de bandes sonores. Aya[1], fan de K-pop et membre des ARMY, des MOA et des Blackrose (fan-clubs respectifs des groupes BTS*, TXT* et de The Rose*), déclare ainsi :

> J'ai voulu commencer [à apprendre le coréen] cet été. Là, je pourrais me présenter, mais ce serait très petit. Après,

1. 19 ans, étudiante en en L2 bilingue espagnol-anglais, parents de classes populaires, origine marocaine, fan depuis deux ans.

j'arrive à reconnaître des symboles en coréen, par exemple celui-ci [*elle dessine un symbole sur un papier*], ça veut dire « haha », ils le mettent tout le temps. Puis quand je regarde un drama ou une série, j'arrive à reconnaître des mots ou des sons. Et même quand je suis dans le métro et que j'entends des Coréens parler, je suis toujours fascinée de voir que je comprends des mots.

Ces apprentissages génèrent une grande fierté. C'est le cas par exemple de Corentin[1], qui a interrompu un cursus dans l'enseignement supérieur débuté sans conviction pour faire un service civique, fier de montrer qu'il a pu apprendre par lui-même quelques mots de coréen :

À force d'écouter, j'ai appris quelques mots, j'sais me présenter : « Bonjour, je m'appelle Corentin », on va s'arrêter là... J'sais dire, par exemple, une musique de BTS* qui s'appelle *I'm fine* et genre « *I'm fine* », genre « j'vais bien » en coréen c'est : « *gwaenchanha* ». Donc c'est que des trucs comme ça. Les *lyrics*, ça me marque des fois. Donc j'ai certains mots de vocabulaire qui ressortent à chaque fois. Donc j'sais c'que ça veut dire.

C'est encore le cas de Julie[2] qui se vit comme une élève médiocre, mais dont l'apprentissage autodidacte du coréen a contribué à une réévaluation de son estime d'elle-même :

En fait, j'ai commencé parce que j'avais vu sur le site Internet, quelqu'un, un sage ou un truc comme ça, qui disait : « Une personne intelligente apprend le *hangeul* en deux heures, une personne idiote en deux jours ». Et

1. 19 ans, en service civique (après une L1 de journalisme), parents de classes moyennes, fan depuis trois ans.

2. 20 ans, étudiante en première année d'études de puériculture, parents de classes moyennes, fan depuis six ans.

> j'étais en mode : « Ouah, je veux tellement l'apprendre en deux heures ! » Bon, au final, je ne l'ai pas appris en deux heures... Mais du coup j'ai bien aimé parce que ça m'a aussi encouragée, de me dire : « Ah ouais, ça se trouve je peux vraiment apprendre l'alphabet coréen en deux heures, quoi ! »

Pour de nombreux jeunes dépourvus de capital scolaire ou faiblement dotés, l'apprentissage autodidacte de la langue coréenne a constitué une validation de leurs capacités, dont doutaient leurs environnements familial, scolaire ou professionnel. Cet *empowerment* est d'autant plus notable dans le cas de jeunes issus de l'immigration maghrébine qui se détournent tendanciellement de l'arabe, considéré un stigmate (Wakim, 2020) : aucun de ces jeunes fans ne suit des cours en arabe, la plupart le parlent médiocrement et ne l'écrivent pas.

Cette autodidaxie compense symboliquement des positions sociales de déclassement relatif, une partie de ces jeunes ayant des difficultés à acquérir une autonomie économique par l'accès à un emploi stable et correspondant à leur niveau de qualification. Il s'agit d'un véritable apprentissage, dont les fans valorisent la construction par étapes, de l'imprégnation non intentionnelle à la mise en œuvre d'efforts volontaires, comme le fait remarquer Aby[1], vendeuse dans le prêt-à-porter et qui rêve d'une autre carrière dans les cosmétiques :

> J'apprends depuis deux ans maintenant. Puis, à force d'écouter la musique, de lire des mots en coréen, on apprend, on traduit et du coup, c'est plus facile. À force

1. 20 ans, vendeuse, parents de classes moyennes, origine sénégalaise, fan depuis trois ans.

> d'entendre certaines phrases et certains mots, on finit par les retenir. Et aussi au début quand j'ai commencé à écouter de la K-pop, j'ai appris l'alphabet coréen. Au départ, c'était juste pour pouvoir lire les titres des chansons, pour les reconnaître, mais après j'ai commencé à aimer la langue et à vouloir en apprendre un peu plus. J'ai commencé à apprendre la grammaire et aussi en regardant des séries, des émissions coréennes, on commence à retenir le vocabulaire.

Cet apprentissage peut être soutenu par le recours à des outils dédiés, notamment sur Internet (traduction des chansons, site *ad hoc* d'apprentissage des langues, tutoriels, applications, etc.), les enseignements formels étant rares et onéreux, comme l'explique Léa[1] : « [J'ai] commencé à m'inscrire sur des applications et puis même à noter leur alphabet, parce que les cours c'était cher ».

Les jeunes insistent sur leur « satisfaction », leur « plaisir » quand ils constatent l'étendue de ce qu'ils ont appris, et ce de manière particulièrement prononcée chez les jeunes les moins pourvus en capitaux scolaires ou ayant connu des déclassements professionnels : c'est le cas d'Alice (qui n'a que le brevet des collèges), Abby, Aby, Candice et Marie (qui ont suivi des cycles courts), de Coralie et Étienne ou Corentin (qui ont interrompu leurs études supérieures), ou encore de Kira et David (jeunes diplômés déclassés sur le marché de l'emploi) qui y voient tous une revalorisation de leurs aptitudes. David[2] déclare ainsi : « En 2020, aujourd'hui, en tant que race humaine on doit être fier, pouvoir voir un

1. 20 ans, étudiante en école d'infirmières, parents de classes moyennes, fan depuis cinq ans.

2. 24 ans, au chômage (titulaire d'un bac+2), parents de classes populaires, originaire de Mayotte, fan depuis huit ans.

film X dans la langue X, vraiment ». Cette sorte de fierté cosmopolite se répercute sur l'entourage familial. C'est le cas de Louna[1], faiblement diplômée et en butte aux critiques de son père. Fan des groupes BTS* et ATEEN*, elle regarde des K-dramas et des K-films en VO sans sous-titrage : « Mon père commence un peu à être fier de moi. Rien que pour lui, c'est un exploit que je sache le lire [*rires*], donc rien que l'autre jour, je sais qu'il m'a vue regarder un film sans sous-titres ».

Cette autoformation se fait donc de manière variable selon les positions sociales des jeunes, d'autant que les produits culturels émargent à la part « vulgaire » des loisirs, que les institutions éducatives ne prennent pas en charge, et auxquels elles dénient le plus souvent le moindre intérêt. Pour bon nombre de ces jeunes, la fierté liée à la « découverte » de la *Hallyu* compense l'indignité culturelle, sociale, économique et familiale qu'ils ressentent. Bien loin d'un cosmopolitisme voyageur, typique des classes cultivées et polyglottes, ce cosmopolitisme consumériste et démocratisé fournit à des jeunes qui en étaient autrefois exclus les jalons d'une éducation permettant d'habiter le monde global.

*d) L'*empowerment *par le flair esthétique*

Une dernière forme d'*empowerment* cosmopolite provient des bénéfices narcissiques liés au « flair » des fans, notamment les plus anciens, qui ont repéré et apprécié l'originalité et la qualité des produits de la *Hallyu* bien avant que ces derniers ne bénéficient d'une reconnaissance

1. 18 ans, serveuse dans la restauration (passe le bac en candidat libre), parents de classes populaires, fan depuis trois ans.

grand public : cette capacité à détecter ce qui devient ensuite un succès, à dénicher et reconnaître le talent, est le fruit d'un pari sur une capacité d'ouverture et de décentrement des canons habituels de la réception occidentale, et rejaillit positivement sur les individus qui en ont fait preuve.

Cette acuité du jugement de goût est soulignée avec fierté par Amina[1], fan du groupe BTS* depuis ses débuts :

> Au début, ils étaient pas connus, c'est à partir de 2016 qu'ils ont commencé vraiment à être connus et avoir plus de notoriété, nous, on s'appelle « les anciennes fans » quand les nouvelles, elles viennent, elles nous disent : « Oui, moi ça fait un mois je suis fan », quand nous on leur dit : « Ça fait cinq ans que je suis fan, alors commence pas à nous dire tu connais ou tu connais pas, on est toutes pareilles, on connaît ce qu'on connaît et voilà ». Donc oui, je fais partie de la communauté des ARMY, et depuis le début.

C'est le succès ultérieur de la K-pop et sa reconnaissance large, de même que celui des K-dramas, qui donnent rétrospectivement raison aux fans « de la première heure » et qui valident, *ex post facto*, leur « bon goût », alors même que celui-ci a été longtemps (et est encore parfois) raillé et marginalisé. Ainsi, Alice[2] est fière de sa clairvoyance. Fan elle aussi depuis le début de son adolescence, elle est heureuse de constater combien la K-pop est en mesure de rivaliser avec les produits musicaux américains, ce qu'au

1. 24 ans, infirmière, parents de classes moyennes, origine marocaine, fan depuis onze ans.

2. 20 ans, au chômage, parents de classes moyennes, vient de La Réunion, fan depuis huit ans.

tout début de la *Hallyu* personne parmi ses amis n'était prêt à parier :

> Surtout que la K-pop commence à devenir limite internationale, genre je pense qu'un moment ils vont devenir aussi populaires que les Américains. Je pense que la Corée va devenir, la culture coréenne va devenir quelque chose d'aussi grand que la culture américaine, qu'avant les gens rêvaient d'aller en Amérique et maintenant tu as aussi des gens qui rêvent d'aller en Corée du Sud et pour les mêmes raisons.

Concluons avec les mots de Stéphanie[1], emprunts d'une revanche manifeste à l'égard de ses camarades sceptiques à l'époque où la vague sud-coréenne n'avait pas encore pleinement déferlé :

> Je me rappelle avec une copine, on est tombées dedans en même temps, et on leur disait : « Vous verrez, vous nous traitez d'ados en chaleur machin je sais pas trop quoi, dans dix ans ils sont tous à la télé », bah ça a pas manqué, dix ans après, enfin non, déjà avant on leur a dit : « Vous avez vu, hein, quand y a eu *Gangnam Style* en 2012 ? »

IV. Dis *Hallyu*, dessine-moi un avenir

Malgré les embûches et les stigmates, la passion de la *Hallyu* offre néanmoins des ressources rares que les interviewés utilisent pour construire une trajectoire d'émancipation. Certains, comme Lila, Stéphanie, Anne-Caroline,

1. 28 ans, aide-soignante en hôpital, parents de classes moyennes, fan depuis dix ans.

Daphné ou Étienne, par exemple, maintiennent le jardin secret de la *Hallyu* dans le domaine des loisirs et y puisent des réconforts et des bonheurs qui embellissent leurs vies. D'autres, dont on parlera dans les pages suivantes, transfèrent leur goût vers des choix d'orientation, cherchant à faire valider les compétences acquises par eux-mêmes par l'institution scolaire, afin de les transformer en capitaux et en choix professionnels.

a) Aux couleurs du rêve

Si tous ont grandi *avec* la *Hallyu* et *grâce* à la *Hallyu*, certains fans pensent être à même de prendre en main leur destin, en s'appuyant sur la force de leur passion, sur l'étendue des capacités acquises ou en cours d'acquisition. À ce titre, la *Hallyu* peut être considérée comme un élargissement de l'horizon des possibles scolaires et professionnels de la transition vers l'âge adulte, notamment pour ceux dont l'avenir social semblait scellé du fait de leur modeste dotation en capitaux.

Comme on l'a vu, la langue joue un rôle fondamental dans le fait de se reconnaître de nouvelles capacités qui sont autant de ressources acquises pour imaginer un avenir. Ce n'est donc pas par hasard si une partie non négligeable des interviewés reviennent sur leur amour des langues (parlées à la maison, apprises à l'école ou d'eux-mêmes), sur les efforts déployés pour apprendre le coréen et sur le rôle déterminant que ce dernier a joué dans leur orientation. Dans notre échantillon, peu d'interviewés suivent des cursus hautement sélectifs et la plupart a connu une scolarité dont le déroulement n'a pas été dicté *stricto sensu* par leur passion. Il serait pourtant faux de croire que le monde intérieur de leur passion et le monde extérieur de leur orientation scolaire sont toujours étanches. Il n'est pas rare que les jeunes reviennent en détail sur l'impact décisif que la *Hallyu* a eu sur leurs choix scolaires et sur leur conception d'un avenir professionnel possible.

Certes, réinvestir sa passion dans le cadre universitaire prend des formes qui correspondent à des logiques sociales distinctes, liées notamment à la connaissance que les jeunes et leurs familles ont des rendements de chaque type de diplôme. De ce point de vue, si le goût des produits culturels constitue le socle d'apprentissages, connaissances et savoirs qui nourrissent des aspirations, il est des cas où ces dernières restent prisonnières des contraintes sociales de départ et gardent les couleurs d'un rêve. C'est le cas d'Aby[1], jeune caissière dans un grand magasin parisien et qui, souhaitant changer de métier et travailler un jour « dans quelque chose qui a à voir avec la Corée » (affirmation qui n'est suivie d'aucune autre précision), se prend à rêver d'un cursus en langue et civilisation coréennes. Elle dessine un avenir possible en liant ses points forts au lycée (« J'aimais beaucoup les langues, j'étais en terminale L, donc avec de la littérature anglaise, option anglais. J'ai toujours aimé apprendre les langues, l'anglais, l'allemand et même le néerlandais », dit-elle) et son penchant pour la Corée, né de sa forte consommation de K-pop, de K-dramas et de *webtoons* :

> C'est vraiment quelque chose qui m'intéresse que ce soit dans l'avenir. J'aimerais bien reprendre mes études, mais dans une filière en coréen, car j'en ai marre de travailler dans quelque chose que je n'aime pas. Je n'aime plus ça,

1. 20 ans, vendeuse, parents de classes moyennes, origine sénégalaise, fan depuis trois ans.

c'est trop banal, alors que le coréen c'est ma passion et en plus je pourrais en faire peut-être un métier.

En pariant sur son inscription dans un établissement prestigieux comme l'INALCO (elle insiste sur la qualité des cours qui y sont dispensés), elle échafaude le plan de se rendre en Corée du Sud grâce à un échange universitaire pendant sa licence, ce qui pourrait éventuellement conduire à son expatriation : « J'aimerais vraiment beaucoup faire des échanges scolaires en Corée, genre Erasmus. Genre un semestre, je vais là-bas et je peux découvrir de moi-même la Corée. J'aimerais tellement ! Pas un long voyage, mais juste pour me dire que c'est comme ça, puis si j'aime, j'y retourne ». Nous ne saurons jamais si cette jeune femme réalisera un jour son rêve qui, aussi irréaliste qu'il puisse paraître de prime abord, n'en est pas moins cohérent et fortement ancré dans une mobilisation active des ressources que la *Hallyu* lui procure. L'exemple d'Aby devient encore plus éclairant quand on le compare à celui d'Abby[1], fan de longue date de la *Hallyu*, au profil social similaire et qui exerce le même métier, avec la même insatisfaction, mais qui ne souhaite pas se saisir de son goût culturel pour modifier son parcours biographique. En insistant sur l'aspect « récréatif » de ses consommations, elle écarte toute influence de la *Hallyu* sur un plan autre que celui de son épanouissement personnel : « Sinon, vraiment, avoir un impact dans ma vie professionnelle ? Je ne pense pas, comme je suis caissière ».

1. 20 ans, hôte de caisse, parents de classes moyennes, origine comorienne, fan depuis huit ans.

b) Le pari d'une ascension sociale

Certains jeunes, notamment ceux issus des classes populaires et moyennes, souhaitent convertir leur passion en stratégie scolaire et se tournent vers les enseignements de langues et civilisations orientales pour en faire leur formation principale. Certains ont ainsi tenté une première année de coréen avant de se rendre compte que les attendus étaient trop élevés pour eux : c'est le cas de Marie, devenue ensuite esthéticienne[1]. D'autres vivent leur orientation sur le registre de la vocation et du souhait d'ascension sociale : c'est le cas de Mattéo[2], issu des classes populaires, dont le récit s'apparente à une conversion et est émaillé d'expressions telles que « transformation », « choc », « tournant ». En insistant sur la force de sa passion dans sa construction personnelle, Mattéo se projette dans le domaine de la recherche : il veut s'orienter vers un master spécialisé, puis s'inscrire en doctorat afin de réaliser une thèse sur la Corée du Nord :

> Je compte poursuivre dans un master dans cette voie en essayant de me concentrer sur le nord de la péninsule, en Corée du Nord, c'est essentiel de connaître le coréen et les coutumes, tout ça, on peut pas débarquer en Corée du Nord comme on débarque en Corée du Sud. Du coup, forcément, si j'ai besoin de faire des recherches sur le terrain, sans les trois années de coréen, jamais je ne pourrai partir en Corée du Nord, sans ces trois années, j'aurais pas pu me dire que maintenant je veux faire un master sur un thème précis. Après le master de recherche, ce qui me

1. 25 ans, esthéticienne, parents de classes moyennes, fan depuis huit ans.
2. 20 ans, étudiant à l'INALCO en coréen, parents de classes populaires, fan depuis cinq ans.

semble incontournable, c'est le doctorat, dans tous les cas, il faut bien réussir son master. En fait, le but professionnel, ça serait de partir en doctorat et à la fin du doctorat de devenir enseignant-chercheur, spécialisé sur la Corée du Nord, mais si je suis pas pris dans mon doctorat, je ne sais vraiment pas ce que je pourrais faire d'autre.

Jeune femme d'origine marocaine et issue des classes populaires, Kira[1] fournit un autre exemple saisissant de cette machine à engendrer des aspirations que constitue la maîtrise de la langue coréenne, et, au-delà, la polyglossie. Elle a en effet appris le coréen de son propre chef durant les années lycée et c'est au cours d'une discussion avec l'un de ses enseignants qu'elle a découvert que sa passion pouvait avoir un rendement scolaire.

C'est grâce à mon prof de philo, c'est le seul qui avait vraiment pris le temps de nous demander quels étaient nos points forts, ce qu'on savait faire et du coup quand mon tour est venu, je lui ai dit que je parlais arabe, je parlais anglais couramment, que je parlais coréen, il n'a pas hésité. Du coup, j'ai choisi la licence que je fais aujourd'hui. J'ai ma licence de langue et culture coréennes et là j'ai rajouté une année de licence pro, juste pour professionnaliser ma licence et c'est dans le même institut parce que justement je voulais continuer mes cours de coréen.

En combinant sa polyglossie et son parcours professionnalisant, Kira a pu intégrer le marché du travail rapidement dans le secteur de l'hôtellerie de luxe. Son expérience en

1. 22 ans, au chômage après de nombreux petits boulots dans l'hôtellerie (licence pro de commerce international et licence de langues, littératures et civilisations étrangères et régionales), parents de classes populaires, origine marocaine, fan depuis dix ans.

demi-teinte de réceptionniste dans un palace parisien – elle a utilisé le coréen bien moins souvent qu'elle ne l'imaginait car elle a rencontré peu de clients sud-coréens – l'a décidée à faire une coupure. Au chômage au moment de l'entretien, elle veut néanmoins continuer de parier sur ses atouts linguistiques pour parvenir à exercer un métier qui ait un lien avec la Corée du Sud. Et Kira de conclure, quand elle évoque l'impact de la *Hallyu* sur sa trajectoire : « Je pense que ma vie aurait été totalement différente, ça a beaucoup participé à qui je suis, à qui je suis devenue, aux choix que j'ai faits, à mes projets ».

D'autres jeunes issus des classes populaires, qui n'ont initialement pas intégré un cursus universitaire de coréen mais qui vivent déjà dans des contextes de plurilinguisme, se prévalent néanmoins de leur familiarité avec la culture sud-coréenne, et notamment de leur connaissance de la langue. Laura[1], dont le père est roumain et la mère italienne, et qui maîtrise les langues de ses parents en plus de l'anglais, a commencé elle aussi à apprendre le coréen toute seule au collège avant de le prendre en option supplémentaire LV3 au lycée : « J'étais arrivée jusqu'au niveau A2 je crois quand même, toute seule ». Après une interruption de trois ans – elle a intégré une prépa et ensuite une licence de langues étrangères en interprétation et traduction –, elle a repris finalement des études de coréen afin de pouvoir se perfectionner avant un séjour en Corée du Sud et les a poursuivies pendant l'année de césure passée dans ce pays. De retour en France, elle a de nouveau mis entre parenthèses l'apprentissage de cette langue afin de se consacrer

1. 22 ans, étudiante en troisième année au Conservatoire libre du cinéma français (section production), parents de classes populaires, origines roumaine et italienne, fan depuis huit ans.

à l'obtention de sa licence et à la préparation d'un master en études cinématographiques. Si son investissement linguistique – motivé, dit-elle, « par le goût des langues et par la musicalité du coréen » – procède par « vagues », elle reconnaît rétrospectivement la fonction socialisatrice de l'évasion par la langue dans la construction d'un projet et dans l'établissement d'une continuité biographique : « J'avais envie de voyager, j'avais envie de m'évader, donc je me suis dit : “Je vais apprendre la langue, comme ça je pourrai”. Et en fait, c'est parce que j'ai créé un projet que j'ai continué à apprendre la langue. Si y avait pas de projet, j'aurais pas continué ». C'est en insistant sur cette continuité qu'elle avoue rêver de s'expatrier en Corée du Sud afin d'y trouver des débouchés professionnels : « Si ça pouvait être avec une entreprise, une boîte de prod franco-coréenne, ben ça serait trop cool, ou au moins américaine qui fait des trucs en Asie, et, petit à petit, essayer de me rapprocher de la Corée, en fait, si je pouvais faire des films en Corée, ça serait cool. Même des émissions télé, je serais contente, franchement ! » Dans son cas, l'apprentissage du coréen se vit comme le prolongement d'une compétence linguistique déjà forte, mais également comme un tournant qui la singularise par rapport à son environnement familial, amical et générationnel.

Pour les jeunes issus des classes moyennes et ayant eu des doutes quant à leur orientation scolaire, la passion de la *Hallyu* peut également jouer un rôle d'aiguillage. C'est le cas d'Alix[1] qui a « cherché longuement » et « tâtonné » avant de trouver sa « voie ». Inscrite dans un master de recherches en études asiatiques dans un grand établissement parisien après

1. 24 ans, étudiante en master d'études asiatiques, parents de classes moyennes, fan depuis huit ans.

avoir fait deux ans de psychologie et un an de sociologie, Alix rédige un mémoire qui porte sur les associations de promotion de la culture coréenne en France. Elle justifie ce choix par l'intensité et l'omniprésence de son attachement à la *Hallyu*, elle avoue même avoir modifié son habillement et son alimentation :

> C'est omniprésent vraiment, je lis « Corée », je pense « Corée » et de toute façon j'ai orienté mes études sur la Corée. J'ai des cours sur la Corée en semaine, je fais des dossiers sur la Corée et même avant d'être dans ce master-là, l'année dernière, même les deux années de licence que j'ai fait en sociologie, quand on devait faire des dossiers, dès que je pouvais, je les orientais sur la Corée, je prenais un sujet par rapport à la Corée.

Elle affirme de façon péremptoire qu'elle n'envisageait aucun autre avenir possible : « Si je m'étais pas dirigée vers ça, si y avait pas la Corée, bah je sais pas ce que je ferais aujourd'hui comme études ».

c) La Hallyu, *une ressource supplémentaire*

Il en va différemment pour les plus dotés en capitaux qui valorisent la formalisation des compétences acquises par leur passion pour la *Hallyu*, et notamment en matière linguistique, non pas comme formation principale (voire unique), mais plutôt comme passerelle vers des formations plus sélectives et surtout fortement rentables sur le marché du travail. Les jeunes issus des classes supérieures utilisent en effet plus souvent leur maîtrise du coréen comme un avantage « de plus » dans des cursus classiques, la rentabilité probable des diplômes étant plus nettement prise en compte dans leurs décisions.

Parmi les jeunes de classes supérieures ayant une connaissance du coréen, Ania[1] a choisi de suivre un cursus anglais-chinois, ce qui lui promet des débouchés plus nombreux compte tenu de l'intensité des échanges économiques avec les aires anglophones et sinophones. Ludivine[2], en école de commerce, ou Delphine,[3] en master à Sciences Po Paris, font également de leur connaissance du coréen une ressource additionnelle susceptible de leur fournir un avantage comparatif dans les milieux très compétitifs où elles évoluent. Les jeunes de classes supérieures issus de l'immigration et qui connaissent le coréen font le même calcul : Khadija[4] étudie la gestion de patrimoine et pense que le coréen l'aidera dans sa recherche d'emploi sur le marché spécifique de l'expatriation franco-coréenne.

Attardons-nous sur le cas de Camille[5], jeune femme qui à l'époque de l'entretien a été acceptée en master de commerce international grâce à son « projet coréen » et aux compétences acquises en lien avec sa passion : à son goût pour la *Hallyu* s'est ajouté un voyage en Corée du Sud qui lui a permis de « mieux comprendre le pays ». En parlant de son adolescence, elle insiste sur la place occupée par la *Hallyu* : « C'était omniprésent de base, j'écoutais de la K-pop, je regardais tout le temps des vidéos, je regardais des K-dramas tout le temps, j'ai appris un tas de trucs grâce

1. 22 ans, étudiante en L2 de LEA anglais-chinois, parents de classes supérieures, fan depuis dix ans.

2. 21 ans, étudiante en troisième année de bachelor business développement, parents de classes supérieures, fan depuis deux ans.

3. 24 ans, étudiante en école post-master à Sciences Po, parents de classes supérieures, fan depuis dix ans.

4. 20 ans, étudiante en licence de gestion de patrimoine en alternance, parents de classes supérieures, origine tunisienne, fan depuis trois ans.

5. 20 ans, étudiante en L3 de langues, littératures et civilisations étrangères et régionales, parents de classes supérieures, fan depuis six ans.

à ça ». Ses parents, qui ont tous deux fait des études supérieures, sont parties prenantes de sa stratégie de réinvestissement qui prend la forme de cursus parallèles :

> Ma famille trouvait ça très bien surtout par rapport à mes études. Mon master, j'ai passé un concours d'école de commerce, j'ai été acceptée. Ils trouvaient ça plus intéressant de faire cette licence de coréen, pour que ce soit complémentaire de mon master, ça apporte beaucoup. Je vais faire un master commerce international et du coup j'aimerais que ce soit tourné vers la Corée, surtout que l'école où je me suis inscrite me permet de faire des cours de coréen.

L'objectif d'obtenir ce diplôme sélectif d'école de commerce prime sur son désir de trouver un travail en lien avec la Corée du Sud : « Après, si les choses font que je suis pas avec la Corée, au final ben tant pis, mais ce serait mieux ». Dans son cas, la passion de la *Hallyu* est réinvestie dans un projet scolaire qui finit par prendre le pas sur le goût initial. Elle conclut ainsi son entretien : « La *Hallyu*, ça reste de la musique pour la musique, j'ai fait mes concerts c'était cool, j'ai fait des trucs avec mes potes c'était cool, j'ai été en Corée c'était cool, mais voilà, c'était passager, ça m'a amenée à maintenant ».

Camille et d'autres interviewés issus des classes supérieures se distinguent donc de Mathieu, Alix, Laura et Kira, issus des classes populaires ou moyennes : les seconds tentent une conversion de leurs ressources en diplômes qu'ils envisagent comme une manière cosmopolite d'être au monde (s'ouvrir à une culture, éventuellement aller vivre dans un pays), tandis que les premiers transforment leurs ressources en diplômes qui signalent des compétences globales, où l'ouverture à l'autre va de soi mais n'est pas centrale dans leur stratégie, afin de trouver une place favorable sur un marché du travail fortement compétitif.

d) Des stratégies de rattrapage

Quand l'échec de la stratégie universitaire ou professionnelle se profile à l'horizon, les jeunes mettent en œuvre des conduites de rattrapage qui leur permettent de faire fructifier les ressources acquises, y compris au prix d'aménagements, parfois douloureux, des projets initiaux.

Coralie[1], issue des classes moyennes peu diplômées (ses deux parents sont policiers et ont le bac), a interrompu une école de journalisme, faute d'y avoir « trouvé sa place ». Elle a néanmoins créé un blog sur la culture asiatique et la *Hallyu*, dont elle espère qu'il lui permettra de se professionnaliser. Elle déclare que sa passion est ce qui lui a permis de découvrir son goût pour le journalisme : « C'est un changement qui m'a affirmée et qui m'a fait devenir ce que je suis aujourd'hui, m'a fait devenir journaliste dans un sens. Puisque c'est grâce à la *Hallyu* que je me suis affirmée. Ce changement, c'est ma vie ». Elle revendique une approche analytique des objets de sa passion qui lui permet de les prendre au sérieux et de décoder leurs références culturelles :

> Il n'y en a pas beaucoup des journalistes qui peuvent décortiquer ce qui se passe dans le monde asiatique. Moi, aujourd'hui, je fais un site Internet sur la K-pop, etc., pour montrer ce que c'est. Moi derrière je décortique les messages, les sous-textes, j'essaie de faire le lien des clips à la

1. 19 ans, en recherche d'emploi, après deux ans dans une école de journalisme (diplôme non achevé), parents de classes moyennes, fan depuis six ans.

culture coréenne. J'utilise en fait ma connaissance de la culture asiatique pour la faire connaître.

De même, Julia[1] rêvait, jeune fille, de devenir une *business woman* à l'image des héroïnes de tant de K-dramas qu'elle a vus :

> À l'époque, pour moi, la Corée ça allait m'apporter quelque chose. C'était vraiment dans ce truc-là et limite je pensais pas aux études, c'était : « Vas-y, je vais avoir une grande carrière ». Moi, je me voyais *business woman*, j'étais vraiment dans mes rêves, je me suis dit : « Vas-y, tu vas trouver dans un grand *chaebol*, je serai la seule femme étrangère », je me faisais tout un truc et forcément, ça s'est pas passé comme j'aurais pu espérer.

Elle a dû renoncer à ce rêve, car un tel objectif impliquait d'intégrer des cursus sélectifs. Après un baccalauréat professionnel en commerce et l'abandon d'une licence en coréen, elle a fait une année de césure et s'est inscrite dans une licence d'administration économique et sociale. Cette jeune femme raconte que ses choix scolaires liés à la *Hallyu* – elle a cru à un moment avoir un niveau de compréhension suffisant pour faire un cursus de coréen – ont été remis en cause. Elle a fortement souffert de son échec, vécu comme la preuve patente de sa difficulté à réinvestir scolairement des compétences qu'elle croyait acquises et de la trop grande distance entre le goût et les compétences tirés de ses consommations culturelles et les attendus des savoirs universitaires.

> Nous, on allait en cours un peu avec nos yeux d'enfants, avec un peu de naïveté et on nous met avec des profs qui

1. 23 ans, étudiante en L2 administration économique et sociale, parents de classes supérieures, fan depuis huit ans.

> sont très durs, très stricts et après en plus comme t'es dans ce truc-là d'évoluer, tu regardes que des séries, moi je regardais que des séries, que des dramas, quoi, et j'écoutais que de la K-pop. Enfin, ça m'a vraiment, ça finit par dégoûter, y a eu un moment je pouvais plus du tout regarder de dramas, ni écouter de K-pop en fait parce que j'étais vraiment dans ce truc-là, en fait ça m'a trop dégoûtée.

Pourtant, la bifurcation de sa trajectoire personnelle s'est moins faite contre son ancienne passion qu'en tentant de tirer parti autrement de sa connaissance de la Corée du Sud, pays où elle s'est déjà rendue à deux reprises et qu'elle connaît également grâce à ses consommations culturelles, ainsi qu'à des documentaires, sites de voyages et blogs. Blogueuse et youtubeuse sur la K-beauty, elle espère mobiliser ses connaissances sur la Corée du Sud pour obtenir un travail en lien plus largement avec l'étranger.

> Maintenant, je suis en administration économique et sociale, donc j'étudie toujours tout ce qui touche à l'économie. J'ai toujours pour optique de faire du commerce international, mais je touche un peu plus à tout, surtout qu'en plus maintenant la Corée du Sud, c'est plus un pays vraiment émergent quoi, c'est un pays qui a déjà fait ses preuves, maintenant, il y a beaucoup trop d'étrangers là-bas, il y a beaucoup de Français qui sont là-bas maintenant et je pense que du coup c'est plus un pays intéressant en termes économiques pour y travailler ou développer quelque chose.

Moins linéaires que celles d'autres interviewés, ces trajectoires biographiques suivent le fil des enchantements, désenchantements et réenchantements pour la *Hallyu* et la Corée du Sud. Ces stratégies de rattrapage permettent de ne pas renoncer à faire fructifier des ressources acquises même lorsque leur transformation en capital n'a pas été possible.

Ayant pour la plupart découvert la *Hallyu* au collège ou au lycée, les jeunes fans développent leur passion parallèlement avec les troubles de l'adolescence. Le choix de se singulariser en se passionnant pour un produit de niche se heurte très souvent à l'incompréhension, voire aux moqueries, parfois même au blâme de leur entourage immédiat (familial et amical), si bien que la nature éprouvante de ces jugements peut expliquer leur recherche de soutien au sein des communautés transnationales de fans. Pourtant, grandir avec la *Hallyu* n'est pas seulement *une épreuve*, mais un support puissant dans la traversée *des épreuves* qui émaillent l'adolescence, les messages positifs qui sont associés aux produits culturels sud-coréens ayant une vertu thérapeutique utilisée pour panser les troubles associés à cet âge de la vie. À travers l'ouverture cosmopolite liée à leur passion, les jeunes fans développent des apprentissages culturels (notamment linguistiques) diversement réinvestis dans des cursus scolaires en fonction de leur origine sociale et de leur connaissance de la sélectivité des cursus, de la rentabilité des diplômes, et construisent leur *empowerment* pour affronter certaines situations qu'ils vivent sur le mode de la relégation sociale.

Conclusion

La *Hallyu* au-delà de la pop culture

> L'éthique et l'esthétique sont une seule et même chose.
>
> (Wittgenstein, 1993, p. 110)

En articulant plans macro et micro, structure et *agency*, notre approche monographique a montré combien la *Hallyu* est un phénomène original se caractérisant par : a) une conception large de l'art et de la culture fondée sur la notion d'*entertainment* et d'artiste polyvalent (les *Idols*), dont les compétences relèvent aussi bien du champ culturel proprement dit que du complexe commercial/publicitaire ; b) un renouvellement des logiques de la créativité, misant sur une interaction étroite entre industries culturelles d'*entertainment* et publics participatifs ; c) une infrastructure de production qui permet la promotion d'une pop culture sud-coréenne à même de défier les *mainstreams* américains et japonais et qui s'appuie très fortement sur des politiques publiques tournées vers l'international ; d) la promotion d'une globalisation culturelle alternative, s'inspirant des exemples états-unien et japonais, et tirant les leçons de leurs limites, qui concourt à son tour à façonner les représentations du monde des jeunes Français selon des modèles non exclusivement occidentaux.

Nous avons également montré combien les appétences des jeunes à l'égard de la *Hallyu* naissent et se développent indépendamment de tout lien historique et diasporique préexistant. L'attrait exotique de la Corée du Sud relève plutôt d'une appropriation où l'esthétique règne en maître. Associé à l'image désirable d'une modernité positive, il façonne une représentation de la « société bonne » dans le contexte de la globalisation et peut soutenir une affiliation à un ailleurs qui (re)donne pouvoir sur soi à des jeunes faiblement dotés en capitaux scolaires, en butte à des difficultés d'insertion sur le marché de l'emploi ou en tension avec leurs origines multiculturelles, dans une France où le modèle républicain d'intégration est confronté à de nombreuses difficultés.

I. Une nouvelle hégémonie culturelle ou une globalisation multipolaire ?

La *Hallyu* est symptomatique des changements géopolitiques en cours dans les rapports de pouvoir et dans les échanges culturels ; elle matérialise la montée en puissance des offres industrielles des pays émergents et des demandes croissantes de nouvelles pop cultures globales de la part de publics qui recherchent une meilleure représentation de la diversité des cultures et de leurs esthétiques, ou de leurs orientations éthiques en faveur de l'inclusion de l'altérité. Si l'on considère la rapidité avec laquelle l'ensemble des produits *Hallyu* a pris place dans l'offre culturelle au niveau global, force est de conclure à une profonde transformation des hiérarchies géoculturelles : une nation colonisée, dont on a longtemps ignoré les apports culturels, maintenue dans la dépendance économique, s'avère en mesure de défier les *Big Three* sur leur terrain, celui des industries culturelles de masse.

Ces considérations posent la question de la destinée des pop cultures alternatives et de leur portée, notamment auprès de jeunes générations qui, amatrices de cultures exotiques, aspirent souvent à composer un monde différent de celui dominé par l'Occident. À l'aube du XXIe siècle, Kuan-Hsing Chen et Yiman Wang (2000) estimaient déjà que le succès de la *Hallyu* était à même de constituer un sous-empire, arrimé en Asie, zone de prédilection initiale de cette vague sud-coréenne et de proposer un autre modèle culturel que celui des États-Unis, créant un sentiment de communauté asiatique, tout en (re)plaçant ce continent dans le concert des échanges culturels globaux. Cette régionalisation du monde par les industries culturelles n'est pas une mutation mineure, si l'on veut bien se rappeler que les formes culturelles sont, jusqu'à présent, associées à des États (Ching, 2000) et que, par ailleurs, la régionalisation politique a toujours été un parcours semé d'embûches, dont témoignent, plus près de nous, les cahots de la construction européenne. Dans ce cadre, la passion de la *Hallyu* apparaît bien comme une alternative dans la pop culture globale qui favorise une transformation des identités locales en promouvant des mécanismes d'affiliation et de désaffiliation qui se fondent sur des communautés imaginées et des désirs transnationaux.

Par son caractère hybride et son succès global, la *Hallyu* a pu être considérée comme une nouvelle formation culturelle, un « entre-deux », qui se positionne comme un médiateur entre l'Est et l'Ouest, mais aussi comme une proposition originale dans la globalisation de la culture, qui, aux yeux du public français et – peut-être – plus largement occidental, ne cherche pas, contrairement aux hégémonies culturelles précédentes, à inféoder les autres cultures[1]. Le succès global des productions culturelles de la « petite nation » qu'est la Corée du Sud soulève ainsi en miroir la question des ambitions globales de « grands pays », comme la Chine, dont la marche vers la conquête du monde est patente, depuis l'extension de sa sphère d'influence en Asie centrale, en Afrique et en Europe du Sud et de l'Est, la construction de la nouvelle route de la soie terrestre et maritime, la production de nouvelles cartes géographiques et d'un GPS propre, jusqu'au contrôle de la Commission des droits de l'Homme à l'ONU, la reprise en main de Hong Kong et les visées expansionnistes vers Taïwan.

Comment en effet comprendre que des jeunes, *a priori* éloignés de l'aire géographique sud-coréenne, s'affilient à cette « petite nation », jusqu'à, pour certains, orienter leurs stratégies universitaires, professionnelles ou amoureuses ? Répondre à cette question suppose d'envisager l'avenir de la globalisation de la culture moins comme une reconfiguration des hégémonies que comme une déconnexion croissante entre *soft power* et *hard power*, déconnexion qui accompagne l'avènement d'un monde multipolaire, y compris si les rapports de force y restent puissamment inégaux. Plus largement, cette globalisation multipolaire présuppose des publics juvéniles à la fois globaux et capables d'appropriations locales. Ainsi, en France, cette pop culture alternative sert de médium à des jeunes issus de l'immigration, dans un contexte français où les tensions ethnoraciales sont en augmentation, en dessinant pour eux un

1. La situation est différente en Asie du Sud-Est où, malgré son succès, la *Hallyu* a pu également rencontrer des oppositions farouches, notamment de la part des pays voisins qui avaient été ses anciens colonisateurs, comme le Japon (voir par exemple : Lee, 2017).

ailleurs désirable, qui leur apparaît plus souhaitable que celui de leurs origines, ainsi que, pour certains, des compétences discriminantes dans la compétition de l'économie de la connaissance. La consommation de cette pop culture alternative entraîne ainsi une réorganisation des affiliations individuelles par-delà des assignations de genre, de classe, d'origine, selon des combinaisons variables.

II. La portée politique de la *Hallyu*

Au moment de clore ce livre, on ne saurait ignorer les effets politiques et sociaux liés à la *Hallyu*, et plus largement aux cultures participatives issues des pop cultures alternatives (Octobre, 2018). Au rang des mutations des usages sociaux des produits culturels, on ne saurait passer sous silence les exemples récents des mobilisations des fans, réalisées indépendamment des *Idols*, qui fournissent un exemple très significatif de l'*empowerment* permis par la *Hallyu* à ses fans. Il en est ainsi lorsque l'on se réfère à des causes globales comme *#BlackLivesMatter* : aussitôt après la mort de George Floyd, les fans de BTS* ont commencé à s'organiser pour soutenir les manifestations contre les violences policières racistes qui secouaient le pays, sur l'exemple de ce qu'ils avaient expérimenté à Dallas. Alors que la police de Dallas appelait les habitants de la ville à poster sur une application dédiée toute vidéo ou photo d'activités illégales commises lors des manifestations, les fans se sont mis à l'inonder de photos, vidéos et GIF de leurs stars préférées, jusqu'à la bloquer. On ne peut pas ignorer non plus leur intervention sur les réseaux sociaux pour bloquer les communautés suprématistes blanches : dès qu'un hashtag y prend de l'ampleur – comme *#WhiteLivesMatter* ou *#ExposeAntifa* –, les fans de K-pop se mettent à l'utiliser en masse jusqu'à le rendre inutilisable. On ne peut pas non plus passer sous silence leur intervention dans le débat politique états-unien : les fans de K-pop ont désorganisé le meeting de Donald Trump prévu en Oklahoma le 20 juin 2020 en réservant en masse des places, laissant croire à un succès, alors que le président en campagne s'est finalement retrouvé devant une audience clairsemée. De même, lancé par les républicains, le hashtag *#ImpeachBidenNow* a été repris et détourné par les fans de Blackpink* et de BTS* qui ont réussi à noyer la fronde anti-Biden tant et si bien que le mot-clé est arrivé en tête des tendances sur Twitter aux États-Unis fin janvier 2021.

Dans tous ces cas, les structures communautaires mises en place à des fins de loisirs sont mises au service d'une cause politique et sociale, de manière autonome, par les fans eux-mêmes, rassemblés par une vision commune de la société « bonne » et des actions « justes ». Alors qu'autrefois les stars étaient supposées épouser des causes, ici, ce sont les fans qui mènent la danse et qui décident pour quelles raisons et pour quels objectifs se mobiliser. À travers leur passion transnationale, ces derniers sont passés maîtres dans l'art d'utiliser les réseaux (ils savent comment toucher de nombreuses personnes en très peu de temps), et ils mettent cette maîtrise au service de causes humanistes, comme la reforestation, la lutte contre les violences faites aux enfants, la lutte contre le racisme ou la xénophobie. La dimension politique de la pop culture et de ses communautés ne fait donc que croître et l'on peut s'interroger sur la portée de cette mutation, alors que la participation politique ou syndicale, et plus largement les formes traditionnelles d'engagement politique et sociétal, est en baisse chez les jeunes. Les consommations culturelles, et la *Hallyu* n'y échappe pas, sont ainsi de plus en plus de nature politique et citoyenne.

Bibliographie

AFP, « Corée du Sud : le taux de fécondité atteint un nouveau plus bas », *L'Express diX*, 27 février 2019.

Alexander Stephan (dir.), *The Americanization of Europe. Diplomacy and Anti-Americanism after 1945*, New York/Oxford, Berghahn Books, 2006.

Allamand Clémence et Morand Eva, « Distribution et promotion des films du studio *Ghibli* en France : stratégie marketing et logique sérielle, éléments d'analyse », *in* Pruvost-Delaspre Marie (dir.), *L'Animation japonaise en France. Réception, diffusion, réappropriations*, Paris, L'Harmattan, 2016, p. 115-139.

Amselle Jean-Loup, *Rétrovolutions. Essai sur les primitivismes contemporains*, Paris, Stock, 2010.

Anderson Benedict, *L'Imaginaire national : réflexions sur l'origine et l'essor du nationalisme*, Paris, La Découverte, 1996.

Anderson Mathieu, « Le cinéma d'animation japonais en France : l'évolution d'un regard, de *Akira* (1991) à *Paprika* (2006) », *in* Pruvost-Delaspre Marie (dir.), *L'Animation japonaise en France. Réception, diffusion, réappropriations*, Paris, L'Harmattan, 2016, p. 175-199.

Ang Ien, « Culture and communication: Towards an ethnographic critique of media consumption in the transnational media system », *European Journal of Communication*, 1990, 5 (2), p. 239-260.

Ang Ien, Isar Yudhishthir Raj et Mar Phillip, « Cultural diplomacy: Beyond the national interest? », *International Journal of Cultural Policy*, 2015, 21 (4), p. 365-381.

Aoyagi Hiroshi, *Island of Eight Million Smiles: Idol Performance and Symbolic Production in Contemporary Japan*, Cambridge, Harvard East Asia Center, 2005.

Appadurai Arjun, *Après le colonialisme. Les conséquences culturelles de la globalisation*, Paris, Payot, 2005 [1996].

Artus Hubert, *Pop corner. De Superman à Pokémon GO : la grande histoire de la pop culture*, Paris, Don Quichotte Éditions, 2017.

Bae Chankwon, « Productivity and exports in Korea: Comparisons with China and Japan », *KIEP Research Paper World Economy Brief No.16-26*, 25 octobre 2016. En ligne : https://ssrn.com/abstract=2862285.

Balleys Claire, *Grandir entre adolescents. À l'école et sur Internet*, Lausanne, Presses polytechniques et universitaires romandes, 2015.

Basini Bruna, « Bollywood : une romance indo-marocaine », *Le Journal du dimanche*, 7 décembre 2012.

Baudelot Christian et Establet Roger, *Allez les filles ! Une révolution silencieuse*, Paris, Points, 2006.

Baudrillard Jean, *La Société de consommation*, Paris, Denoël, 1970.

Bauman Zygmunt, *Retrotopia*, Paris, Premier Parallèle, 2010.

Beck Ulrich, *Qu'est-ce que le cosmopolitisme ?*, Paris, Aubier, 2006.

Bennett Tony, « Popular culture: A "teaching object" », *Screen Education*, 1980, 34, p. 20-36.

Bennett Tony, Savage Mike, Silva Elizabeth, Warde Alan, Gayo-Cal Modesto et Wright David, *Culture, Class, Distinction*, Londres, Routledge, 2009.

Berger Peter, « Four faces of Global Culture », *in* O'Meara Patrick, Mehlinger Howard D. et Krain Matthew (dir.),

Globalization and the Challenges of a New Century: A Reader, Bloomington, Indiana University Press, 2000, p. 419-427.

BERGER Peter, « The cultural dynamic of globalization », *in* BERGER Peter et HUNTINGTON SAMUEL (dir.), *Many Globalizations: Cultural Diversity in the Contemporary World*, Oxford, Oxford University Press, 2002, p. 1-16.

BIDET Éric, « La construction du “soft power” : l'exemple de la Corée du Sud », *CERISCOPE Puissance*, 2013. En ligne (consulté le 26 oct. 2021) : http://ceriscope.sciences-po.fr/puissance/content/part2/la-construction-du-soft-power-l-exemple-de-la-coree-du-sud.

BÖHME Gernot, *Critic of Aesthetic Capitalism*, Milan, Mimesis International, 2017.

BÖHME Gernot, « L'atmosphère, fondement d'une nouvelle esthétique ? », *Communications*, 2018, 102, p. 25-49.

BOORSTIN Daniel J. « The rhetoric of democracy », *Advertising Age*, 19 avril 1974.

BOLTANSKI Luc et CHIAPELLO Ève, *Le Nouvel Esprit du capitalisme*, Paris, Gallimard, 1999.

BOUISSOU Jean-Marie, « Pourquoi le manga est-il devenu un produit culturel global ? », *Esprit*, juillet 2008, p. 42-55.

BOUISSOU Jean-Marie, *Manga. Histoire et univers de la bande dessinée japonaise*, Arles, Philippe Picquier, 2010.

BROOKER Will, « A sort of homecoming: Fan viewing and symbolic pilgrimage », *in* GRAY Jonathan, SANDVOSS Cornell et HARRINGTON C. Lee (dir.), *Fandom: Identities and Communities in a Mediated World*, New York, New York University Press, 2007, p. 149-164.

BRUNER Raisa, « How BTS is taking over the world », *Time*, 10 octobre 2018.

BT21, « Concert Kpop », 29 février 2020. En ligne : https://bt21.fr/kpop/concert-k-pop-2019-en-France.

CABANAS Edgar et ILLOUZ Eva, *Happycratie. Comment l'industrie du bonheur a pris le contrôle sur nos vies*, Paris, Premier Parallèle, 2018.

CAMPBELL Joseph, *The Hero with a Thousand Faces*, Novato, New World Library, 2010 [1949].

CANTOR Paul A., *Gilligan Unbound. Pop Culture in the Age of Globalization*, Lanham, Rowman & Littlefield, 2003.

CHA Hyunhee et KIM Seongmook, « A case study on Korean wave: Focused on K-pop concert by Korean idol group in Paris, June 2011 », *Proceedings of SpingerBriefs in Computer Sciences*, 2011, p. 153-162.

CHA Seong Hwan, « Myth and reality in the discourse of Confucian capitalism in Korea », *Asian Survey*, 2003, 43 (3), p. 485-506.

CHAUBET François, *La Politique culturelle française et la diplomatie de la langue. L'Alliance française dans le monde (1883-1940)*, Paris, L'Harmattan, 2006.

CHAUBET François (dir.), *La Culture française dans le monde (1980-2000). Les défis de la mondialisation*, Paris, L'Harmattan, 2010.

CHAUBET François, « Rôle et enjeux de l'influence culturelle dans les relations internationales », *Revue internationale et stratégique*, 2013, 89 (1), p. 93-101.

CHAUBET François et MARTIN Laurent, *Histoire des relations culturelles dans le monde contemporain*, Paris, Armand Colin, 2011.

CHEN Kuan-Hsing et WANG Yiman, « The imperialist eye: The cultural imaginary of a subempire and a nation-state », *Positions: East-Asia Cultures Critique*, 2000, 8 (1), p. 9-76.

CHIN Bertha et MORIMOTO Lori Hitchcock, « Toward a theory of transcultural fandom », *Participations. Journal of Audience and Reception studies*, 2013, 10 (1), p. 92-108.

CHING Leo T. S., « Globalizing the regional, regionalizing the global: Mass culture and asianism in the age of late capital », *Public Culture*, 2000, 12 (1), p. 233-257.

CHO Hae-Joang, « Reading the “Korean wave” as a sign of global shift », *Korea Journal*, 2005, 45 (4), p. 147-182.

CHOI JungBong, « *Hallyu* versus *Hallyu-hwa*: Cultural phenomenon versus institutional campaign », *in* LEE Sangjoon et NORNES Abé Mark (dir), *Hallyu 2.0. The Korean Wave in the Age of Social Media*, Ann Arbor, University of Michigan Press, 2015*a*, p. 31-52.

CHOI JungBong, « Loyalty transmission and cultural enlisting of K-pop in Latin America », *in* CHOI JungBong et MALIANGKAY Roald (dir.), *K-pop. The International Rise of the Korean Music Industry*, Londres, Routledge, 2015*b*, p. 98-115.

CHOI JungBong et MALIANGKAY Roald, « Introduction: Why fandom matters to the international rise of K-pop », *in* CHOI JungBong et MALIANGKAY Roald (dir.), *K-pop. The International Rise of the Korean Music Industry*, Londres, Routledge, 2015, p. 1-18.

CHOI Young-Hwa, « The Korean wave policy as a corporate-state project of the Lee government: The analysis of structures and strategies based on the strategic-relational approach », *Economy and Society*, 2013, 97, p. 252-285.

CHON Gina, « Golden Summer », *Asiaweek*, 26 octobre 2001, p. 46-49.

CHUA Beng Huat, *Structure, Audience and Soft Power in East Asian Pop Culture*, Hong Kong, Hong Kong University Press, 2012.

CICCHELLI Vincenzo, *L'Esprit cosmopolite. Voyages de formation des jeunes en Europe*, Paris, Presses de Sciences Po, 2012.

CICCHELLI Vincenzo, *Pluriel et commun. Pour une sociologie d'un monde cosmopolite*, Paris, Presses de Sciences Po, 2016.

CICCHELLI Vincenzo et OCTOBRE Sylvie, *L'Amateur cosmopolite. Goûts et imaginaires juvéniles à l'ère de la globalisation*, Paris, MC, 2017*a*.

CICCHELLI Vincenzo et OCTOBRE Sylvie, « Aesthetico-cultural cosmopolitanism among French young people: Beyond social stratification. The role of aspirations and competences », *Cultural sociology*, 2017*b*, 11 (4), p. 416-437.

CICCHELLI Vincenzo et OCTOBRE Sylvie, « La culture à l'âge global : une analyse par la circulation des produits culturels », *Réseaux*, 2021, vol. 39, n° 226-227, numéro spécial « La globalisation de la culture » (dirigé par CICCHELLI Vincenzo et OCTOBRE Sylvie), p. 21-43.

CICCHELLI Vincenzo, OCTOBRE Sylvie et RIEGEL Viviane (dir.), *Aesthetic Cosmopolitanism and Global Culture*, Leyde/Boston, Brill, 2019.

CICCHELLI Vincenzo, OCTOBRE Sylvie, RIEGEL Viviane, KATZ-GERRO Tally et HANDY Femida, « A tale of three cities: Aesthetico-cultural cosmopolitanism as a new capital among youth in Paris, São Paulo, and Seoul », *Journal of Consumer Culture*, 2018, 30. En ligne : https://doi.org/10.1177/1469540518818629.

CICCHELLI Vincenzo, OCTOBRE Sylvie et TARHOUNI Nadia, « De Shakira à Naruto et Soliman. Cosmopolitisme esthético-culturel chez les jeunes Français et Tunisiens », *in* BENCHENNA Abdelfettah, BOURDELOIE Hélène et MAJDOULI Zineb (dir.), *Cultures et jeunes adultes en région Méditerranée, Circulations, pratiques et* soft power, Paris, L'Harmattan, 2019, p. 241-258.

COLLOVALD Annie et NEVEU Erik, *Lire le noir. Enquête sur les lecteurs de récits policiers*, Paris, Éditions de la Bibliothèque publique d'information/Centre Pompidou, 2004.

CONNELL Raewyn, *Masculinities*, Cambridge, Polity Press, 2005, 2e éd.

COULANGEON Philippe, « Cultural openness as an emerging form of cultural capital in contemporary France », *Cultural Sociology*, 2017, 11 (2), p. 145-164.

DATOR Jim et SEO Yongseok, « Korea as the wave of a future: The emerging dream society of icons and aesthetic experience », *Journal of Future Studies*, 2004, 9 (1), p. 31-44.

DAUSSY Issa, *Corée à cœur*, Paris, L'Atelier des cahiers, 2019.

DAYEZ-BURGEON Pascal, *Les Coréens*, Paris, Tallandier, 2011.

DÉTREZ Christine et VAHNÉE Olivier, *Les Mangados. Lire des mangas à l'adolescence*, Paris, BPI, 2012.

DINNIE Keith, *Nation branding. Concepts, issues, practice*, Londres, Routledge, 2010.

DULPHY Anne, FRANCK Robert, MATARD-BINUCCI Marie-Anne et ORY Pascal (dir.), *Les Relations culturelles internationales au XXe siècle. De la diplomatie culturelle à l'acculturation*, Bruxelles, Peter Lang, 2010.

EGO_CENTRIK, « L'impact économique de BTS sur la Corée en 10 ans devrait atteindre les 43,5 milliards d'euros ». *K-Gen*, 20 décembre 2018. En ligne : https://k-gen.fr/limpact-economique-de-bts-sur-la-coree-en-10-ans-devrait-atteindre-les-435-milliards-deuros.

ELAN Priya, « Race shouldn't be going in and out of fashion. We need a fully diverse industry », *The Guardian*, 5 novembre 2019.

ELFVING-HWANG Joanna, « South Korean cultural diplomacy and brokering in "K-culture" outside Asia », *Korean Histories*, 2013, 4 (1), p. 14-26.

EMONTSPOOL Julie et WOODWARD Ian (dir.), *Cosmopolitanism, Markets and Consumption. A Critical Global Perspective*, Londres, Palgrave, 2018.

EPSTEIN Stephen, « Into the new world: Girls' generation from the local to the global », *in* CHOI JungBong et MALIANGKAY Roald (dir.), *K-pop. The International Rise of the Korean Music Industry*, Londres, Routledge, 2015, p. 35-50.

EPSTEIN Stephen et JOO Rachael, « Multiple exposures: Korean bodies and the transnational imagination », *The Asia-Pacific Journal*, 2012, 10 (33-1), p. 1-19.

FAN Ying, « Soft power: Power of attraction or confusion? », *Place Branding and Public Diplomacy*, 2008, 4 (2), p. 147-158.

FEATHERSTONE Mike, *Consumer Culture and Postmodernism*, Londres, Sage, 2007.

FLICHY Patrice, *Le Sacre de l'amateur. Sociologie des passions ordinaires à l'ère numérique*, Paris, Seuil, 2010.

FRANCE DIPLOMATIE, *Relations bilatérales France/Corée du Sud*, 2020. En ligne : https://www.diplomatie.gouv.fr/fr/dossiers-pays/coree-du-sud/relations-bilaterales.

FRANK Thomas, *The Conquest of Cool. Business Culture, Counterculture, and the Rise of Hip Consumerism*, Chicago, University of Chicago Press, 1997.

FRIEDBERG Ann, *Window Shopping. Cinema and the Postmodern*, Berkeley, University of California Press, 1993.

GALBRAITH Patrick W. et KARLIN Jason G., « Introduction: The mirror of idols and celebrity », *in* W. GALBRAITH Patrick et KARLIN Jason G., *Idols and Celebrity in Japanese Media Culture*, New York, Palgrave Macmillan, 2012, p. 1-32.

GARRIGUE Anne, *L'Asie en nous*, Arles, Philippe Picquier, 2004.

GLOBAL FIREPOWER, « 2020 Military strength ranking », 2021. En ligne : https://www.globalfirepower.com/countries-listing.asp.

GODDARD Kevin, « "Looks maketh the man": The female gaze and the construction of masculinity », *The Journal of Men's studies*, 2000, 9 (1), p. 23-39.

GOUTARD Julie, « Le sushi, un marché au bord de l'implosion », *BFM Business*, 19 mars 2019.

GRANOVETTER Mark, « The strength of weak ties: A network theory revisited », *Sociological Theory*, 1983, 1, p. 201-233.

GUÉNIF-SOUILAMAS Nacira et MACÉ Éric, *Les féministes et le garçon arabe*, La Tour-d'Aigues, Éditions de l'Aube, 2004.

HAN Benjamin, « K-pop in Latin America: Transcultural fandom and digital mediation », *International Journal of Communication*, 2017, 11, p. 2250-2269.

HAYWOOD Chris et JOHANSSON Thomas, *Marginalized Masculinities. Contexts, Continuities and Change*, Londres, Routledge, 2017.

HEINICH Nathalie, *L'Élite artiste. Excellence et singularité en régime démocratique*, Paris, Gallimard, 2005.

HESMONDHALGH David, *The Cultural Industries*, Londres, Sage, 2019.

HIRATA Yukie, « Touring "dramatic Korea": Japanese women as viewers of *Hanryu* dramas and tourist on *Hanryu* tours », *in* CHUA Beng Huat et IWABUCHI Koichi (dir.), *East Asian Pop Culture: Analyzing the Korean Wave*, Hong Kong, Hong Kong University Press, 2008, p. 15-32.

HONG Euny, *The Birth of Korean Cool: How One Nation Is Conquering the World Through Pop Culture*, New York, Picador, 2014.

HONG Soonkwan et KIM Chang-Ho, « Surfing the Korean wave: A post-colonial critique of the mythologized middlebrow consumer culture in Asia », *Qualitative Market Research*, 2013, 16 (1), p. 53-75.

HONNETH Axel, *La Lutte pour la reconnaissance*, Paris, Gallimard, 2013 [1992].

HOOPER Charlotte, *Manly States: Masculinities, International Relations, and Gender Politics*, New York, Columbia University Press, 2001.

HOSKINS Colin et MIRUS Rolf, « Reasons of the US dominance of the international trade in television programs », *Media, Culture and Society*, 1988, 10 (4), p. 499-515.

HU Brian, « RIP Gangnam Style », *in* LEE Sangjoon et NORNES Abé Markus (dir.), *Hallyu 2.0. Korean Wave in the Age of Social Media*, Ann Abor, Michigan University Press, 2015, p. 229-243.

HÜBINETTE Tobias, « The reception and consumption of *Hallyu* in Sweden: Preliminary findings and reflections », *Korea Observer*, 2012, 43 (3), p. 503-525.

ILLOUZ Eva (dir.), *Les Marchandises émotionnelles*, Paris, Premier Parallèle, 2019.

INSEE, « L'essentiel sur… les immigrés et les étrangers », *Chiffres-clés*, 24 juillet 2020.

IWABUCHI Koichi, « Marketing Japan: Japanese cultural presence under a global gaze », *Japanese Studies*, 1998, 18 (2), p. 165-180.

IWABUCHI Koichi, *Recentering Globalization: Popular Culture and Japanese Transnationalism*, Durham, Duke University Press, 2002.

IWABUCHI Koichi (dir.), *Feeling Asian Modernities: Transnational Consumption of Japanese TV Dramas*, Hong Kong, Hong Kong University Press, 2004.

IWABUCHI Koichi, « Au-delà du "cool Japan", la globalisation culturelle… », *Critique internationale*, 2008*a*, 38 (1), p. 37-53.

IWABUCHI Koichi, « When the Korean wave meets resident Koreans in Japan: Intersections of the transnational, the postcolonial and multicultural », *in* HUAT Chua Ben et IWABUCHI Koichi (dir.), *East Asian Pop Culture: Analyzing the Korean Wave*, Hong Kong, Hong Kong University Press, 2008*b*, p. 243-268.

IWABUCHI Koichi, « Pop-culture diplomacy in Japan: Soft power, nation branding and the question of "international cultural exchange" », *International Journal of Cultural Policy*, 2015, 21 (4), p. 419-432.

JANG Gunjoo et PAIK Win K., « Korean wave as a tool for Korea's new cultural diplomacy », *Advances in Applied Sociology*, 2012, 2 (3), p. 196-202.

JANG Wonho et SONG Jung Eun, « Webtoon as a new Korean wave in the process of glocalization », *Kritika Kultura*, 2017, 29, p. 168-187.

JENKINS Henry, « Pop cosmopolitanism: Mapping cultural flows in an age of media convergence », *in* SUAREZ-OROZCO Marcelo et QIN-HILLIARD Desiree B. (dir.), *Globalization: Culture and Education in the New Millennium*, Berkeley, University of California Press, 2004, p. 114-140.

JENKINS Henry, FORD Sam et GREEN Joshua, *Spreadable Media: Creating Value and Meaning in a Networked Culture*, New York, New York University Press, 2013.

JIN Dal Yong, *Hallyu 2.0: The New Korean Wave in the Creative Industry*, Ann Arbor, University of Michigan Library, 2012.

JIN Dal Yong, « The power of the nation-state amid neoliberal reform: Shifting cultural politics in the new Korean wave », *Pacific Affairs*, 2014, 87 (1), p. 71-92.

JIN Dan Yong et YOON Kyong, « The social mediascape of transnational Korean pop culture: Hallyu 2.0 as spreadable media practice », *New Media & Society*, 2016, 18 (7), p. 1277-1292.

JOINAU Benjamin, « Soi-même comme un autre. Identité et altérité dans le cinéma sud-coréen populaire », *Critique*, 2018, 1-2 (848-849), p. 123-134.

JOO Jeongsuk, « Transnationalization of Korean Popular culture and the rise of pop nationalism in Korea », *Journal of Popular Culture*, 2011, 44 (3), p. 489-504.

JOST François, *Les Nouveaux Méchants. Quand les séries américaines font bouger les lignes du bien et du mal*, Paris, Bayard, 2015.

JUNG Eun-Young, « New wave formations. K-pop idols, social media, and the remaking of the Korean wave », *in* LEE Sang-joon et NORNES Abé Mark (dir.), *Hallyu 2.0. The Korean Wave in the Age of Social Media*, Ann Harbour, University of Michigan Press, 2015, p. 73-89.

JUNG Hyeri, « Reversed ethnography in the reception of the Korean wave », *International Journal of Korean Studies*, 2018, 22 (2), p. 47-74.

JUNG Sun, *Korean Masculinities and Transcultural Consumption: Yonsama, Rain, Oldboy, K-Pop Idols*, Hong Kong, Hong Kong University Press, 2011.

JUNG-KIM Jennifer, « *My Sassy Girl* goes around the World », *in* KUWHARA Yasue (dir.), *The Korean Wave. Korean Popular Culture in Global Context*, Londres, Palgrave, 2014, p. 85-100.

KANG Hyungseok, « Contemporary cultural diplomacy in South Korea: Explicit and implicit approaches », *International Journal of Cultural Policy*, 21 (4), 2015*a*, p. 433-447.

KANG Inkyu, « The political economy of idols. South Korea's neoliberal restructuring and its impact on the entertainment labor force », *in* CHOI JungBong and MALIANGKAY Roald (dir.), *K-Pop. The International Rise of the Korean Music Industry*, Londres, Routledge, 2015*b*, p. 51-65.

KANPAI!, « Fréquentation touristique au Japon », 2020. En ligne : https://www.kanpai.fr/voyage-japon/frequentation-touristique-japon.

KAPLAN Arie, *From Krakow to Krypton. Jews and Comic Books*, Philadelphia, The Jewish Publication Society, 2008.

KENNEDY Paul, *Naissance et déclin des grandes puissances*, Paris, Payot, 1989.

KIDD Dustin, *Pop Culture Freaks: Identity, Mass Media, and Society*, Boulder, Westview, 2014.

KIM Ju Oak, « Despite not being Johnny's: The cultural impact of TVXQ in the Japanese music industry », *in* CHOI JungBong et MALIANGKAY Roald (dir), *K-pop. The International Rise of the Korean Music Industry*, Londres, Routledge, 2015, p. 66-80.

KIM Ki-Duk et BAE Sang-Joon, « Hallyu and the traditional cultural genes of Korea », *Kritika Kultura*, 2017, 29, p. 319-339.

KIM Mira, « New types of masculinity represented in TV and its limitations: Focusing on week-end variety programs », *Journal of the Korean Contents Association*, 2014, 14 (1), p. 88-96.

KIM Samuel S. (dir.), *Korea's Globalization*, Cambridge, Cambridge University Press, 2000.

KIM Youna, « The rising East Asian "wave" », *in* THUSSU Daya Kishan (dir.), *Media on the Move: Global Flow and Contra-Flow*, Londres, Routledge, 2007, p. 131-152.

KIM Young-ha, *L'Empire des lumières*, Paris, Philippe Picquier, 2009.

KLEIN Christina, « Why American studies needs to think about the Korean cinema or transnational genres in the films of Bong Joon-ho », *American Quaterly*, 2008, 60 (4), p. 871-898.

KOREAN CULTURAL CENTER, « Hallyu (Korean wave) », *Korean Cultural Center*, 2020. En ligne : https://kccuk.org.uk/en/about-korea/culture-and-arts/hallyu-korean-wave.

KOREAN FOUNDATION FOR INTERNATIONAL CULTURAL EXCHANGE (KOFICE), « Hallyu White Paper 2018 », 2018.

KOTRA/KOREA INVEST, « Investment opportunities in Korea: Cultural contents », 2017. En ligne : http://openknowledge.kotra.or.kr/handle/2014.oak/9801.

KUDO Yasushi, « Bilateral relationship is "bad", say majority of Japanese, South Koreans », *The Genron NPO*, 2 juin 2019.

KUISEL Richard F., « Coca-Cola and the cold war. The French face americanization, 1948-1953 », *French Historical Studies*, 1991, 17 (1), p. 96-116.

KWON Mee-yoo, « Promoting Korea via cultural exchange », *Korea.net*, 26 février 2015.

LA PASTINA Antonio C. et STRAUBHAAR John D., « Multiple proximities between television genres and audiences: The schism between *telenovelas*' global distribution and local consumption », *Gazette*, 2005, 67 (3), p. 271-288.

LAWRENCE John Shelton et JEWETT Robert, *The Myth of the American Superhero*, Grand Rapids, Eerdmans, 2002.

LEE Claire Seungeun et KUWAHARA Yasue, « "Gangnam Style" as format: When a localized Korean song meets a global audience », *in* KUWAHARA Yasue (dir.), *The Korean Wave*, New York, Palgrave Macmillan, 2014, p. 101-116.

LEE Dong-Hun, « Nation branding Korea », *SERI Quaterly*, 2010, p. 103-109.

LEE Dongyeon, « What is idol pop? Reading the symptoms », *in* LEE Dongyeon (dir.), *Idol: From H.O.T. to Girls' Generation, Idol Culture Report*, Séoul, Imagine, 2011, p. 14-48.

LEE Francis L. F., « Hollywood movies in East Asia: Examining cultural discount and performance predictability at the box office », *Asian Journal of Communication*, 2008, 18 (2), p. 117-136.

LEE Geun, « A soft power approach to the "Korean wave" », *The Review of Korean Studies*, 2009, 12 (2), p. 123-137.

LEE Hyangjin, « The Korean wave and Anti-Korean wave sentiment in Japan. The rise of a new soft power for a cultural minority », *in* YOON Tae-Jin et JIN Dal Yong, *The Korean Wave. Evolution, Fandom and Transnationality*, New York, Lexington Books, 2017, p. 185-208.

LEE Hyeonseo, *La Fille aux sept noms*, Paris, Stock, 2015.

LEE Kil-ho, « *Nation branding* en Corée du Sud. Coopération public-privé et invention d'une politique participative du développement économique », *Gouvernement et action publique*, 2016, 2, p. 101-123.

LEE Sangjoon et NORNES Abé Mark (dir), *Hallyu 2.0. The Korean Wave in the Age of Social Media*, Ann Arbor, University of Michigan Press, 2015.

LEMAÎTRE Frédéric, « Le "soft-power" chinois tenu en échec », *Le Monde*, 13 mai 2020.

LEUNG Lisa, « Mediating nationalism and modernity. The transnationalization of Korean dramas on Chinese (satellite) TV », *in* CHUA Beng Huat et IWABUCHI Koichi (dir.), *East Asian Pop Culture: Analyzing the Korean Wave*, Hong Kong, Hong Kong University Press, 2008, p. 53-70.

LEVEAU Arnaud, « Les relations de la Corée du Sud et les pays d'Asie du Sud-Est. Quelle stratégie pour une puissance moyenne ? », thèse de doctorat, ENS Lyon, 2002.

LIE John, « What is the K in K-pop? South Korean popular music, the culture industry, and national identity », *Korea Observer*, 2012, 43 (3), p. 339-363.

LIE John et OH Ingyu, « SM Entertainment and Soo Man Lee », *in* YU Fu Lai Tony et YAN Ho don (dir.), *Handbook in East Asian Entrepreneurship*, Londres, Routledge, 2014, p. 346-352.

LIPOVETSKY Gilles et SERROY Jean, *L'Esthétisation du monde. Vivre à l'âge du capitalisme artiste*, Paris, Gallimard, 2013.

LISCUTIN Nicola, « Surfing the neo-nationalist wave: A case study of manga *kenkanryu* », *in* BERRY Chris, LISCUTIN Nicola et MACKINTOSH Jonathan D. (dir.), *Cultural Studies and Cultural Industries in Northeast Asia: What a Difference Region Makes*, Hong Kong, Hong Kong University Press, 2009, p. 171-194.

LUCKEN Michael, *Le Japon grec. Culture et possession*, Paris, Gallimard, 2019.

MAHOUX Jean-Paul, « Le baiser qui choqua l'Amérique à la télévision », *RTBF Info*, 19 mai 2020.

MAIGRET Éric, « *Strange* grandit avec moi », *Réseaux*, 1995, (13) 70, p. 79-103.

MALIANGKAY Roald, « Same look through different eyes: Korea's history of uniform pop music acts », *in* CHOI JungBong et MALIANGKAY Roald (dir.), *K-pop. The International Rise of the Korean Music Industry*, Londres, Routledge, 2015, p. 19-34.

MARY Bertrand, *Walt Disney et nous*, Paris, Calmann-Lévy, 2006.

MATTELART Armand, *Diversité culturelle et mondialisation*, Paris, La Découverte, 2017.

MCGRAY Douglas, « Japan's gross national cool », *Foreign Policy*, 11 novembre 2009.

MCGUIGAN Jim, *Cool Capitalism*, Londres, Pluto Books, 2009.

MENGER Pierre-Michel, *Portrait de l'artiste en travailleur. Métamorphoses du capitalisme*, Paris, Seuil, 2003.

MENGER Pierre-Michel, *Le Talent en débat*, Paris, Puf, 2018.

MESMER Philippe, « En Corée du Sud, le bistouri est à la fête », *Le Monde*, 6 octobre 2017.

MURPHY Peter et DE LA FUENTE Eduardo (dir.), *Aesthetic Capitalism*, Leyde/Boston, Brill, 2014.

MURPHY Andrea, TUCKER Hank et TOURYALA Halal, « Global 2000. The world's Largest public companies », *Forbes*, 13 mai 2020.

NA Jeong-ju, « Steering committee launched to globalize Korean food », *The Korea Times*, 4 mai 2009.

NAPIER Susan J., *Anime from Akira to Princess Mononoke: Experiencing Contemporary Japanese Animation*, Londres, Palgrave Macmillan, 2001.

NAVA Mica, *Visceral Cosmopolitanism. Gender, Culture and the Normalisation of Difference*, Oxford, Berg, 2007.

NOBLE Graig, « People mixing: Everyday diversity in work and play », *in* ANG Ien, BRAND Jeffrey E., NOBLE GREG et WILDING Derek (dir.), *Living Diversity: Australia's Multicultural Future*, Sydney, Special Broadcasting Services Corporation, 2002, p. 25-38.

NOH Sueen, « Unveiling the Korean wave in the Middle East », *in* KIM Do-Kyun et KIM Min-Sun (dir.), *Hallyu: Influence of Korean Popular Culture in Asia and Beyond*, Séoul, Seoul National University Press, 2011, p. 331-367.

NYE Joseph S., *Bound to Lead: The Changing Nature of American Power*, New York, Basic Books, 1990.

NYE Joseph S., *The Paradox of American Power: Why the World's Only Superpower Can't Go It Alone*, Oxford, Oxford University Press, 2002.

NYE Joseph S., « Why China is weak on soft power », *The New York Times*, 17 janvier 2012.

OCTOBRE Sylvie, « Du féminin et du masculin : genre et trajectoires culturelles », *Réseaux*, août-septembre 2011, n° 168-169, p. 23-57.

OCTOBRE Sylvie, *Les Techno-cultures juvéniles. Du culturel au politique*, Paris, L'Harmattan, 2018.

OCTOBRE Sylvie, DÉTREZ Christine, MERCKLÉ Pierre et BERTHOMIER Nathalie, *L'Enfance des loisirs. Trajectoires communes et parcours individuels de la fin de l'enfance à la grande adolescence*, Paris, MC, 2010.

OH Chuyun, « The politics of the dancing body: Racialized and gendered femininity in Korean pop », *in* KUWAHARA Yasue (dir.), *The Korean Wave: Korean Popular Culture in Global Context*, Londres, Palgrave Macmillan, 2014, p. 53-81.

OH Ingyu, « Hallyu fans and gender control », *East Asia Forum*, 11 novembre 2016.

OH Ingyu et KOO Bonwon, « Japanese webtoon: Marketing manga online using South Korean platform designs », *Culture and Empathy*, 2018, 1 (1-4), p. 49-69.

OH Kyu-wook, « Bonjour Korea, Hallyu waves over France », *The Korea Herald*, 13 juin 2011.

OH Younjeong, « The interactive nature of Korean TV dramas: Flexible texts, discursive consumption and social media », *in* LEE Ann Sanjoon et NORNES Abé Mark (dir.), *Hallyu 2.0. The Korean Wave in the Age of Social Media*, Arbor, University of Michigan Press, 2005, p. 133-153.

ŌNO Taiichi, *Toyota Production System: Beyond Large-Scale Production*, New York, Productivity Press, 1988.

O'REILLY Tim, « What is Web 2: Design patterns and business models for the next generation of software », University Library of Munich, *MPRA Paper*, 2007, 4578.

PACQUET Darcy, « The Korean film industry: 1992 to the present », *in* SHIN Chi-Yun et STRINGER Julian (dir.), *New Korean Cinema*, Édimbourg, Edinburgh University Press, 2005, p. 32-50.

PASQUIER Dominique, *Cultures lycéennes. La tyrannie de la majorité*, Paris, Autrement, 2005.

PEDROLETTI Brice et VUSER Nicole, « Les investissements chinois déferlent dans la culture », *Le Monde*, 22 décembre 2016.

PELLITTERI Marco, *The Dragon and the Dazzle: Models, Strategies and Identities of Japanese Imagination. A European Perspective*, Latina, Tunué, 2010.

PELLITTERI Marco, « Le boom des *anime* en Italie 1974-1985 : l'exceptionnel succès de l'animation japonaise en Italie et les parallèles avec la France », *in* PRUVOST-DELASPRE Marie (dir.), *L'Animation japonaise en France. Réception, diffusion, réappropriations*, Paris, L'Harmattan, 2016, p. 59-76.

PELLS Richard, « Globalization », *in* RUBIN Joan Shelley et CASPER Scott E. (dir.), *Oxford Encyclopedia of American Cultural and Intellectual History*, Oxford, Oxford University Press, 2002, p. 468-473.

PHARO Patrick, *Le Capitalisme addictif*, Paris, Puf, 2018.

PIETERSE Nederveen Jan, *Globalization and Culture: Global Mélange*, New York, Rowman & Littlefield, 2009.

PINE Joseph et GILMORE James, *The Experience Economy. Work is Theater and Every Business a Stage*, Boston, Harvard Business Press, 1999.

PRIEUR Annick et SAVAGE Mark, « Emerging forms of cultural capital », *European Societies*, 2013, 15 (2), p. 246-267.

PRINS Colombe et ZAMECZKOWSKI Anthony, *#Fans. Comprendre la nouvelle génération hyper-connectée sur YouTube, Twitter, Instagram, Vine...*, Annecy, Éditions Kawa, 2019.

ROBERTS David, « From the cultural contradictions of capitalism to the creative economy: Reflections on the new spirit of art and capitalism », *Thesis Eleven*, 2012, 110 (1), p. 83-97.

ROBERTSON Roland, *Globalization: Social Theory and Global Culture*, Londres, Sage, 1992.

ROMERO Jacques, « L'animation japonaise en France avant le 3 juillet 1978, d'une évocation à l'autre », *in* PRUVOST-DELASPRE Marie (dir.), *L'Animation japonaise en France. Réception, diffusion, réappropriations*, Paris, L'Harmattan, 2016, p. 33-51.

ROUSSE-MARQUET Jennifer, « Les jeux vidéo en ligne, indissociables de la culture sud-coréenne », *INA. La revue des médias*, 7 juin 2013.

ROZMAN Gilbert (dir.), *The East Asian Region: Confucian Heritage and Its Modern Adaptation*, Princeton, Princeton University Press, 1991.

RYOO Woongjae, « The political economy of the global mediascape: The case of the South Korean film industry », *Media, Culture and Society*, 2008, 30 (6), p. 873-889.

RYOO Woongjae, « Globalization, or the logic of cultural hybridization: The case of the Korean wave », *Asian Journal of Communication*, 2009, 19 (2), p. 137-151.

SCHROEDER Jonathan E., « Communicating identity/consuming difference », *Consumption, Market & Culture*, 2015, 18 (6), p. 485-489.

SEABROOK John, « Factory girls: Cultural technology and the making of K-pop », *New Yorker*, 8 octobre 2012.

SELECTUSA, « Media and entertainment spotlight: The media and entertainment industry in the United States », *Selectusa.gov*, 2020.

SHIM Doobo, « Hybridity and the rise of Korean popular culture in Asia », *Media, Culture & Society*, 2006, 28 (1), p. 25-44.

SHIN Hyunjoon, « Have you ever seen the rain? And who'll stop the rain? The globalization project of Korean pop (K-pop) », *Inter-Asia Global Studies*, 2009, 10 (4), p. 507-523.

SINCLAIR John, « Culture and trade: Some theoretical and practical consideration », *in* MCANANY Emilie G. et VILKINSON Kenton T. (dir.), *Mass Media and Free Trade: NAFTA and the Cultural Industries*, Austin, University of Texas Press, 1996, p. 30-62.

SONG Jung Eun et JANG Wohno, « Developing the Korean wave through encouraging the participation of YouTube users: The case study of the Korean wave youth fans in Hong Kong », *The Korea Contents Association Journal*, 2013, 13 (4), p. 155-169.

SPYKMAN Nicholas John, *America's Strategy in World Politics*, New York, Harcourt, 1942.

STATISTA, « Classement des pays selon leur vitesse moyenne de connexion Internet au troisième trimestre 2016 », *Statista.com*, 2017.

STRAUBHAAR John D., « Choosing national TV: Cultural capital, language, and cultural proximity in Brazil », *in* ELASMAR Michael G. (dir.), *The Impact of International Television: A Paradigm Shift*, Mahwah, Lawrence Erlbaum Associates, 2003, p. 77-110.

TAKACS Stacy, *Interrogating Popular Culture: Key Questions*, New York, Routledge, 2014.

TIBBETTS Janella, « The problem with exoticizing Korean culture », *StudyBreaks.com*, 22 février 2020. En ligne : https://studybreaks.com/culture/music/korean-wave-exoticizing.

TOBIN Joseph, « Pikachu's global adventure », *in* UNESCO, *Youth and Media Globalization*, 2002, p. 53-68.

TOMLINSON John, *Globalization and Culture*, Chicago, University of Chicago Press, 1999.

TURNER Frederick Jackson, « The significance of the frontier in American history », *in* TURNER Frederick Jackson, *The Frontier in American History*, New York, Henry Holt & Company, 1920 [1893].

TV MAG, « Audience : Mask Singer finit en beauté », *Le Figaro Magazine*, 14 décembre 2019.

UHN Cho, « Positioning the Korean wave in the nexus between globalization and glocalization », *Korea Journal*, 2005, 45 (4), p. 143-146.

UNESCO, « La mondialisation du commerce culturel : un glissement de la consommation. Flux internationaux des biens et services culturels 2004-2013 », Paris, 2014.

UNITED STATES OF AMERICA, *Congressional Records. Appendix*, volume 94, partie 9, United States Government Printing Office, Washington, 1948.

VATIN François, *Le Travail et ses valeurs*, Paris, Albin Michel, 2015.

VEILLE INFO TOURISME, « La Corée a attiré 100 096 Français en 2018 », 19 février 2019.

VISSER Dean, « What hip Asians want: A little bit of Seoul; From films to fashion, Korean pop culture becomes "Kim chic" across continent », *Washington Post*, 10 mars 2002.

VOGEL Ezra F., *The Four Little Dragons: The Spread of Industrialization in East Asia*, Cambridge, Harvard University Press, 1993.

WAGNLEITNER Reinhold, *Coca-Colonization and the Cold War: The Cultural Mission of the United States in Austria after the Second World War*, Chapel Hill, University of North Carolina Press, 1994.

WAKIM Nabil, *L'Arabe pour tous. Pourquoi ma langue est taboue en France*, Paris, Seuil, 2020.

WALTHER Andreas (dir.), *Misleading Trajectories. Integration Policies for Young Adults in Europe?*, Opladen, Leske+Budrich, 2002.

WASKO Janet, « Challenging Disney myths », *Journal of Communication Inquiry*, 2001, 25 (3), p. 237-257.

WIKE Richard, STOKES Bruce, POUSHTER Jacob, SILVER Laura, FETTEROLF Janell et DEVLIN Kat, « Trump's international ratings remain low, especially among key allies », *Pew Research Centre*, 1er octobre 2018.

WITT Ulrich, « Capitalism as a complex adaptive system and its growth », *Journal of Open Innovation: Technology, Market, and Complexity*, 2017, 3 (12). En ligne : https://jopeninnovation.springeropen.com/articles/10.1186/s40852-017-0065-0.

WITTGENSTEIN Ludwig, *Tractatus logico-philosophicus*, Paris, Gallimard, 1993.

WOLF Mark J. P. (dir.), *The Routledge Companion to Imaginary Worlds*, Londres, Routledge, 2018.

WOLFF Francis, *Trois utopies contemporaines*, Paris, Fayard, 2017.

WRIGHT David, *Understanding Cultural Taste: Sensation, Skill, and Sensibility*, Londres, Palgrave Macmillan, 2015.

WU Huaiting et CHAN Joseph Man, « Globalizing Chinese martial arts cinema: The global-local alliance and the production of crouching tiger, hidden dragon », *Media, Culture & Society*, 2007, 29 (2), p. 195-217.

YANG Jonghoe, « The Korean wave (*Hallyu*) in East Asia: A comparison of Chinese, Japanese, and Taiwanese audiences who watch Korean TV dramas », *Development and society*, 41 (1), 2012, p. 103-147.

YANO Christine, *Pink Globalization: Hello Kitty's Trek Across the Pacific*, Durham, Duke University Press, 2013.

YEON-SOO Kwak, « 89,000,000 "hallyu" fans worldwide », *The Korea Times*, 11 janvier 2019.

YONHAP, « Le poids économique de BTS estimé à 4.100 Mds de wons par an », *Agence de Presse Yonhap*, 18 décembre 2018.

YOO Sae-Kyung et CHUNG Yung, « Determining factors of Korean terrestrial television program exports », *Korean Journal of Broadcasting & Telecommunication Studies*, 2000, 14 (1), p. 209-256.

YOO Sae-Kyung et LEE Kyung-Sook, « A comparative study on the cultural similarity of the television dramas in East Asian countries: "Wish upon a Star" of Korea, "Love Talks" of Hong Kong and "Love and Sorrow" of China », *Korean Journal of Journalism & Communication Studies*, 2001, 45 (3), p. 230-267.

YOON Kyong, « Global imagination of K-pop: Pop music fans' lived experiences of cultural hybridity », *Popular Music and Society*, 2017, 41 (4). En ligne : https://www.tandfonline.com/doi/abs/10.1080/03007766.2017.1292819.

Bibliographie

YOON Kyong, « Transnational fandom in the making: K-pop Fans in Vancouver », *International Communication Gazette*, 2019, 81 (2), p. 176-192.

YOUNG John O., *Cultural Appropriation and the Arts*, Hoboken, Blackwell Publishing, 2010.

Table

Préambule. BTS, crête de la *Hallyu* 11

Introduction. La *Hallyu*, une pop culture globale esthétisée 17

I. La pop culture globale 19
a) Le p *de pop culture* 19
b) La fabrique des communs 23
II. La *Hallyu* : enfant de la pop culture globale 24
a) Le fabuleux destin de la Hallyu 25
b) La Hallyu 2.0 27
III. Une approche monographique de la *Hallyu* 30
a) Chausser les lunettes de la Hallyu 30
b) Le cas de la France 31
c) Pop culture globale et pop cosmopolitisme ... 32

Chapitre 1. Le capitalisme de l'*entertainment*, stade suprême du capitalisme esthétique ? 39

I. Critique du capitalisme esthétique 41
a) Retour sur les origines du capitalisme esthétique 41
b) Une esthétique addictive et émotionnelle ... 43
c) Une esthétique « cool » 45
II. Le cadre du capitalisme sud-coréen 46
a) Une modernisation économique accélérée et tournée vers les exportations 47

b) Le syndrome Jurassic Park 49
c) Un capitalisme d'État.................... 50
III. Les traits distinctifs du capitalisme de l'*entertainment* 54
a) Un mode de production sérialisé.......... 55
*b) De l'artiste à l'*Idol *transmédiatique* 58
c) Les fans comme coproducteurs 60
d) L'exaltation de l'idéologie du bien-être..... 62

Chapitre 2. Une globalisation alternative de la pop culture 65

I. Dans l'arène de la pop culture globale 66
a) La domination de la Big Three League..... 66
b) Vers un nouvel ordre culturel multipolaire......................... 69
II. Le magistère états-unien.................... 71
a) Les piliers de la pop culture états-unienne .. 72
b) Un relatif essoufflement ?................ 77
III. La construction d'une alternative............. 80
a) La leçon états-unienne 80
b) Les trois leçons japonaises................ 81
c) La pop culture à la manière sud-coréenne... 85

Chapitre 3. Du *soft power* au *sweet power* 95

I. Diplomatie culturelle et industries culturelles..... 96
a) Trois modèles de diplomatie culturelle 97
b) Le « cool Japan »....................... 101
c) Impérialisme et résistances culturelles 103
II. La Corée du Sud, une marque globale......... 106
a) Un enjeu : exister sur la scène internationale........................ 107
b) Un moyen : le segyehwa 109
c) Un storytelling : le tripode résilience, modernité et harmonie......................... 111
III. Le *sweet power* sud-coréen 117
a) L'image douce d'une nation médiatrice..... 118

b) Sweet power *et retombées touristiques* 121
c) Les limites du sweet power *en matière de leadership régional* 122

Chapitre 4. Théorie des affinités électives cosmopolites... 127

I. L'appétence pour la *Hallyu* 128
a) La séduction du proche et du lointain 128
b) Misère du culturalisme 131
II. Le travail de l'amateur cosmopolite 135
a) Comprendre la réception cosmopolite 136
b) Une étrange familiarité, une différence rassurante 139
III. La Corée du Sud, cette illustre inconnue....... 142
a) Des liens historiquement ténus avec la France 142
b) Une présence culturelle récente 144
c) Une ouverture culturelle toute française ? ... 146
IV. Le pont japonais......................... 147
a) La vague japonaise en France 148
b) Une rupture esthétique et culturelle 150
c) Une contagion technoculturelle panasiatique ? 152
V. Portrait du jeune fan de la *Hallyu* 153

Chapitre 5. D'une vague à l'autre : esthétique et intimité numérique 157

I. Tourner le dos aux cultures dominantes 158
a) Une envie de nouveauté 158
b) Le procès de la pop culture états-unienne ... 161
c) À la recherche d'un nouveau pacte de réception 165
d) Pour un monde cosmopolite 168
II. À l'école des mangas et des *anime* 171
a) Le goût de la « japonité » 171
b) Un mainstream *adolescent* 173
c) Du Japon à la Corée du Sud 175

III. L'irrésistible canon esthétique sud-coréen 177
a) Une différence de qualité 177
b) Éloge de l'hybride 180
c) Un panégyrique de la beauté 182
d) La perfection par l'ascèse 184
e) Beauté et vertu 188
IV. Les ressources de l'intimité numérique 189
a) La mobilisation culturelle 190
b) Les effets de proximité avec les Idols 193

Chapitre 6. Enchantements et désenchantements de l'ailleurs 197

I. La *Hallyu* et la culture sud-coréenne 198
a) Du miroir 199
b) De la façade 201
II. Les lumières sud-coréennes 203
a) Des lendemains qui chantent 204
b) Tradition confucéenne et respect d'autrui ... 206
c) La douceur des hommes 209
d) À la recherche de la romance perdue 212
III. L'envers du décor 215
a) La dictature des apparences 216
b) La répression des émotions 219
c) Domination masculine et hétéronormativité ... 221
d) Une compétition effrénée 224
e) Une société de places 226
f) Une société d'exclusion 228

Chapitre 7. Se singulariser avec la *Hallyu* 235

I. Grandir avec la *Hallyu* 236
a) La Hallyu, *preuve de l'autonomie du goût ?* .. 237
b) La Hallyu *et les troubles adolescents* 239
c) La Hallyu *et les stigmates adolescents* 242

Table

II. Les épreuves d'une passion minoritaire.......... 247
a) L'affirmation de soi au risque de l'exclusion des pairs 247
b) En quête de soutien..................... 250
III. La *Hallyu* comme *empowerment* cosmopolite... 253
a) L'empowerment *par l'ouverture*........... 254
b) L'empowerment *par la réaffiliation*........ 255
c) L'empowerment *par l'autodidaxie*......... 258
d) L'empowerment *par le flair esthétique*..... 262
IV. Dis *Hallyu*, dessine-moi un avenir.............. 264
a) Aux couleurs du rêve...................... 265
b) Le pari d'une ascension sociale........... 268
c) La Hallyu, *une ressource supplémentaire* ... 272
d) Des stratégies de rattrapage............... 275

Conclusion.
La *Hallyu* au-delà de la pop culture.............. 279
I. Une nouvelle hégémonie culturelle ou une globalisation multipolaire ? 280
II. La portée politique de la *Hallyu*.............. 283

Bibliographie 287

Composition et mise en pages
Nord Compo à Villeneuve-d'Ascq

PEFC
10-31-3532

Certifié PEFC

Ce produit est issu de forêts gérées durablement et de sources contrôlées

www.pefc-france.org

Imprimé en France sur papiers
issus de forêts gérées durablement

Sepec Numérique

1, rue de Prony - ZA des Bruyères
01960 Peronnas

IMPRIM'VERT®

Achevé d'imprimer en mars 2022
Numéro d'impression : N17932220143